Verbos em Espanhol

Verbos em Espanhol

ESTHER MARIA MILANI

Autora de livros didáticos, consultora, tradutora e professora de língua espanhola para empresas dos mais diversos ramos de atividade desde 1988.

Curso de extensão Língua Portuguesa em Nível Avançado, ministrado pelo Prof. Carlos Augusto A. Nougué, na Universidade Gama Filho, São Paulo, SP, 2012.

Pós-graduação *lato sensu* em Tradução Português-Espanhol e Espanhol-Português, na Universidade Gama Filho, São Paulo, SP, 2012.

Curso de Tradução e Prática de Tradução para o Espanhol na Faculdade de Filosofia, Letras e Ciências Humanas da Universidade de São Paulo, 1992.

Curso de Língua Espanhola para Professores, Consejería de Educación de la Embajada de España, 1992.

DELE (Diploma de Español como Lengua Extranjera) – Nível Superior – prova realizada no Brasil pelo Ministerio de Asuntos Exteriores de España, 1990.

3ª edição reformulada

DISAL EDITORA

Capa e projeto gráfico: Renné Ramos
Editoração eletrônica: Eduardo Enoki
Supervisão editorial: Faccioli Editorial
Assistência editorial: David Santos
Revisão: Sandra Garcia Cortés

Dados Internacionais de Catalogação na Publicação (CIP)
(Câmara Brasileira do Livro, SP, Brasil)

Milani, Esther Maria
Verbos em espanhol / Esther Maria Milani. --
3. ed. reform. -- Barueri, SP : DISAL, 2012.

Bibliografia
ISBN 978-85-7844-117-3

1. Espanhol - Verbos I. Título.

12-10643 CDD-465

Índices para catálogo sistemático:

1. Verbos : Espanhol : Linguística 465

DISAL EDITORA

Bantim, Canato e Guazzelli Editora Ltda.
Alameda Mamoré 911 – cj. 107
Alphaville – BARUERI – SP
CEP: 06454-040
Tel. / Fax: (11) 4195-2811
Visite nosso site: www.disaleditora.com.br
Televendas: (11) 3226-3111
Fax gratuito: 0800 7707 105/106
E-mail para pedidos: comercial@disal.com.br

Dedicatória

Dedico este livro a todos aqueles que se interessam pela língua espanhola e que reconhecem a importância do estudo dos verbos para o aprendizado desse idioma.

À minha família pelo apoio incondicional em todos os momentos.

À Sofia por proporcionar-me momentos de puro encantamento e alegria.

Ao Alexandre Faccioli, meu editor, por confiar em meu trabalho ao longo de tantos anos.

Aos meus alunos, que são os responsáveis por eu querer buscar sempre a melhor forma de ensinar.

Beijo carinhoso a todos

Esther

SUMÁRIO

Consulte nas duas páginas a seguir a lista de paradigmas conjugados no livro.

PARADIGMAS DE CONJUGAÇÃO VERBAL

VERBOS AUXILIARES

VERBOS REGULARES

Paradigmas regulares de 1ª, 2ª e 3ª conjugações

Verbos regulares que sofrem alterações consonânticas ou ortográficas

VERBOS IRREGULARES

Verbos irregulares que sofrem alteração de acento tônico

Verbos irregulares que sofrem alterações vocálicas

APRESENTAÇÃO

Verbos em Espanhol é uma obra dirigida a todos aqueles que se interessam pela língua espanhola. Trata especificamente do verbo, que é, sem sombra de dúvida, a alma desse idioma. Traz a morfologia, paradigmas de conjugação, lista de particípios passados regulares e irregulares, índice remissivo para conjugação de verbos, notas explicativas sobre características dos verbos e regime preposicional. Foram incluídos nesta edição os *verbos de cambio* e as *perífrasis verbales*.

O objetivo desta obra é oferecer ao mercado um material consistente e de consulta fácil e objetiva. Por essa razão, todo o projeto gráfico foi desenvolvido a partir dessa perspectiva.

O conteúdo do livro foi todo atualizado segundo as normas gramaticais e nomenclatura vigentes e contidas na *Nueva gramática de la lengua española* — da Real Academia Española (RAE) e da Asociación de Academias de la Lengua Española (ASALE), 2009.

Junto ao sumário da obra, encontra-se uma lista com 88 paradigmas verbais, que são os verbos que servem de modelos de conjugação para outros verbos, classificados em dois grupos (regulares e irregulares) e seus respectivos subgrupos. Esses modelos de conjugação são apresentados em tabelas após a introdução gramatical. Em seguida, a lista dos particípios passados e o índice remissivo (o que permitirá ao leitor encontrar facilmente o verbo procurado, a indicação do seu paradigma de conjugação e suas relevantes características). No final do livro, encontra-se uma relação de verbos e suas respectivas regências verbais com exemplos de uso.

Na página a seguir, a seção "Como utilizar este livro" apresenta a explicação detalhada sobre os recursos gráficos utilizados, com exemplos de como tirar o melhor proveito das informações oferecidas sobre cada verbo consultado.

Esperamos que **Verbos em Espanhol** seja muito útil para os estudantes e interessados na língua espanhola e que lhes permita o esclarecimento de suas dúvidas sobre o tema, de modo consistente.

A autora

COMO UTILIZAR ESTE LIVRO

Para tornar a consulta mais rápida, clara e consistente, utilizam-se alguns artifícios gráficos, a saber:

Nos paradigmas verbais

- a cor preta assinala uma forma regular de conjugação.

Ex.: canto tenía conocieran

- a cor vermelha assinala uma forma irregular de conjugação.

Ex.: **quepo** **huele** **estuvieran**

- o sublinhado assinala uma alteração na forma verbal que não é considerada irregularidade.

Ex.: paguemos proteja busquemos utilicen

No índice remissivo

- O índice traz o infinitivo do verbo, indica seu paradigma de conjugação e o número da página onde sua conjugação pode ser consultada.

Ex.: RECIBIR vivir 56

- Quando o infinitivo estiver grafado em cor vermelha, significa que ele é um dos paradigmas conjugados e que está na página indicada.

Ex.: **ANDAR** 99

- Há verbos que aparecem com marcações:
  - **PR.** indica que o verbo é pronominal ou que pode ser conjugado como pronominal, e como tal deve ser conjugado, utilizando-se os pronomes átonos, como o paradigma **bañarse** p. 139, mas sua conjugação deve seguir o paradigma indicado.

    Ex.: INDISCIPLINARSE **PR.** cantar 54

  - **P.I.** indica que o verbo possui particípio passado irregular e, nesse caso, o leitor deve consultar sua forma na lista dos particípios, na p. 140.

    Ex.: INSCRIBIR **P.I.** vivir 56

  - **P.D.** indica que o verbo é abundante e que possui particípio passado duplo. Nesse caso, o leitor deve consultar suas formas na lista dos particípios, na p. 141.

    Ex.: DESPERTAR **P.D.** acertar 75

  - **DEF.** indica que o verbo é defectivo e que nas formas em que se conjuga deve seguir o paradigma indicado.

    Ex.: ACAECER **DEF. (nota 5)** merecer 95

• **nota XX** indica particularidades importantes sobre o verbo, como: diferentes formas de conjugação para diferentes acepções; verbo defectivo (pessoas em que se conjuga), unipessoal etc.

Ex.: DESAYUNAR **(nota 26)** cantar 54

• Há verbos que possuem dois paradigmas indicados. Isso significa que são aceitas duas formas de conjugação, segundo os paradigmas indicados.

Ex.: ADECUAR averiguar/actuar **(nota 6)** 68/69

Listas dos particípios passados

Nelas aparecem as formas irregulares e as formas abundantes (uma regular e outra irregular) usadas na conjugação dos tempos compostos e como adjetivos respectivamente, além de notas sobre o uso/significado de alguns deles.

Regime preposicional

Cada verbo é apresentado com a(s) preposição(ões) que usualmente o rege(m), acompanhado de exemplo(s).

Ex.: **ACLIMATARSE**

a otro país; **entre** extraños

Desta maneira, o leitor identifica facilmente as características do verbo que está consultando.

ABOLIR DEF. (nota 1) 136 — significa que o verbo abolir é um dos 88 paradigmas conjugados, que é um verbo defectivo que só se conjuga nas formas indicadas na nota 1 e que se encontra conjugado na p. 136.

"Os livros não mudam o mundo, quem muda
o mundo são as pessoas. Os livros
só mudam as pessoas."

(Mário Quintana)

"Livros são os mais silenciosos e constantes amigos;
os mais acessíveis e sábios conselheiros;
e os mais pacientes professores."

(Charles W. Eliot)

INTRODUÇÃO GRAMATICAL

DEFINIÇÃO

Verbo é a palavra variável em pessoa, número, tempo, modo e voz e que expressa sentimentos, estados, sensações, ações, fenômenos naturais, mudanças ou processos de seres e de acontecimentos.

Veja alguns exemplos a seguir:

Los chicos **juegan** en el patio.
Trabajabas mucho en aquella empresa.
Ha llovido fuerte.
Cuando **estudies** más, **aprobarás**.
¡**Hablen** más despacio, por favor!
Se venden casas.
Guernica **fue pintado** por Pablo Picasso en 1937.
Se quieren mucho.
María **está** enferma.
Envejeció mucho en los últimos meses.
No **se acuesten** tarde, por favor.
Comiendo de esta manera, seguro que **engordarás**.

CONJUGAÇÃO

Conjugar um verbo é flexioná-lo em todas as suas variações de pessoa, número, tempo e modo.

Em espanhol, há três conjugações verbais, que se identificam no infinitivo por uma vogal (**a**, **e**, **i**) mais a letra **r**.

Conjugação	Terminação ou desinência	Infinitivo
Primeira	**ar**	Habl**ar**
Segunda	**er**	Vend**er**
Terceira	**ir**	Compart**ir**

RADICAL E DESINÊNCIA

O verbo compõe-se de duas partes: radical (**raíz**) e desinência (**desinencia**).

A desinência do verbo pode ser separada em duas partes: a vogal temática e o tema. A vogal temática é a que aparece logo depois do radical e o tema são as vogais e consoantes ou sílabas subsequentes. Refletem, respectivamente, as características de cada conjugação e de cada tempo verbal nas diferentes pessoas verbais.

Verbo	Radical	Desinência	
		Vogal temática	Tema
caminabas	**camin**	**a**	**bas** – 2ª p. sing. do Imperfecto de indicativo
escribiéramos	**escrib**	**i**	**éramos** – 1ª p. pl. do Imperfecto de indicativo
compartid	**compart**	**i**	**d** – 2ª p. pl. do Imperativo afirmativo
come	**com**	**e**	3ª p. sing. do Presente de indicativo

Classificam-se como regulares os verbos que mantêm seu radical e as desinências invariáveis em todas as suas flexões.

Os verbos irregulares são os que sofrem variações no seu radical, nas suas desinências ou em ambos, em todas ou em algumas de suas flexões.

FLEXÕES VERBAIS

Flexão verbal é o nome que se dá às variações de número, pessoa, tempo e modo na conjugação de um verbo.

FLEXÃO DE NÚMERO

O verbo apresenta duas flexões de número: singular e plural.

Singular	*Plural*
Como poco.	**Comen** poco.
Este libro **es** muy bueno.	Estos libros **son** muy buenos.

FLEXÃO DE PESSOA

São três as pessoas verbais:

Primeira: é a pessoa que fala.

Compré muchos regalos para los niños.

Segunda: é a pessoa com quem se fala.

¿**Vendrás** a nuestra cena?

Terceira: é a pessoa de quem se fala.

Juan **caminaba** todos los días.

Veja no quadro abaixo as flexões dos pronomes pessoais em cada uma das pessoas verbais.

Pessoa verbal	Singular	Plural
Primeira	**yo**	**nosotros** **nosotras**
Segunda	**tú (vos)**	**vosotros (Uds.)** **vosotras (Uds.)**
Terceira	**él** **ella** (ou um substantivo no singular)	**ellos** **ellas** (ou um substantivo no plural)

OBSERVAÇÕES IMPORTANTES

1. Os pronomes de tratamento formal ***usted*** (*Ud.*) e ***ustedes*** (*Uds.*), ***Vuestra(s) Señoría(s)*** (*V.Sa. / V.Sas.*), apesar de se referirem à pessoa com quem se fala (2ª pessoa), tomam a flexão de 3ª pessoa, da mesma forma como ocorre em português com os pronomes de tratamento informal **você / vocês** e os formais **V.Sa.** e **V.Sas.**

2. Denomina-se **voseo** o uso do pronome ***vos*** como forma de tratamento dirigida a um só interlocutor. O uso do pronome ***vos*** (**voseo**) substitui o uso do pronome ***tú*** (**tuteo**) em muitas regiões de fala espanhola, enquanto em outras o **voseo** e o **tuteo** coexistem. O **voseo** implica também, no geral, a alteração das flexões verbais, cujas formas procedem historicamente das correspondentes à 2ª pessoa do plural. No espanhol europeu, o **voseo** praticamente desapareceu entre o século XVII e princípios do século XVIII. No entanto, continua sendo uma característica marcante do espanhol americano, principalmente na região do Río de la Plata e na América Central. O **voseo** possui muitas variantes tanto no que se refere às flexões verbais utilizadas em cada região, como nos tempos verbais afetados. Ou seja, o **voseo** não é igual em todos os locais onde aparece. Por essa razão, optamos por colocar aqui e nas tabelas dos paradigmas de conjugação verbal somente as flexões verbais do **voseo** no **presente de indicativo** e no **imperativo afirmativo**, que são as únicas formas indicadas também nas tabelas dos paradigmas de conjugação verbal da *Nueva gramática de la lengua española* (2009) da Real Academia Española (RAE). Para o leitor que tenha interesse em aprofundar-se no tema **voseo**, recomendamos a leitura do Cap. 4.7, itens 4.7.a a 4.7.y, da referida gramática. Veja a seguir alguns exemplos de **voseo**.

Tempo verbal	Tuteo	Voseo
Presente de indicativo	tú cantas tú comes tú compartes tú eres	vos cantás vos comés vos compartís vos sos
Imperativo afirmativo	canta tú come tú comparte tú ven tú	cantá vos comé vos compartí vos vení vos

FLEXÃO DE TEMPO

O tempo expressa o momento em que ocorre a ação verbal. Há três tempos verbais em espanhol: **presente**, **pretérito** (ou **pasado**) e **futuro**.

Los jugadores **están** en el campo ahora.
Los jugadores **estuvieron** en el campo por 2 horas.
Los jugadores **estarán** en el campo a las 8 de la noche.

MODOS VERBAIS

Modo é a forma de enunciar a ação, o estado, o sentimento etc. expressos pelo verbo. Segundo a RAE, são três os modos verbais na língua espanhola: **indicativo**, **subjuntivo** e **imperativo**.

MODO INDICATIVO

O **indicativo** expressa ações reais, concretas, objetivas e efetivas, no presente, passado ou futuro, na forma afirmativa, negativa, interrogativa ou exclamativa.

Vivo en este edificio.
He visitado al Sr. Pérez.
Me **compraré** zapatos nuevos para la boda.
No **como** carne de cerdo.
¿**Aceptarías** un café?
¡Qué lindos ojos **tiene** ese niño!

MODO SUBJUNTIVO

O **subjuntivo** expressa ações possíveis ou eventuais de desejo, dúvida, suposição, portanto, ações não concretas ou não reais. O subjuntivo não indica o tempo da ação de forma tão precisa como o modo indicativo.

Normalmente, as formas verbais de **indicativo** e **subjuntivo** expressam, respectivamente, a oposição **realidade** e **não realidade** das ações, não no sentido de ações reais ou irreais em si, mas no sentido de ações concretas, possíveis, que se realizam de fato, em contraposição a ações hipotéticas, prováveis, que podem não se realizar de fato.

O termo **subjuntivo** significa **subordinado** e é por essa razão que normalmente o verbo no **subjuntivo depende** de outros verbos. Veja os exemplos:

Espero que te **mejores**.
Temo que no **comparezca** a la reunión.
Puede que no **vengan**.

Existem também construções nas quais o **subjuntivo** não depende de outros verbos para expressar dúvida, possibilidade, desejo, ou seja, o caráter **não real/não concreto** da **efetivação** da ação, ou utiliza marcadores como ***quizá***, ***ojalá***, ***que*** etc.

¡Dios te **acompañe**!
Quizá **llegue** a tiempo.
¡Ojalá te **recuperes** pronto!
¡Que lo **disfrutes** muchísimo!

Veja a diferença entre as frases:

Indicativo	Subjuntivo
Está Ud. recuperada ya.	Ojalá **esté** Ud. recuperada ya.
No **vendrá** a la reunión mañana.	Es posible que no **venga** a la reunión mañana.
Recién ahora **se ha enterado** de lo ocurrido.	Cuando **se entere** de lo ocurrido se pondrá muy triste.
Todos **se dedicaron** a la causa humanitaria.	Hace falta que todos **se dediquen** a la causa humanitaria.

Nas frases do **indicativo** afirmamos ou negamos fatos que realmente ocorrem, ocorreram ou vão ocorrer, enquanto nas frases do **subjuntivo** indicamos suposições / hipóteses sobre a ocorrência efetiva ou não dos fatos mencionados. Portanto, o **indicativo** expressa a efetividade (realidade) na concretização das ações, enquanto o **subjuntivo** expressa possibilidade, suposição, hipótese, ou seja, a não efetividade no cumprimento das mesmas.

Muitas vezes, a escolha do uso do **subjuntivo** ou do **indicativo** depende da maior ou menor segurança que se tem (ou que se quer dar) da realização ou não do fato ou da ação. Veja os exemplos:

Ojalá lo **encuentren** en París. (**subjuntivo**)
Nos **encontramos** en París el mes pasado. (**indicativo**)

A primeira frase expressa uma ação provável, duvidosa, incerta (um desejo de que a ação ocorra); enquanto na segunda efetivamente ocorre a realização da ação.

MODO IMPERATIVO

O **imperativo** expressa ordem, exortação, rogo, conselho ou pedido dirigidos a outra pessoa, da qual depende a realização ou não da ação.

Apaga la radio, por favor.
Oremos con fe.
Señor, ¡**ten** piedad de nosotros!
Habla con Juan y te sentirás mejor.
Póngame tres kilos de uvas.

FORMAS NOMINAIS *FORMAS NO PERSONALES*

As formas nominais não apresentam flexão de pessoa nem de número. São elas: **infinitivo**, **gerundio** e **participio pasado**. As formas de **participio**, quando utilizadas como adjetivos e na formação da voz passiva dos verbos, apresentam flexão de gênero e número. Veja os exemplos:

Edición **agotada**. / Ediciones **agotadas**.
Vino **tinto**. / Vinos **tintos**.
El perro ha sido **encontrado**. / Los perros han sido **encontrados**.
La perra ha sido **encontrada**. / Las perras han sido **encontradas**.

A característica comum das formas nominais é que elas não expressam por si mesmas o tempo em que ocorre a ação, tempo este que se deduz a partir de outro verbo da oração em que se encontram ou dos advérbios que as acompanham.

INFINITIVO *INFINITIVO*

O **infinitivo** expressa o significado do verbo e pode assumir na oração as funções de um substantivo.

Trabajar es muy saludable. (*sujeito*)
Su mayor virtud es **creer** en las personas. (*predicativo do sujeito*)
Me encanta **viajar** en auto. (*objeto direto*)
¿Te acordaste de **apagar** la luz? (*objeto indireto*)
Cómprame hilo de **pescar**. (*adjunto adnominal*)

O **infinitivo** pode substituir o **imperativo** e aparece, com frequência, em orações subordinadas.

¡Vamos, niños! ¡A **estudiar**! = estudien
Al **llegar** a casa, me di cuenta de que había dejado las llaves en la oficina. = Cuando llegué a casa... (*subordinada temporal*)
De **haber**lo sabido con anterioridad, le habría preparado una recepción. = Si hubiese sabido... (*subordinada condicional*)
Con **comer** totalmente sin sal, vas a sentirte muy débil. = Porque comes... (*subordinada causal*)

Alguns infinitivos tornaram-se substantivos de fato e variam em gênero e número.

pesares (pesar)	intenso pesar
cantares (cantar)	El Cantar de los Cantares
atardeceres (atardecer)	maravilloso atardecer
haberes (haber)	importantes haberes
pareceres (parecer)	pareceres técnicos
deberes (deber)	duros deberes

OBSERVAÇÕES IMPORTANTES

1. O **infinitivo** exige a ênclise (posposição) dos pronomes complementos.

   Conocerlo es **quererlo**.
   Es siempre un gusto **recibirte** en mi casa.

2. Não se flexiona o **infinitivo** em espanhol como ocorre em português. Nesses casos, normalmente utiliza-se o **presente de indicativo** (para orações condicionais) e o **presente de subjuntivo** (para orações temporais).

   Si **tienes** tiempo, ven a verme. (*subordinada condicional* – **presente de indicativo**)
   Cuando **tengas** tiempo, ven a verme. (*subordinada temporal* – **presente de subjuntivo**)

   Para mais detalhes a esse respeito, consulte nas p. 32 e 37 os usos do presente do indicativo e do futuro do subjuntivo.

3. O **infinitivo** forma **perífrasis verbales** (locuções verbais) com muitos verbos: ***echar a*** + **infinitivo**; ***ponerse a*** + **infinitivo**; ***venir a*** + **infinitivo**; ***ir a*** + **infinitivo**; ***haber que*** + **infinitivo**, entre tantas outras.

Echó a hablar y no le dio oportunidad a nadie más.
Se puso a reír en el medio de la película.
Vendrá a trabajar con nosotros brevemente.
¿Ibas a decirme algo?
Hay que contárselo lo más pronto posible.

- Nas **perífrasis de infinitivo**, os pronomes átonos (***me***, ***te***, ***se***, ***nos***, ***os***, ***se***, ***lo***, ***la***, ***los***, ***las***) podem vir proclíticos (antes da locução) ou enclíticos (depois da locução) e, nesse caso, formam uma só palavra com o **infinitivo**.

Lo **llegó a comentar** con nosotros.
Llegó a comentarlo con nosotros.
Voy a enviárselo por correo.
Se lo **voy a enviar** por correo.

- Com a **perífrasis *haber que*** + **infinitivo**, a RAE recomenda que os pronomes complementos apareçam sempre enclíticos ao infinitivo, formando com ele uma só palavra, embora a anteposição desses pronomes ao verbo auxiliar seja encontrada em registros da língua oral de algumas regiões.

Hay que contárselo. (forma recomendada pela RAE)
~~Se lo hay que contar.~~ (forma não recomendada pela RAE)

- Quando o verbo principal for pronominal, o pronome poderá ficar proclítico ou enclítico à **perífrasis**.

Se **fue a bañar** ahora. ou **Fue a bañar**se ahora.
Debes entregárselo ya. ou Se lo **debes entregar** ya.

Os verbos: ***gustar***, ***encantar***, ***agradar***, ***molestar***, ***doler***, ***apetecer***, ***interesar***, ***preocupar***, ***lamentar***, ***convenir***, ***prometer***, ***olvidar***, ***necesitar*** etc. seguidos de um infinitivo **não formam perífrasis verbales**, já que não se comportam como auxiliares, e os infinitivos, por sua vez, formam orações substantivas. Nesses casos, cada um dos verbos da **perífrasis** aparecerá acompanhado do seu próprio complemento, que virá proclítico, no caso do primeiro verbo, e enclítico, formando uma só palavra, com o infinitivo.

Nos **encanta ver**los tan felices.
¿Me **prometes cuidar**te?
Necesito hablarte con urgencia. (A RAE não recomenda a forma ~~Te necesito hablar~~, ainda que comum na fala de algumas regiões.)

GERÚNDIO *GERUNDIO*

O **gerundio** desempenha funções de advérbio ou de adjetivo e sua principal característica é **sempre** expressar ação anterior ou simultânea à do verbo principal, nunca posterior a este.

Se despertó **llorando** mucho.
Enseñando se aprende.
Estoy **preparando** un café, ¿te apetece?

OBSERVAÇÕES IMPORTANTES

1. Não se deve utilizar o **gerundio** para expressar ações posteriores às expressas pelo verbo principal. É correto dizer:

   El helicóptero cayó en el mar **y provocó** la muerte de todos los pasajeros.

   No entanto, é errado dizer:

   El helicóptero cayó en el mar, **provocando** la muerte de todos los pasajeros.

   Já que a ação de ***provocar*** é posterior a de ***caer*** e não deve ser expressa com um **gerundio**.

2. O **gerundio** pode ser empregado referindo-se ao sujeito ou ao objeto direto do verbo da oração principal. Quando o **gerundio** referir-se ao objeto direto da oração principal, ele só estará bem empregado se tal verbo for de compreensão, percepção (*sentir*, *ver*, *oír*, *percibir*, *mirar*, *advertir* etc.) ou de representação (*pintar*, *grabar*, *mostrar*, *dibujar* etc.).

   Oí a mis amigos **hablando** del partido de tenis.
   Sorprendí a mi hijo **pintando** la pared de la sala.

3. O **gerundio** é comumente utilizado em construções chamadas absolutas, ou seja, aquelas em que não se refere a nenhum nome da oração principal.

   Observando la naturaleza, podemos comprender el ciclo de la vida.
   Cuidando la alimentación, se puede tener un cuerpo saludable.
   Tratándose de política, nada me sorprende.

4. O **gerundio** forma locuções verbais (**perífrasis verbales**) com muitos verbos (*seguir*, *venir*, *estar*, *ir*, *andar* etc.).

   Sigo queriéndolo muchísimo.
   Vengo observándolo muy atentamente.
   Andas trabajando demasiado.
   Está dando clase ahora, por eso, no te puede atender.

   - Nas **perífrasis de gerundio**, os pronomes complementos podem vir proclíticos (antes da locução) ou enclíticos (depois da locução) e, nesse caso, formam uma só palavra com o **gerundio**.

     Lo **sigo queriendo** mucho.
     Sigo queriéndolo mucho.
     Lo **vengo observando** muy atentamente.
     Vengo observándolo muy atentamente.

   - Quando o verbo auxiliar for pronominal, o pronome deverá ficar proclítico a ele.

     Se **quedó llorando** cuando salimos. (e não ~~quedó llorándose~~...)

Quando o verbo principal da **perífrasis** for pronominal, os pronomes poderão vir enclíticos ou proclíticos a ela.

Estoy bañándome ou Me **estoy bañando.**

5. Cuidado para não utilizar o **gerundio** para indicar ações futuras

Uso correto	Uso incorreto
Te envío / enviaré todas las informaciones por correo.	~~Estoy **enviándote**~~ todas las informaciones por correo.
Salgo / saldré dentro de 15 minutos	~~Estoy **saliendo**~~ dentro de 15 minutos.

6. Não é correto em espanhol o uso de ***estar*** + **gerundio** em frases que expressam ações iniciadas no passado e que continuam ou vêm se repetindo no presente com alguma frequência.

Uso correto	Uso incorreto
Hago ginmasia 3 veces por semana.	~~**Estoy haciendo**~~ gimnasia tres veces por semana.
Como poca carne últimamente. **Vengo comiendo** poca carne últimamente.	~~**Estoy comiendo**~~ poca carne últimamente.

7. O **gerundio** estará bem empregado para expressar ações que estão acontecendo no momento em que a enunciamos ou quando indica um processo em andamento.

Uso correto
El bebé **está durmiendo**, no hagas ruido.
Juan **está estudiando** en su habitación, no lo perturbes.
Está lloviendo mucho ahora. Es mejor salir más tarde.
Estamos construyendo una casa en la playa.

PARTICÍPIO *PARTICIPIO*

O **participio** pode ser simples ou composto. O 1º forma-se com a terminação **ado** (para os verbos regulares de 1ª conjugação) e **ido** (para os verbos regulares de 2ª e 3ª conjugações).

Los niños **han cantado** lindamente.
Todavía no **hemos vendido** la finca.
Habían vivido en Madrid antes de mudarse para Brasil.

A forma composta é construída com o auxiliar ***haber***.

Haber cant**ado** / Haber vend**ido** / Haber viv**ido**

Os **participios** de verbos irregulares apresentam as terminações **so**, **to** e **cho**.

pre**so** / escri**to** / he**cho**

O **participio** funciona como adjetivo em orações predicativas ou quando acompanha um substantivo e concorda com este em gênero e número.

Edición **agotada**.
Libros **publicados**.
Estoy **preparada** para todo.
Los ejecutivos no están **preparados** para ese desafío.
Me gusta usar el pelo **suelto**.
Las aves están **sueltas** en el parque.

Com o auxiliar ***haber*** forma os tempos compostos das conjugações.

Me **he comprado** un par de zapatos nuevos.
Si **hubiese vendido** mi auto, **habría hecho** un buen negocio.
Ya te **había prevenido** de que Juan era un chico muy sensible.

Há verbos em espanhol que possuem **participio** regular, outros que possuem **participio** irregular e outros que possuem dois **participios** (um regular e outro irregular). Neste último caso, normalmente a forma regular será utilizada na formação dos tempos compostos e a forma irregular será usada como adjetivo e, portanto, concordará com este em gênero e número. Veja os exemplos:

Los niños se **habían sentado** en el banco de la plaza.
Hace mucho que estoy **sentada** esperándote.
Juan **ha resuelto** casarse.
La cuestión está **resuelta**.
Habíamos soltado los perros anoche.
No podemos dejar los perros **sueltos**.
Mi mamá se **ha teñido** el pelo.
Solo tomo vino **tinto**.

Veja na p. 140 a lista com os **participios pasados** dos verbos irregulares em espanhol.

Muitos **participios** converteram-se em substantivos e, como tal, admitem plural e concordam em gênero e número com os adjetivos que os acompanham.

La **entrada** está prohibida para menores de 18 años.
Las **salidas** de emergencia deben estar libres.
Las **heridas** no están cicatrizadas todavía.
El **muerto** era amigo de mi familia.

O **participio** forma locuções verbais com muitos outros verbos (e os pronomes complementos virão sempre proclíticos às **perífrasis**).

Nos **tiene preocupados** con esa actitud.

Salió aclamado por el público.
Se **quedó callada** durante toda la reunión.
Me **di por satisfecho** con el resultado.

VERBOS AUXILIARES

Verbo auxiliar é aquele que perde total ou parcialmente seu significado e combina-se com as formas nominais do verbo principal, atribuindo-lhe matizes especiais.

Os verbos auxiliares de fato em espanhol são: ***haber*** e ***ser***. ***Haber*** é o único auxiliar usado na conjugação de tempos compostos. ***Ser*** é o auxiliar usado na formação da voz passiva. Esses dois verbos aparecem conjugados como auxiliares nas p. 52 e 53.

He visto a tu papá.
Habría ido a la reunión si me **hubiesen invitado**.

El palacio **fue construido** en el siglo XVII.
Las esculturas **fueron expuestas** al público durante la feria internacional.

LOCUÇÕES VERBAIS *PERÍFRASIS VERBALES*

As locuções verbais são muito usuais na língua espanhola. Para formá-las faz-se necessário um verbo auxiliar + um **infinitivo**, um **gerundio** ou um **participio pasado**. São vários os verbos que nas locuções verbais funcionam como auxiliares: ***ir***, ***deber***, ***tener***, ***quedar***, ***estar***, ***llevar***, ***andar***, ***seguir***, ***echar***, ***venir***, ***ponerse***, ***salir***, ***dejar*** etc.

Neste tipo de construção o verbo que está na forma nominal (**infinitivo**, **gerundio** ou **participio**) confere a base do significado, enquanto o verbo conjugado dá as informações sobre a pessoa, o tempo e o número.

Voy a visitar a mi abuelo.
Debes tener cuidado para que no te queme el sol.
Tengo que trabajar este fin de semana.
Quedó acordado que nos encontraríamos a las siete.
Estoy bañándome ahora.
Llevaba puesta una linda camisa de seda.
Andan diciendo muchas tonterías sobre Pepe.
Sigue siendo una chica encantadora.
Se echó a reír cuando le conté el chiste.
Ven a verme el próximo fin de semana.
Se puso a hablar y no dejó que nadie lo interrumpiera.
Salió gritando como un loco.
Déjate de decir pavadas, Pablo.

Para mais detalhes sobre as **perífrasis verbales**, consulte o item **Observações importantes** nas p. 21-24 relativas ao uso do **participio**, **gerundio** e **infinitivo**.

VOZES DO VERBO

A voz do verbo indica se o sujeito da oração exerce / pratica a ação (**voz activa**) ou se sofre / recebe a ação (**voz pasiva**). Na voz ativa, diz-se que o sujeito é **ativo**, enquanto na voz passiva é **paciente**. Veja os exemplos:

Voz activa	Voz pasiva
El niño **llegó** tarde a la escuela.	Los artículos **fueron publicados** en inglés.

Observe que na frase de **voz activa**, o sujeito (**el niño**) é **ativo**, ou seja, ele pratica a ação de ***llegar tarde a la escuela***, enquanto no exemplo da **voz pasiva**, o sujeito (**los artículos**) é **paciente** e sofre a ação de ser publicado.

É clara e marcante a preferência pelo uso da **voz activa** no idioma espanhol. Segundo a RAE, há uma tendência idiomática de preferir a construção verbal dinâmica. Essa tendência choca-se com o caráter nominal das construções passivas com o verbo ***ser***, que serão explicadas a seguir.

FORMAÇÃO DA VOZ PASIVA

A **voz pasiva** em espanhol forma-se de duas maneiras:

Formação da voz pasiva	Exemplo
Verbo auxiliar ***ser*** + **participio** do verbo principal + **por** + agente	El edificio **ha sido destrozado por un incendio.** Los chicos **fueron rescatados** con vida **por los bomberos**.
Partícula **se** + verbo transitivo na 3ª p. sing. / pl.	**Se** le **ha prestado** homenaje al soldado. **Se venden** casas.

Convém ressaltar que a **voz pasiva** com o verbo ***ser*** é de uso restrito no idioma e aparece essencialmente na língua escrita ou na oral formal, por exemplo, em contextos ou relatos (orais ou escritos) que contam a história de obras de arte, monumentos etc. É comum substituí-la pela anteposição do complemento direto, retomando-o, depois, com um pronome e o verbo na voz ativa. Veja os exemplos:

Voz activa (uso mais frequente)	Voz pasiva com verbo *ser* (uso menos frequente)
El museo **lo inaugurarán** en breve.	El museo **será inaugurado** en breve.
Al niño **lo atenderemos** prontamente.	El niño **será atendido** prontamente.

TIPOS DE VOZ PASIVA

A **voz pasiva** com a partícula **se** é em espanhol de dois tipos: a **refleja** e a **impersonal**. A diferença entre elas é que na **impersonal** o sujeito paciente é indeterminado, ou não está expresso ou não se pode subentendê-lo através do contexto ou da situação dos interlocutores.

Pasiva refleja	
Formação	**Exemplo**
Se + verbo transitivo + sujeito paciente	**Se comentó** mucho **el atentado terrorista**. **Se publicaron muchos libros** de informática.

Pasiva impersonal	
Formação	**Exemplo**
Se + verbo transitivo + sujeito paciente indeterminado / genérico ou coletivo	**Se habla** mucho sobre **globalización de los mercados**. **Se** les **nota una cierta hostilidad**. **Uno se siente** muy bien en ese país.

Há determinadas construções que, apesar de não serem passivas na sua estrutura, têm significado passivo.

Verse **+ infinitivo**	Se **vio crecer** al niño muy rápidamente.
Verse **+ participio pasado**	Se **vio obligado** a tomar una actitud drástica.
Morir / quedar / dejar **+ participio pasado**	Juan **murió asesinado**. **Quedó destruido** el coche. La noticia me **dejó encantada**.

VERBOS PRONOMINAIS

Verbos pronominais são os que se conjugam em todas as suas formas com um pronome átono que concorda com o sujeito. Os pronomes átonos são: ***me***, ***te***, ***se***, ***nos***, ***os***, ***se***, ***lo***, ***la***, ***los***, ***las***. No infinitivo, os verbos pronominais aparecem sempre acompanhados do pronome **se**, formando uma só palavra (***herirse***; ***hartarse***; ***quedarse*** etc.).

Muitos verbos pronominais podem também ser conjugados como não pronominais, podendo apresentar um complemento direto (conjugação transitiva) ou não (construção intransitiva). O significado desses verbos pode variar quando conjugados numa ou noutra forma.

Conjugación no pronominal	Conjugación pronominal
despertar	***despertarse***
Los juguetes coloridos **despiertan** el interés de los niños.	**Me despierto** temprano todos los días.
levantar	***levantarse***
No **levantes** la voz, por favor.	**Se levantó** muy tarde hoy.

Alguns verbos pronominais podem indicar reciprocidade, ação involuntária ou ênfase na ação que expressam. Os verbos reflexivos são os pronominais cuja ação expressa por eles recai sobre o sujeito.

Me desperté muy temprano esta mañana.
Lávate las manos.
Se lastimó la rodilla en el partido de tenis.

Os recíprocos são os que denotam ação recíproca entre duas ou mais pessoas ou coisas.

Se quieren mucho.
Nos mirábamos sorprendidos.
Me tuteo con mis alumnos.

Há, também, como já mencionado, os que expressam ênfase, ação involuntária.

Me lo **comí** todo.
Los ladrones **se llevaron** todas mis joyas.
Te dormiste durante el concierto.

Os verbos ***matar*** e ***matarse*** podem expressar várias ações diferentes, se conjugados pronominalmente ou não.

Los cazadores **mataron** el león. (*não pronominal; transitivo*)
Se mató de un tiro anoche. (*pronominal reflexivo* – expressa ato voluntário do sujeito)
Lucharon tanto que **se mataron**. (*pronominal recíproco*)
Se mataron en un accidente de coche. (*pronominal reflexivo* – expressa ato involuntário do sujeito)

VERBOS DE CAMBIO

São assim chamados porque expressam transformações, mudanças (***cambios***), processos reversíveis ou irreversíveis (voluntários ou não) e são largamente usados em espanhol. Muitos deles apresentam a seguinte estrutura:

Verbo + substantivo / adjetivo / advérbio

Seguem aqui algumas observações para facilitar seu uso e compreensão.

volverse + **substantivo / adjetivo** – expressa mudança súbita, imprevisível; às vezes, irreversível. Significa ***convertirse***, ***transformarse***.

Se volvió loco.
Se volvió leucémico.
Me volví rica.
Se volvió una persona amarga.

hacerse + **adjetivo / advérbio** – expressa mudança voluntária e reversível. Pode significar o resultado de um esforço pessoal para atingir um determinado grau ou profissão.

Se hizo abogado.
Nos hicimos amigos.
El olor **se hizo** insoportable.
Se hace tarde.

ponerse **+ adjetivo / advérbio** – expressa, no geral, mudança reversível, transitória, momentânea e, normalmente, relaciona-se às mudanças de estado de ânimo ou de clima.

Se puso furioso / colorado / contento / triste / peor.
El día **se ha puesto** hermoso. / El cielo **se puso** muy lindo al atardecer.
Con tantas preocupaciones, **me pondré** vieja antes del tiempo.
La situación **se ha puesto** difícil / complicada / insoluble.

quedarse **+ adjetivo / advérbio / particípio** – expressa o resultado de uma mudança que ocorre tanto com sujeitos animados como inanimados provocada por um agente externo. Pode significar ***permanecer*** (num sentido físico ou num lugar). As mudanças expressas por esse verbo podem ser permanentes ou transitórias.

Quedémonos aquí hasta que Antón vuelva.
¿**Te quedaste** en Madrid?
Se quedó callada / tranquila / inmóvil / quieta / muda / ciega.
Los niños **se quedaron** bien / mal / agitados / dormidos / despiertos.

OBSERVAÇÕES IMPORTANTES

Atenção: Veja alguns exemplos bastante usuais de como se traduz o verbo *ficar* do português para o espanhol.

Português	Espanhol
Fiquei triste com a notícia.	**Me puse** triste con la noticia.
Fiquei na praia até anoitecer.	**Me quedé** en la playa hasta que anocheció.
Fiquei rica da noite para o dia.	**Me hice** / **volví** rica de la noche a la mañana.
Ficaram muito amigos.	**Se hicieron** / **volvieron** muy amigos.
Essa roupa **fica** muito bem em você.	Esta ropa **te queda/te cae** muy bien.

enojarse – expressa raiva / irritação; significa ***enfadarse***.

Se enojó con Pedro por su actitud.
Me enojé con la empleada y la eché.

disgustarse – expressa impotência, tristeza; significa ***entristecerse con algo o con alguien***.

Me disgusté con mis vecinos.
¡Cómo **me disgustas** con esa actitud tan egoísta!

aburrirse – expressa tédio, cansaço; significa ***fastidiarse***.

Me aburren esos discursos tan largos.
Se aburrió muchísimo durante la charla sobre economía mundial.

aborrecerse – expressa aversão, ódio; significa ***detestar, desesperarse, impacientarse***.

Ese tema **me aborrece** de muerte.
Me aborrezco haciendo cálculos.

Além desses, podemos citar muitos outros **verbos de cambio**: ***alegrarse***, ***entristecerse***, ***tranquilizarse***, ***entusiasmarse***, ***marearse***, ***enfermarse***, ***emborracharse***, ***amargarse***, ***convertirse***, ***transformarse***, ***disgustarse*** etc.

TEMPOS VERBAIS

O tempo do verbo indica o momento em que se realiza a ação: **presente**, **pretérito** ou **futuro**.

Em espanhol, os tempos verbais classificam-se em:

- **simples** – formados unicamente pelo verbo principal (***viajo***, ***sueño***, ***jugaba***, ***empezaron***, ***trabajaré***, ***canta***, ***hiciéramos*** etc.);
- **compuestos** – formados pelo verbo auxiliar ***haber*** e o **participio** do verbo principal (***he viajado***, ***había soñado***, ***habrán trabajado***, ***hubierais visto***);
- **perfectos** – ressaltam a delimitação temporal. O termo **perfecto** tem o sentido de completo, acabado. Quando dizemos ***hablé*** ou ***he hablado***, expressamos ações **perfectas**, ou seja, terminadas no momento em que falamos;
- **imperfectos** – indicam o transcurso ou continuidade da ação. Nos tempos **imperfectos**, a atenção de quem fala não se concentra no começo ou no fim da ação.

QUADRO SINÓPTICO DOS MODOS E TEMPOS VERBAIS	
Formas no personales	
Simples	**Compuestas**
Infinitivo	Infinitivo
Gerundio	Gerundio
Participio	------------
Modo indicativo	
Tiempos simples	**Tiempos compuestos**
Presente	Pretérito perfecto compuesto
Pretérito imperfecto	Pretérito pluscuamperfecto
Pretérito perfecto simple	Pretérito anterior
Futuro simple	Futuro compuesto
Condicional simple	Condicional compuesto
Modo subjuntivo	
Tiempos simples	**Tiempos compuestos**
Presente	Pretérito perfecto compuesto
Pretérito imperfecto	Pretérito pluscuamperfecto
Futuro simple	Futuro compuesto
Modo imperativo	
Tiempos simples (não há formas compostas)	
Afirmativo	Negativo *

* embora alguns gramáticos defendam que o imperativo possui somente a forma afirmativa (ou presente), optamos por indicá-lo aqui, bem como conjugá-lo nas tabelas dos paradigmas.

USO DOS TEMPOS VERBAIS

MODO INDICATIVO

Tiempos simples

Presente

Usa-se o **presente** para expressar:

Ações habituais	Siempre **me despierto** antes que mi marido.
Ações atuais	**Trabajo** como profesora de español.
Verdades universais desligadas de valor temporal	La Tierra **gira** en torno al sol.
Fatos históricos	En 1822 se **proclama** la Independencia de Brasil.
Ações futuras	**Parto** el próximo lunes.
Ordem ou mandato	Lo **buscas** esta noche y le **entregas** este paquete.
Condição, nas orações subordinadas condicionais	Si **llueve**, no salgo.

Pretérito imperfecto

É um tempo verbal em que o aspecto principal é o transcurso ou duração da ação. O começo ou o fim da ação não são o foco de interesse de quem fala. Expressa:

Duração de uma ação do passado	**Nevaba** intensamente.
Ações habituais no passado	Siempre les **regalaba** caramelos a los chicos.
Ações do passado que não chegaram a ocorrer	**Iba** a llamarlo cuando se asomó a la ventana.
Cortesia	¿**Deseaba** algo, señor?
Ações passadas ocorridas em sequência	**Salía** de su casa a las siete, **desayunaba** en el bar, **compraba** el periódico en el quiosco e **iba** a su oficina donde **llegaba** antes de las 8:00.
Ações planejadas e não realizadas	**Pretendía** visitar el museo, pero **estaba** cerrado.

O **pretérito imperfecto** do verbo ***ser*** é utilizado para narrar lendas, fábulas, contos.
Érase una vez una niña cuya abuela vivía en un lindo bosque...

Pretérito perfecto simple

Expressa ações passadas anteriores ao momento em que se fala, portanto, ações separadas do presente por qualquer período de tempo, estabelecido ou não com marcadores como ***ayer***, ***la semana pasada***, ***el siglo pasado***, ***entonces***, ***aquel día*** etc.

El año pasado **fui** a París.
Esta mañana **llovió** muchísimo.
Salimos muy apresurados.
Comieron mucho y **se sintieron** mal.

Futuro simple

Expressa:

Ações futuras em relação ao momento que se fala	Mañana **partiremos** para Madrid.
Vontade imperativa	No **hablarás** con él sobre lo ocurrido.
Dúvida	¿**Sabré** preparar este plato?
Probabilidade	¿**Habrá** sol mañana?
Objeção	**Será** rico, pero no educado.

Condicional simple

Expressa:

Ações futuras ocorridas no passado	Le dijo que **la llamaría** antes de sus vacaciones.
Desejos, aspirações	Me **gustaría** volver a verla pronto.
Conselhos	**Deberías** arreglarte un poco más.
Probabilidade	¿**Sabría** Ud. darme esa información?
Dúvida	¿**Tendrías** un vestido de fiesta para prestarme?
Cortesia	¿**Tomarías** un café conmigo?

O **condicional simple** aparece posposto às orações subordinadas condicionais.

Si quisiera, **podría** engañarlo con facilidad.
Si el bebé no estuviese bien, **lloraría**.

Tiempos compuestos

Pretérito perfecto compuesto

Expressa:

Ação passada e perfeita que guarda relação com o presente e o inclui	¿**Has visto** a Juan esta semana? Se **han publicado** muchos libros sobre informática en los últimos años.
Passado imediato	—¿**Has visto** a Pepe? —**Ha salido** hace un momento.

OBSERVAÇÕES IMPORTANTES
Pretérito perfecto simple × Pretérito perfecto compuesto:

1. O **pretérito perfecto compuesto** é usado para expressar ações que cronologicamente podem estar distantes do presente, mas que, de alguma forma, suas consequências permanecem até o momento atual, ou ainda, quando a ação ocorreu num tempo cronológico que ainda perdura (inclui o presente).

   Se ha discutido mucho sobre los derechos humanos en los últimos tiempos.
   Esta mañana **ha llovido** muchísimo.

En este siglo la informática se **ha desarrollado** fantásticamente.
¿**Has leído** Neruda alguna vez?

2. Embora na língua literária procure-se manter claramente a diferença de uso entre o **pretérito perfecto simple** e o **pretérito perfecto compuesto**, na prática, o que se percebe é que há uma certa preferência pelo uso de um ou de outro em determinadas regiões da Espanha e da América Hispânica. Na Espanha, há uma tendência ao uso do **pretérito perfecto compuesto**, enquanto em algumas regiões da América Hispânica a preferência é pelo uso do **pretérito perfecto simple**. Empregaremos corretamente esses tempos verbais se dissermos:

Me **he comprado** una casa. ou Me **compré** una casa.
Se **ha marchado** hoy. ou Se **marchó** hoy.

3. O que realmente constitui erro é utilizar o **pretérito perfecto compuesto** para expressar fatos ou ações **que não incluem o presente**, ou para expressar fatos, situações definitivamente terminados no tempo cronológico atual. Desta forma, não é correto dizer: "El Imperio Romano **ha durado** mucho". O correto aqui é utilizar o **pretérito perfecto simple**, uma vez que o Império Romano já terminou e, portanto, não há nenhuma ligação com o presente. A mesma conduta deve ser observada quando nos referimos a pessoas que já faleceram, a empresas ou produtos que já não existem etc. Veja a seguir outros exemplos de uso:

Uso correto	Uso incorreto
Ayrton Senna **nació** en Brasil.	Ayrton Senna ~~**ha nacido**~~ en Brasil.
Mappin **cerró** sus puertas.	Mappin ~~**ha cerrado**~~ sus puertas.
Cabral **descubrió** Brasil en 1500.	Cabral ~~**ha descubierto**~~ Brasil en 1500.

Em português, só temos uma forma de expressar uma ação já terminada, incluindo ou não o tempo presente.

Ayrton Senna **nasceu** no Brasil.
O Mappin **fechou** as suas portas.
Cabral **descobriu** o Brasil em 1500.
Comprei-me uma casa.
Ele **foi** embora hoje.

Diferenças entre o uso de pretérito perfeito composto (do português) × pretérito perfecto compuesto (do espanhol)

Apesar de esses dois tempos verbais serem muito parecidos na sua estrutura, eles diferem totalmente no seu significado.

Pretérito perfeito composto	Pretérito perfecto compuesto
tenho, tens, tem, temos, tendes, têm + particípio	he, has, ha, hemos, habéis, han + participio

• Na sua conjugação em português, utilizamos mais comumente o auxiliar ***ter*** (***tenho comprado***), ou muito raramente ***haver*** (***hei comprado***), e, em espanhol, só podemos usar o auxiliar ***haber*** (*hemos comprado*).

• Em português, a ação expressa por esse tempo verbal indica a repetição ou a continuidade dessa ação, iniciada no passado e que perdura no presente.

Temos feito ginástica regularmente

Tenho consumido pouca carne.

• Em espanhol, a ação expressa por esse tempo verbal indica uma ação terminada que possui uma relação com o presente.

He hecho gimnasia esta mañana. (Fiz ginástica...)

He consumido muy poca carne en los últimos tiempos. (Consumi muito pouca carne...)

Pretérito pluscuamperfecto

Expressa:

Ações passadas anteriores a outras também passadas	El museo ya **había cerrado** cuando llegamos.
	Había llovido muchísimo antes de empezar la fiesta.

Há que se ressaltar que em português esse tempo (**mais-que-perfeito composto**) pode utilizar como auxiliares na sua conjugação os verbos **ter** ou **haver**. Em espanhol, usa-se somente o ***haber***.

Pretérito anterior

Expressa ação passada imediatamente anterior a outra também passada.

O uso do **pretérito anterior** é muito reduzido atualmente na linguagem corrente. Normalmente, ele é substituído pelo **pretérito perfecto simple de indicativo** ou pelo **pretérito pluscuamperfecto de indicativo**.

Uso corrente	Uso incomum
Tan pronto **llegamos** a la iglesia, empezó la misa.	Tan pronto **hubimos llegado** a la iglesia, empezó la misa.
En cuanto **llegué** a casa, él ya había salido.	En cuanto **hube llegado** a casa, él ya había salido.

Futuro compuesto

Expressa:

Ações futuras e terminadas, anteriores a outras ações futuras	Cuando se enteren del problema, ya **habré tomado** las providencias necesarias.
Probabilidade; conjectura	¿Ya **habrán vuelto** del viaje?

Valor temporal de passado; às vezes indica surpresa e equivale a um pretérito perfecto compuesto.	¿**Habrás sentido** algo semejante? (= ¿Has sentido...?) ¿Si me **habré sorprendido** con su actitud? (= Si me ha sorprendido ...)
Valor concessivo	Mi actitud **habrá sido** demasiado drástica, pero no me quedaba otra alternativa.
Objeção	Lo **habrá intentado**, pero no ha conseguido causar discordia en mi familia.

Condicional compuesto

Expressa:

Ações futuras terminadas anteriores a outras ações futuras no passado	**Habrían pedido** socorro anteriormente, pues cuando llegamos ya se habían llevado las víctimas.
Suposições	**Habrían fabricado** muchos equipos para el sector automovilístico, pero quebraron.
Condição, em orações subordinadas condicionais	Si me hubiesen avisado de su llegada, **habría ido** a buscarlos.
Objeção	**Habría intentado**, pero no había conseguido causar discordia en mi familia.

MODO SUBJUNTIVO

Tiempos simples

Presente

Usa-se o **presente de subjuntivo** nos seguintes tipos de orações:

Subordinadas	Necesito que me **traigan** la documentación. Cuando **estés** listo, avísame. Espero que te **mejores** pronto. Aunque **tengas** ganas de comer chocolate, no lo hagas.
Orações **dubitativas**	Tal vez **lleguen** esta noche. Quizá se **arrepientan** de haberlo dicho. Posiblemente se **acuerden** de ese hecho.
Exclamativas ou **desiderativas**	¡Que te **diviertas**! ¡Ojalá lo **encuentres** bien a tu papá!
Reduplicativas	**Sea como sea**, le mandaremos la invitación. **Pase lo que pase**, estaremos aquí para ayudarte.
Em orações do tipo: **verbo + o + no + or. principal no futuro**	**Le guste o no**, lo haré igual. **Llueva o no**, iremos a la playa.
Para expressar ordem	¡Que **hagas** tus tareas ahora!

Pretérito imperfecto

É o único tempo verbal em espanhol que possui duas formas de desinência: **-ra** e **-se**. (canta**ra** – canta**se** / vendie**ra** – vendie**se** / partie**ra** – partie**se**). A alternância entre as duas formas é comum tanto no espanhol americano como no europeu, embora se considere, no geral, a forma com **-se** mais erudita e sofisticada. As duas formas se equivalem quando utilizadas em subordinadas condicionais ou concessivas.

Si **tuviese** tiempo, pasaría por tu casa.
Si **tuviera** tiempo, pasaría por tu casa.
Aunque lo **quisiese** mucho, no podía casarse con él.
Aunque lo **quisiera** mucho, no podía casarse con él.

No entanto, em frases de significado potencial essas formas **não se equivalem** e o correto é utilizar a desinência **-ra** ou substituí-la por um condicional.

<table>
<tr><th>Uso correto</th><th>Uso incorreto</th></tr>
<tr><td>Te lo digo para que no te sientas peor de lo que debieras.</td><td rowspan="2">Te lo digo para que no te sientas peor de lo que <s>debieses</s>.</td></tr>
<tr><td>Te lo digo para que no te sientas peor de lo que deberías.</td></tr>
</table>

Usos:

<table>
<tr><td>Para expressar ações passadas, presentes ou futuras em relação ao momento em que se fala, mas normalmente posteriores ao tempo da oração principal</td><td>Me gustaría que aceptaras el regalo.
Si me invitaran a dictar clases en la universidad, lo aceptaría.
Quisiera que este hecho le hiciese ver las cosas de otra manera.</td></tr>
<tr><td>Em frases de cortesia</td><td>Pudiera llevarle las compras a su casa.</td></tr>
<tr><td>Em orações exclamativas ou desiderativas</td><td>¡Ojalá pudieran padre e hijo encontrarse una vez más!
¡Quién me diera ser una científica respetada!</td></tr>
<tr><td>Em orações reduplicativas</td><td>Pasara lo que pasara, estaríamos dispuestos a recuperar la empresa.
Fuera como fuera, no cambiaríamos nuestra posición.</td></tr>
</table>

Futuro simple

O **futuro simple de subjuntivo** expressa ações futuras não concluídas. Exceto em expressões jurídicas, textos filosóficos ou em algumas expressões, é um tempo verbal praticamente em desuso na linguagem corrente. Exemplo:

Adonde **fueres** haz lo que **vieres**...
... derechos que tenga o **pudiere** tener...

Normalmente, o **futuro simple de subjuntivo** é substituído pelo **presente de subjuntivo** quando se quer indicar uma ação que se realizará no futuro, ainda que este futuro seja impreciso.

Cuando **vayan** a Madrid, entenderán por qué me gusta tanto aquella ciudad. (Em lugar de: Cuando **fueres** a Madrid...)
Cuando **tengas** ganas, date una vuelta por allí. (Em lugar de: Cuando **tuvieres** ganas...)

É substituído pelo **presente de indicativo**, quando expressa uma probabilidade no futuro.

Si **vienes** a São Paulo, visítame. (Em substituição a: Si **vinieres** a São Paulo...)
Si el bebé **llora**, dale el biberón. (Em substituição a: Si el bebé **llorare**...)

Tiempos compuestos

Pretérito perfecto compuesto

Indica ações acabadas num tempo passado ou futuro, mas cuja realização apresenta-se de forma hipotética.

Usos:

Em orações subordinadas	No me parece que lo **haya hecho** a propósito. No estoy segura de que lo **hayan encontrado** en Miami.
Orações exclamativas ou **desiderativas**	¡Ojalá **hayan pasado** un buen rato! ¡Que no les **hayan detenido** en la aduana!
Orações **dubitativas**	Tal vez **haya perdido** la hora. Quizá lo **hayáis dejado** en el hotel.
Orações **reduplicativas**	**Haya pasado lo que haya pasado**, intentaré reconciliarme con él. **Hayáis comprado lo que hayáis comprado**, me gustará igual.

Pretérito pluscuamperfecto

Expressa orações hipoteticamente terminadas num momento passado.

Usos:

Em orações subordinadas	No me podía creer que lo **hubieras hecho** tan bien. ¿No les pareció que **hubiéramos podido** cobrar más por el terreno?
Orações exclamativas ou **dubitativas**	¡Jamás se lo **hubiéramos dicho**! ¡Quién se lo **hubiera imaginado**!

Futuro compuesto

O **futuro compuesto de subjuntivo** expressa ações futuras acabadas. É um tempo verbal em completo desuso na linguagem corrente moderna. Raríssimas vezes pode ser encontrado em textos jurídicos ou em textos clássicos. Veja os exemplos:

Podrán exigir... si no ***hubiere obtenido*** *el beneficio de pobreza, el abono de los derechos...* (Ley de Enjuiciamiento Criminal, art. 242).
En verdad te digo que de todo aquello que la mujer del juez recibiere, ha de dar cuenta el marido en la residencia universal, donde pagará con el cuatro tanto en la muerte las partidas de que no se ***hubiere hecho*** *cargo en la vida* (D. Quijote).

MODO IMPERATIVO

Imperativo afirmativo y negativo

Segundo a RAE, o **imperativo afirmativo** (ou **presente**) é o único tempo verbal desse modo, uma vez que tem desinências próprias. O **imperativo negativo** não é considerado um tempo verbal pela RAE, já que não possui desinências próprias; na verdade, ele é formado pela partícula negativa ***no*** seguida das formas do **presente de subjuntivo**. No entanto, para efeito de consulta, decidimos manter a conjugação de ambos neste livro.

O **imperativo** é usado para indicar:

Ordens	**Mantenga** cerrada la puerta. **No peguen** carteles en esa área.
Desejos / pedidos / conselhos	**Intenta** hablarle nuevamente y **di**le que te arrepentiste. **No** le **digas** nada sobre lo ocurrido.
Instruções	**Abra** la caja y **desenvuelva** el equipo con cuidado. **No conecte** la computadora antes de cerciorarse de cuál es el voltaje correcto.
Amabilidade / cortesia	**Pase**, **pase** y **póngase** a gusto. **No se moleste**, por favor.

FORMAÇÃO DOS TEMPOS VERBAIS

TEMPOS QUE DERIVAM DO *PRETÉRITO PERFECTO SIMPLE DE INDICATIVO*

O **pretérito imperfecto de subjuntivo** e o **futuro simple de subjuntivo** formam-se a partir da 3ª pessoa do plural do **pretérito perfecto simple de indicativo**, suprimindo-se a terminação **-ron** e acrescentando-se as correspondentes a cada um dos tempos. Veja o quadro a seguir:

Conjugación	3ª persona plural Pretérito perfecto simple de indicativo	Pretérito imperfecto de subjuntivo				Futuro simple de subjuntivo
		Persona		Terminación		Terminación
			1ª	-se	-ra	-re
1ª	habla**ron**	SING.	2ª	-ses	-ras	-res
			3ª	-se	-ra	-re
2ª	comie**ron**		1ª	-semos*	-ramos*	-remos*
		PLURAL	2ª	-seis	-rais	-reis
3ª	vivie**ron**		3ª	-sen	-ran	-ren

* Nas três conjugações, a 1ª pessoa do plural (nosotros) dos dois tempos verbais leva acento gráfico: ***hablásemos*** / ***habláramos***; ***comiésemos*** / ***comiéramos***; ***viviésemos*** / ***viviéramos***; e ***habláremos***, ***comiéremos***, ***viviéremos***.

OBSERVAÇÕES IMPORTANTES

O **futuro simple de subjuntivo** em espanhol é um tempo verbal praticamente em desuso na linguagem oral, seu uso está restrito a alguns textos jurídicos ou a algumas expressões como ***fuere como fuere***. Apesar disso, ele aparece nas tabelas de conjugação dos paradigmas para que o leitor possa conhecer a sua forma.

TEMPOS QUE DERIVAM DO *INFINITIVO*

O **futuro simple de indicativo** e o **condicional simple** derivam do **infinitivo** acrescentando-lhe as terminações correspondentes a cada um dos tempos. Observe o quadro:

Conjugación	Infinitivo	Futuro simple de indicativo			Condicional simple
		Persona		Terminación	Terminación
1ª	hablar	SING.	1ª	-é	-ía
			2ª	-ás	-ías
			3ª	-á	-ía
2ª	comer	PLURAL	1ª	-emos	-íamos
			2ª	-éis	-íais
3ª	vivir		3ª	-án	-ían

FORMAÇÃO DO IMPERATIVO

O modo **imperativo** dos verbos regulares em espanhol forma-se quase da mesma maneira que o modo imperativo dos verbos regulares em português. Este modo deriva dos **presentes de indicativo** e **subjuntivo** e do **infinitivo**. Para facilitar a compreensão, veja a tabela abaixo:

Formação do imperativo afirmativo		
Tempo do qual deriva	Alteração que sofre	Forma final do imperativo afirmativo
Presente de indicativo tú hablas	-s	habla tú
Presente de subjuntivo que él hable que nosotros hablemos que ellos hablen	nenhuma nenhuma nenhuma	hable Ud. hablemos nosotros hablen Uds.
Infinitivo hablar	-r + d	hablad vosotros

O **imperativo negativo** forma-se a partir do **presente de subjuntivo** adicionando-se apenas a partícula negativa a todas as pessoas. Veja o quadro:

Formação do imperativo negativo	
Presente de subjuntivo	Imperativo negativo
que yo hable	--
que tú hables	no hables tú
que Ud. hable	no hable Ud.
que nosotros hablemos	no hablemos nosotros
que vosotros habléis	no habléis vosotros
que Uds. hablen	no hablen Uds.

VERBOS REGULARES

Como mencionamos anteriormente, os verbos regulares são os que não sofrem alterações no radical nem nas terminações, quando conjugados em todos os tempos e pessoas.

O quadro abaixo traz as desinências de todas as pessoas dos tempos verbais simples de cada modo. Basta tomar o radical do verbo e acrescentar a terminação (ou desinência) correspondente a cada tempo e pessoa para conjugar qualquer verbo regular, de cada uma das três conjugações.

Formas no personales			
	Conjugación	Radical	Terminación
Infinitivo	1ª	habl-	-ar
	2ª	tem-	-er
	3ª	viv-	-ir
Gerundio	1ª	habl-	-ando
	2ª	tem-	-iendo
	3ª	viv-	-iendo
Participio	1ª	habl-	-ado
	2ª	tem-	-ido
	3ª	viv-	-ido

Formas personales – Modo indicativo								
Tiempos simples	Conjugación	Radical	Terminación Personas de singular			Terminación Personas de plural		
			1ª	2ª	3ª	1ª	2ª	3ª
Presente	1ª	habl-	-o	-as	-a	-amos	-áis	-an
	2ª	tem-	-o	-es	-e	-emos	-éis	-en
	3ª	viv-	-o	-es	-e	-imos	-ís	-en
Pretérito imperfecto	1ª	habl-	-aba	-abas	-aba	-ábamos	-abais	-aban
	2ª	tem-	-ía	-ías	-ía	-íamos	-íais	-ían
	3ª	viv-	-ía	-ías	-ía	-íamos	-íais	-ían

Formas personales – Modo indicativo								
Tiempos simples	Conjugación	Radical	Terminación Personas de singular			Terminación Personas de plural		
			1ª	2ª	3ª	1ª	2ª	3ª
Pretérito perfecto simple	1ª	habl-	-é	-aste	-ó	-amos	-asteis	-aron
	2ª	tem-	-í	-iste	-ió	-imos	-isteis	-ieron
	3ª	viv-	-í	-iste	-ió	-imos	-isteis	-ieron
Futuro simple	1ª	habl-	-aré	-arás	-ará	-aremos	-aréis	-arán
	2ª	tem-	-eré	-erás	-erá	-eremos	-eréis	-erán
	3ª	viv-	-iré	-irás	-irá	-iremos	-iréis	-irán
Condicional simple	1ª	habl-	-aría	-arías	-aría	-aríamos	-aríais	-arían
	2ª	tem-	-ería	-erías	-ería	-eríamos	-eríais	-erían
	3ª	viv-	-iría	-irías	-iría	-iríamos	-iríais	-irían

Formas personales – Modo subjuntivo								
Tiempos simples	Conjugación	Radical	Terminación Personas de singular			Terminación Personas de plural		
			1ª	2ª	3ª	1ª	2ª	3ª
Presente	1ª	habl-	-e	-es	-e	-emos	-éis	-en
	2ª	tem-	-a	-as	-a	-amos	-áis	-an
	3ª	viv-	-a	-as	-a	-amos	-áis	-an
Pretérito imperfecto	1ª	habl-	-ara	-aras	-ara	-áramos	-arais	-aran
			-ase	-ases	-ase	-ásemos	-aseis	-asen
	2ª	tem-	-iera	-ieras	-iera	-iéramos	-ierais	-ieran
			-iese	-ieses	-iese	-iésemos	-ieseis	-iesen
	3ª	viv-	-iera	-ieras	-iera	-iéramos	-ierais	-ieran
			-iese	-ieses	-iese	-iésemos	-ieseis	-iesen
Futuro simple	1ª	habl-	-are	-ares	-are	-áremos	-areis	-aren
	2ª	tem-	-iere	-ieres	-iere	-iéremos	-iereis	-ieren
	3ª	viv-	-iere	-ieres	-iere	-iéremos	-iereis	-ieren

Formas personales – Modo imperativo								
	Conjugación	Radical	Terminación Personas de singular			Terminación Personas de plural		
			1ª	2ª	3ª	1ª	2ª	3ª
Afirmativo	1ª	habl-	--	-a	-e	-emos	-ad	-en
	2ª	tem-	--	-e	-a	-amos	-ed	-an
	3ª	viv-	--	-e	-a	-amos	-id	-an
Negativo	1ª	no habl-	--	-es	-e	-emos	-éis	-en
	2ª	no tem-	--	-as	-a	-amos	-áis	-an
	3ª	no viv-	--	-as	-a	-amos	-áis	-an

PARADIGMAS DE CONJUGAÇÃO REGULAR

Os seguintes verbos servem como paradigmas de cada conjugação verbal regular:

cantar p. 54
comer p. 55
vivir p. 56

VERBOS REGULARES QUE SOFREM ALTERAÇÕES CONSONÂNTICAS OU ORTOGRÁFICAS

Muitos **verbos regulares** sofrem alterações consonânticas ou ortográficas, que não são consideradas irregularidades e, portanto, cabe frisar aqui que esses verbos não perdem seu caráter de **regulares**. Descreveremos, a seguir, essas alterações.

- terminados em **-car** – modelo: **BUSCAR** p. 57

  -c- → **-qu-** antes de vogal **-e** — bus**qu**e

- terminados em **-gar** – modelo: **PAGAR** p. 58

  -g- → **-gu-** antes de vogal **-e** — pa**gu**e

- terminados em **-zar** – modelo: **UTILIZAR** p. 59

  -z- → **-c-** antes de vogal **-e** — utili**c**e

- terminados em **-cer** e **-cir** – modelos: **VENCER** p. 60 – **FRUNCIR** p. 61

  -c- → **-z-** antes de **-a** e **-o** — ven**z**o – frun**z**a

- terminados em **-ger** e **-gir** – modelos: **PROTEGER** p. 62 – **DIRIGIR** p. 63

  -g- → **-j-** antes de **-a** e de **-o** — prote**j**a - diri**j**o

- terminados em **-guir** e **-quir** – modelos: **DISTINGUIR** p. 64 – **DELINQUIR** p. 65

  -gu- → **-g-** antes de **-a** e de **-o** — distin**g**o
  -qu- → **-c-** antes de **-a** e de **-o** — delin**c**o

VERBOS IRREGULARES

Os verbos irregulares são aqueles que sofrem alterações em alguma(s) de suas formas, no radical, na terminação, ou em ambos, quando conjugados.

Dentro do grupo de verbos irregulares, classificaremos os verbos em vários subgrupos:

IRREGULARES QUE SOFREM ALTERAÇÃO DE ACENTO TÔNICO

- terminados em **-iar** – modelos: **COPIAR** p. 66 – **DESVIAR** p. 67

  - formam ditongo com o **-i-** radical e, portanto, não o acentuam ou — c**o**pio – c**o**pie
  - formam hiato com o **-i-** radical e o acentuam graficamente — desv**í**o – desv**í**a

- terminados em **-uar** – modelos: **AVERIGUAR** p. 68 – **ACTUAR** p. 69

- formam ditongo com o **-u-** radical e, portanto, não o acentuam; levam trema no grupo **-güe** ou - formam hiato com o **-u-** radical e o acentuam graficamente.	averiguo – averigüe actúo – actúe

- modelo: **AISLAR** p. 70

- formam hiato com o **-i-** radical e o acentuam graficamente.	aíslo – aísle

- modelo: – **AUNAR** p. 71 – **REUNIR** p. 72

- formam hiato com o **-u-** radical e o acentuam graficamente.	aúna – reúno

- modelo: **PROHIBIR** p. 73

- o **-h-** intervocálico não impede a formação do hiato na raiz e deve ser acentuado graficamente.	prohíbo – prohíba

- modelo: **REHUSAR** p. 74

- o **-h-** intervocálico não impede a formação do hiato na raiz e deve ser acentuado graficamente.	rehúso – rehúse

IRREGULARES QUE SOFREM ALTERAÇÕES VOCÁLICAS

- modelos: **ACERTAR** p. 75 – **ENTENDER** p. 76 – **DISCERNIR** p. 77

-e- → -ie- (**ditongação**) em todas as pessoas em que o **-e-** radical é tônico.	ac**ie**rto – ent**ie**ndo – disc**ie**rno

- modelo: **ERRAR** p. 78

e- → ye- **(ditongação)** caso especial da irregularidade anterior – o ditongo **ie-** altera-se para **ye-**.	**ye**rro – **ye**rra

- modelo: **FREGAR** p. 79

-e- → -ie- (**ditongação**) além desta irregularidade, o verbo sofre alteração consonântica **-g- → -gu-**, que não é considerada irregularidade como vimos anteriormente.	fr**ie**gue

- modelo: **JUGAR** p. 80

-u- → -ue- em todas as pessoas em que o acento recai na penúltima sílaba; além da alteração consonântica **-g- → -gu-**, que não é considerada irregularidade como vimos anteriormente.	j**ue**go – j**ue**ga – j**uegu**e

- modelo: **ADQUIRIR** p. 81

-i- → -ie- em todas as pessoas em que o acento tônico recai na penúltima sílaba.	adqu**ie**ro – adqu**ie**ra

- modelo: **CONTAR** p. 82 – **MOVER** p. 83

-o- → -ue- (**ditongação**) em todas as pessoas em que o **o** radical é tônico.	c**ue**nto - m**ue**vo

- modelo: **OLER** p. 84

-o- → -ue-
(**ditongação**)
caso especial da irregularidade anterior; por razões ortográficas leva a letra **h-** antes do ditongo (**hue**).

huelo – **hue**la
também o verbo **desosar**
des**hue**so – des**hue**sas

- modelos: **TROCAR** p. 85 – **ROGAR** p. 86 – **ALMORZAR** p. 87– **COCER** p. 88

-o- → -ue-
(**ditongação**)
em todas as pessoas em que o **-o-** é tônico, além das alterações consonânticas, que não são consideradas irregularidades, como vimos anteriormente nos verbos regulares terminados em **-gar**, **-zar** e **-cer**.

tr**ueque** – r**uegu**e
alm**uerce** – c**uez**o

- modelo: **CORREGIR** p. 89 – **PEDIR** p. 90 – **SEGUIR** p. 91

-e- → -i-
os verbos terminados em **-ebir**, **-edir**, **-egir**, **-eguir**, **-emir**, **-enchir**, **-endir**, **-estir** e **-etir** em todas as pessoas em que o **-e-** for tônico e quando a desinência terminar em **-a** ou **ditongo**, além de alterações consonânticas para cada caso.

s**i**rvo – s**i**rv**a** - s**i**rv**ió** –
s**i**rv**ie**ron – s**i**nt**ie**ra

corr**ij**o – corr**ij**a – corr**i**g**ió** –
corr**i**g**ie**ra

- modelo: **SENTIR** p. 92

-e- → -ie-
(**ditongação**)
os verbos ***hervir***, ***rehervir*** e todos os terminados em **-entir**, **-erir**, **-ertir** em todas as pessoas em que o **-e-** for tônico, além de
-e- → -i-
sempre que o **-e-** for átono ou que a desinência terminar por **ditongo**.

s**ie**nto – s**ie**nta

s**i**nt**ió** – s**i**nt**ie**ron – s**i**nt**ie**ra

- modelo: **DORMIR** p. 93

-o- → -ue-
(**ditongação**)
os verbos ***dormir***, ***morir*** e seus compostos – sempre que **-o-** for tônico, além de
-o- → -u-
sempre que o **-o-** for átono ou que a desinência terminar em **ditongo**.

d**ue**rmo – d**ue**rma

d**u**rm**ió** – d**u**rm**ie**ron – d**u**rm**ie**ra

IRREGULARES QUE SOFREM ALTERAÇÕES CONSONÂNTICAS

- modelos: **NACER** p. 94 – **MERECER** p. 95 – **CONOCER** p. 96 – **LUCIR** p. 97

-z- + -co e **-z- + -ca**
adicionam um **-z-** antes do **-c-** radical sempre que este for seguido de **-a** ou **-o**;
apresentam essa irregularidade os verbos terminados em **-acer**, **-ecer**, **-ocer**, **-ucir**, com exceção de ***mecer*** e ***remecer***, que são regulares;
hacer e seus compostos;
placer, ***yacer***, ***cocer***, ***escocer***, ***recocer*** e os terminados em ***-ducir***, todos eles com outros tipos de irregularidade (consulte-os no índice a partir da p. 145.

na**zco** – na**zca**
mere**zco** – mere**zca**
cono**zco** – cono**zca**
lu**zco** – lu**zca**

• modelo: **PRODUCIR** p. 98

-z- + -co e **-z- + -ca**

os verbos terminados em ***-ducir*** adicionam um **-z-** antes do **-c-** radical sempre que este for seguido de **-a** ou de **-o**; alteram o **-c-** radical por **-j-** e perdem o **-i-** das desinências regulares no **pretérito perfecto simple** e seus derivados. Além disso, as terminações **-í**, **-ió** da 1ª e 3ª pessoas do **pretérito perfecto simple** tomam as formas **-e-**, **-o**, respectivamente.

produ**zco** – produ**zca**
produ**je**ra – produ**je**ran
produ**je** – produ**jo**

VERBOS COM IRREGULARIDADE PRÓPRIA

Fazem parte deste grupo os verbos que não servem de paradigma para a conjugação de outros verbos. São eles:

andar p. 99
asir p. 100
bendecir p. 101
caber p. 102
caer p. 103
dar p. 104
decir p. 105
erguir p. 106
estar p. 107
haber p. 108
hacer p. 109
ir p. 110
oír p. 111
poder p. 112
poner p. 113
predecir p. 114
pudrir/podrir p. 115
querer p. 116
saber p. 117
satisfacer p. 118
ser p. 119
tener p. 120
traer p. 121
venir p. 122
ver p. 123
yacer p. 124

VERBOS COM OUTROS TIPOS DE IRREGULARIDADE

• modelo: **LEER** p. 125

-i- → -y-

os verbos terminados por **-eer** trocam o **-i-** desinencial por **-y-** nas 3ªs pessoas do **pretérito perfecto simple**, nos tempos derivados deste e no **gerundio**.

le**y**ó – le**y**eron – le**y**era – le**y**ere – le**y**endo

• modelo: **CONSTRUIR** p. 126

-u- → -uy-

os verbos terminados em **-uir** empregam **-uy-** em lugar de **-u-** em todas as formas tônicas do **presente de indicativo** e seus derivados.

h**uy**o – h**uy**es – h**uy**en – h**uy**a – h**uy**amos

• modelo: **REHUIR** p. 127

-u- → -uy-

além das irregularidades citadas no verbo ***huir***, ocorre a formação de um hiato – quando a raiz tiver acento prosódico –, que deve ser acentuado graficamente.

reh**úy**o – reh**úy**es – reh**úy**en – reh**úy**a

• modelos: **TAÑER** p. 123 – **GRUÑIR** p. 129 – **MULLIR** p. 130

os verbos terminados em **-añer**, **-añir**, **-iñir**, **-uñir**, **-eller** e **-ullir** perdem a letra **-i-** das desinências **-ió**, **-ieron**, **-iera**, **-iese** etc. e **-iendo**.	tañ**ó** – tañ**eron** – tañ**era** – tañ**endo** gruñ**ó** – mull**ó** gruñ**era** – mull**era** – gruñ**endo** – mull**endo**

• modelo: **TEÑIR** p. 131

-e- → -i- os verbos terminados por **-eñir** perdem a letra **-i-** das desinências **-ió**, **-ieron**, **-iera**, **-iese** etc. e **-iendo**.	tiño – tiñó – tiñeron – tiñera – tiñendo

• modelo: **REÍR** p. 132

-e- → -i- os verbos terminados por **eír** perdem a letra **-e-** das desinências **-ió**, **-ieron**, **-iera**, **-iese** etc. e **-iendo**.	río - rio- rieron - riera - riendo

• modelo: **VALER** p. 133 – **SALIR** p. 134

-l- → -lg- os verbos ***valer*** e ***salir*** adicionam um **-g-** depois do **-l-** radical. O verbo ***salir*** perde a vocal **-e** da 2ª pessoa do singular do **imperativo afirmativo** (***sal tú***). Já a forma ***val tú*** é considerada arcaica e ***vale tú*** é a forma usual. Além disso, apresentam o **futuro** e o **condicional simple de indicativo** sincopados.	sa**lg**o – va**lg**o – sa**lg**a – va**lg**a **sal** tú – **vale** tú sal**d**ré – sal**d**rás val**d**ré – val**d**rás

• modelo: **ROER** p. 135

este verbo possui diferentes formas em alguns tempos e pessoas. No entanto, deve-se dar preferência ao uso das formas regulares. As irregulares são pouco utilizadas. O composto **corroer** é regular em todas as formas.	roo - roa (reg.) ***roigo*** – ***royo*** - ***roiga*** – ***roya*** (irreg.) corroa – corroa (reg.)

VERBOS DEFECTIVOS

São aqueles que, em razão do seu significado, estrutura, ausência de sujeito etc., não se conjugam em todos os tempos e pessoas. Há vários defectivos: ***soler***, ***balbucir***, ***abolir***, ***concernir***, ***placer***, ***atañer***, ***yacer***, ***preterir***, ***concernir*** etc. Nas p. 136, 137 e 138 o leitor encontrará conjugados os verbos ***abolir***, ***nevar*** e ***soler***.

Suelo acostarme temprano. (***soler***)
Abolió todo tipo de protocolo oficial. (***abolir***)
Apenas **balbuceaba** algunas palabras. (***balbucear***)

Dentro dos **verbos defectivos**, podemos incluir os verbos unipessoais (**unipersonales**). Estes verbos só se conjugam na 3ª pessoa do singular de todos os tempos, menos no **imperativo**. A maioria dos verbos **unipersonales** são os que se referem aos fenômenos atmosféricos ou naturais (***llover***, ***nevar***, ***lloviznar***, ***amanecer***, ***oscurecer*** etc.).

Llovió demasiado esa noche.
Ojalá **amanezca** un lindo día.
Oscurece muy tarde en Madrid.

Alguns outros verbos, dependendo do contexto em que são empregados, comportam-se como **unipersonales** (***caber***, ***convenir***, ***parecer***, ***faltar***, ***constar***, ***bastar***, ***ocurrir***, ***suceder*** etc.).

Conviene que te protejas del sol.
Parece que va a llover.
Consta que habrá represalias al atentado.

Os verbos ***parecer***, ***gustar***, ***doler***, ***encantar***, ***apetecer*** e outros conjugam-se, no geral, somente nas 3as pessoas e concordam em número com o sujeito gramatical que os acompanha (grifado a seguir em itálico).

Le **molesta** *la música alta.*
¿Le **molestan** *los ruidos?*
Nos **encantan** *esos jardines.*
Nos **encanta** *esa comida.*
¿Os **gusta** *la música clásica?*
Me **gustan** *los vinos italianos.*

Se o sujeito gramatical for um infinitivo ou uma oração subordinada substantiva, esses verbos devem ser empregados sempre na 3ª pessoa do singular.

¿Les **gusta** *bailar*?
Nos **dolió** *que salieron sin desperdirse.*

Observação: embora de uso bem menos frequente, o verbo ***gustar*** pode ser usado em construções em que aparece conjugado em todas as pessoas e, portanto, nesses casos, não é defectivo.

Juan no **gusta** de mí.
Yo **gusto** de cine italiano.
No **gustaron** de lo que vieron.

COLOCAÇÃO DOS PRONOMES EM RELAÇÃO AOS VERBOS

Os pronomes átonos estarão sempre proclíticos (antepostos) a todos os tempos dos modos **indicativo**, **subjuntivo** e, também, do **imperativo negativo**. Além dos exemplos abaixo, o leitor encontrará na p. 139 o modelo de conjugação de um verbo pronominal (***bañarse***).

La veo desde mi ventana.
Los encontraba muy a menudo.
Nos ha visitado muchas veces.

Os saludé al llegar.
Me había dicho que vendría.
Se las enviaré a tu hermano.
Lo atendería con mucho gusto.
¿**Les** habrán advertido de la prohibición de fumar aquí?
La habría saludado si **la** hubiera reconocido.
Cuando **lo** tenga, **te lo** diré.
¡Ojalá **lo** hayan encontrado!
¡Si **lo** vieras!
Si **me** hubiesen dicho la verdad, podría hacer algo por los chicos.
No **lo** tomes en serio.

Observação: a ênclise dos pronome átonos é de uso muito restrito hoje em dia e, em geral, soa como forma afetada na língua falada. Ocorre em algumas expressões como:

Éra**se** una vez tres chanchitos ...
Véa**se** p. 54 – artículo IV

1. Os pronomes átonos (***me***, ***te***, ***se***, ***nos***, ***os***, ***se***, ***lo***, ***la***, ***los***, ***las***, ***le***, ***les***) aparecerão enclíticos (depois do verbo) com as formas de **imperativo afirmativo**, **gerundio** e **infinitivo** e formarão com eles uma só palavra.

Tráe**me** agua, por favor.
Contándo**le** esto, me pones en mala situación.
Ha sido un gusto ver**te**.

2. Com as formas compostas do **gerundio** e do **infinitivo**, os pronomes átonos aparecem pospostos (enclíticos) ao verbo auxiliar, formando com eles uma só palavra.

Habiéndo**lo** hecho de esta forma, será más fácil concluir el trabajo.
Ha sido un gusto para mí haber**te** acompañado a la fiesta.

3. Os pronomes átonos (***me***, ***te***, ***se***, ***nos***, ***os***, ***se***, ***lo***, ***la***, ***los***, ***las***, ***le***, ***les***) poderão aparecer **proclíticos** ou **enclíticos** (neste caso, formando uma só palavra) nas **perífrasis verbales** (locuções verbais) de **infinitivo** ou **gerundio**. No entanto, aparecerão sempre proclíticos nas **perífrasis de participio**. Veja mais detalhes no item **Observações importantes** nas p. 21-23.

Se lo voy a recomendar a Pepe. *ou*
Voy a recomendár**selo** a Pepe.

Me estoy calzando los zapatos. *ou*
Estoy calzándo**me** los zapatos.

4. Quando utilizamos os pronomes ***nos*** e ***os*** com as formas do **imperativo afirmativo**, ocorre o que denominamos **metaplasmo**, ou seja, a perda do **-s** e do **-d** finais das respectivas formas verbais.

Entreguemo**s** + **nos** = Entreguémo**nos** a la oración.
Saluda**d** + **os** = Saluda**os** con cariño.

Exceção: **não ocorre metaplasmo** com a 2ª pessoa do plural do **imperativo afirmativo** do verbo *ir*.
I**d** + **os** = **Idos** ahora.

PARADIGMAS DE CONJUGAÇÃO VERBAL

HABER

FORMAS NO PERSONALES

INFINITIVO: haber

GERUNDIO: habiendo

PARTICIPIO PASADO: habido

OBSERVAÇÃO:
Na língua espanhola, o verbo **haber** é o único auxiliar utilizado para a conjugação dos tempos compostos. Para a conjugação do verbo **haber** como transitivo, consulte a p. 108.

MODO INDICATIVO

	PRESENTE	PRETÉRITO IMPERFECTO	PRETÉRITO PERFECTO SIMPLE	FUTURO SIMPLE	CONDICIONAL SIMPLE
yo	he	había	hube	habré	habría
tú / vos	has	habías	hubiste	habrás	habrías
él, ella	ha	había	hubo	habrá	habría
nosotros(as)	hemos	habíamos	hubimos	habremos	habríamos
vosotros(as)	habéis	habíais	hubisteis	habréis	habríais
ellos, ellas	han	habían	hubieron	habrán	habrían

MODO SUBJUNTIVO

	PRESENTE	PRETÉRITO IMPERFECTO	FUTURO SIMPLE
yo	haya	hubiera / hubiese	hubiere
tú / vos	hayas	hubieras / hubieses	hubieres
él, ella	haya	hubiera / hubiese	hubiere
nosotros(as)	hayamos	hubiéramos / hubiésemos	hubiéremos
vosotros(as)	hayáis	hubierais / hubieseis	hubiereis
ellos, ellas	hayan	hubieran / hubiesen	hubieren

SER AMADO

OBSERVAÇÃO:
Na língua espanhola, o verbo **ser** é utilizado como auxiliar na formação da voz passiva. Para exemplificar a conjugação de um verbo na voz passiva, conjugamos o verbo **ser amado**. Para a conjugação do verbo **ser** como verbo **predicativo**, consulte a p. 119.

FORMAS NO PERSONALES

FORMAS SIMPLES	FORMAS COMPUESTAS
INFINITIVO: ser *amado*	INFINITIVO: haber sido *amado*
GERUNDIO: siendo *amado*	GERUNDIO: habiendo sido *amado*
PARTICIPIO PASADO: sido *amado*	———

MODO INDICATIVO

TIEMPOS SIMPLES

	PRESENTE	PRETÉRITO IMPERFECTO	PRETÉRITO PERFECTO SIMPLE	FUTURO SIMPLE	CONDICIONAL SIMPLE
yo	soy *amado*	era *amado*	fui *amado*	seré *amado*	sería *amado*
tú / vos	eres *amado* / sos *amado*	eras *amado*	fuiste *amado*	serás *amado*	serías *amado*
él, ella	es *amado*	era *amado*	fue *amado*	será *amado*	sería *amado*
nosotros(as)	somos *amados*	éramos *amados*	fuimos *amados*	seremos *amados*	seríamos *amados*
vosotros(as)	sois *amados*	erais *amados*	fuisteis *amados*	seréis *amados*	seríais *amados*
ellos, ellas	son *amados*	eran *amados*	fueron *amados*	serán *amados*	serían *amados*

TIEMPOS COMPUESTOS

	PRETÉRITO PERFECTO COMPUESTO	PRETÉRITO PLUSCUAMPERFECTO	PRETÉRITO ANTERIOR	FUTURO COMPUESTO	CONDICIONAL COMPUESTO
yo	he sido *amado*	había sido *amado*	hube sido *amado*	habré sido *amado*	habría sido *amado*
tú / vos	has sido *amado*	habías sido *amado*	hubiste sido *amado*	habrás sido *amado*	habrías sido *amado*
él, ella	ha sido *amado*	había sido *amado*	hubo sido *amado*	habrá sido *amado*	habría sido *amado*
nosotros(as)	hemos sido *amados*	habíamos sido *amados*	hubimos sido *amados*	habremos sido *amados*	habríamos sido *amados*
vosotros(as)	habéis sido *amados*	habíais sido *amados*	hubisteis sido *amados*	habréis sido *amados*	habríais sido *amados*
ellos, ellas	han sido *amados*	habían sido *amados*	hubieron sido *amados*	habrán sido *amados*	habrían sido *amados*

MODO SUBJUNTIVO

	TIEMPOS SIMPLES			TIEMPOS COMPUESTOS		
	PRESENTE	PRETÉRITO IMPERFECTO	FUTURO SIMPLE	PRETÉRITO PERFECTO COMPUESTO	PRETÉRITO PLUSCUAMPERFECTO	FUTURO COMPUESTO
yo	sea *amado*	fuera / fuese *amado*	fuere *amado*	haya sido *amado*	hubiera / hubiese sido *amado*	hubiere sido *amado*
tú / vos	seas *amado*	fueras / fueses *amado*	fueres *amado*	hayas sido *amado*	hubieras / hubieses sido *amado*	hubieres sido *amado*
él, ella	sea *amado*	fuera / fuese *amado*	fuere *amado*	haya sido *amado*	hubiera / hubiese sido *amado*	hubiere sido *amado*
nosotros(as)	seamos *amados*	fuéramos / fuésemos *amados*	fuéremos *amados*	hayamos sido *amados*	hubiéramos / hubiésemos sido *amados*	hubiéremos sido *amados*
vosotros(as)	seáis *amados*	fuerais / fueseis *amados*	fuereis *amados*	hayáis sido *amados*	hubierais / hubieseis sido *amados*	hubiereis sido *amados*
ellos, ellas	sean *amados*	fueran / fuesen *amados*	fueren *amados*	hayan sido *amados*	hubieran / hubiesen sido *amados*	hubieren sido *amados*

MODO IMPERATIVO

AFIRMATIVO	NEGATIVO
sé *amado* tú / sé amado vos	no seas *amado* tú / vos
sea *amado* Ud.	no sea *amado* Ud.
seamos *amados* nosotros(as)	no seamos *amados* nosotros(as)
sed *amados* vosotros(as)	no seáis *amados* vosotros(as)
sean *amados* Uds.	no sean *amados* Uds.

CANTAR

FORMAS NO PERSONALES

FORMAS SIMPLES	FORMAS COMPUESTAS
INFINITIVO: cantar	INFINITIVO: haber cantado
GERUNDIO: cantando	GERUNDIO: habiendo cantado
PARTICIPIO PASADO: cantado	————

MODO INDICATIVO

TIEMPOS SIMPLES

	PRESENTE	PRETÉRITO IMPERFECTO	PRETÉRITO PERFECTO SIMPLE	FUTURO SIMPLE	CONDICIONAL SIMPLE
yo	canto	cantaba	canté	cantaré	cantaría
tú / vos	cantas / cantás	cantabas	cantaste	cantarás	cantarías
él, ella	canta	cantaba	cantó	cantará	cantaría
nosotros(as)	cantamos	cantábamos	cantamos	cantaremos	cantaríamos
vosotros(as)	cantáis	cantabais	cantasteis	cantaréis	cantaríais
ellos, ellas	cantan	cantaban	cantaron	cantarán	cantarían

TIEMPOS COMPUESTOS

	PRETÉRITO PERFECTO COMPUESTO	PRETÉRITO PLUSCUAMPERFECTO	PRETÉRITO ANTERIOR	FUTURO COMPUESTO	CONDICIONAL COMPUESTO
yo	he cantado	había cantado	hube cantado	habré cantado	habría cantado
tú / vos	has cantado	habías cantado	hubiste cantado	habrás cantado	habrías cantado
él, ella	ha cantado	había cantado	hubo cantado	habrá cantado	habría cantado
nosotros(as)	hemos cantado	habíamos cantado	hubimos cantado	habremos cantado	habríamos cantado
vosotros(as)	habéis cantado	habíais cantado	hubisteis cantado	habréis cantado	habríais cantado
ellos, ellas	han cantado	habían cantado	hubieron cantado	habrán cantado	habrían cantado

MODO SUBJUNTIVO

	TIEMPOS SIMPLES			TIEMPOS COMPUESTOS		
	PRESENTE	PRETÉRITO IMPERFECTO	FUTURO SIMPLE	PRETÉRITO PERFECTO COMPUESTO	PRETÉRITO PLUSCUAMPERFECTO	FUTURO COMPUESTO
yo	cante	cantara / cantase	cantare	haya cantado	hubiera / hubiese cantado	hubiere cantado
tú / vos	cantes	cantaras / cantases	cantares	hayas cantado	hubieras / hubieses cantado	hubieres cantado
él, ella	cante	cantara / cantase	cantare	haya cantado	hubiera / hubiese cantado	hubiere cantado
nosotros(as)	cantemos	cantáramos / cantásemos	cantáremos	hayamos cantado	hubiéramos / hubiésemos cantado	hubiéremos cantado
vosotros(as)	cantéis	cantarais / cantaseis	cantareis	hayáis cantado	hubierais / hubieseis cantado	hubiereis cantado
ellos, ellas	canten	cantaran / cantasen	cantaren	hayan cantado	hubieran / hubiesen cantado	hubieren cantado

MODO IMPERATIVO

AFIRMATIVO	NEGATIVO
canta tú / cantá vos	no cantes tú / vos
cante Ud.	no cante Ud.
cantemos nosotros(as)	no cantemos nosotros(as)
cantad vosotros(as)	no cantéis vosotros(as)
canten Uds.	no canten Uds.

COMER

FORMAS NO PERSONALES

FORMAS SIMPLES	FORMAS COMPUESTAS
INFINITIVO: comer	INFINITIVO: haber comido
GERUNDIO: comiendo	GERUNDIO: habiendo comido
PARTICIPIO PASADO: comido	———

MODO INDICATIVO

TIEMPOS SIMPLES

	PRESENTE	PRETÉRITO IMPERFECTO	PRETÉRITO PERFECTO SIMPLE	FUTURO SIMPLE	CONDICIONAL SIMPLE
yo	como	comía	comí	comeré	comería
tú / vos	comes / comés	comías	comiste	comerás	comerías
él, ella	come	comía	comió	comerá	comería
nosotros(as)	comemos	comíamos	comimos	comeremos	comeríamos
vosotros(as)	coméis	comíais	comisteis	comeréis	comeríais
ellos, ellas	comen	comían	comieron	comerán	comerían

TIEMPOS COMPUESTOS

	PRETÉRITO PERFECTO COMPUESTO	PRETÉRITO PLUSCUAMPERFECTO	PRETÉRITO ANTERIOR	FUTURO COMPUESTO	CONDICIONAL COMPUESTO
yo	he comido	había comido	hube comido	habré comido	habría comido
tú / vos	has comido	habías comido	hubiste comido	habrás comido	habrías comido
él, ella	ha comido	había comido	hubo comido	habrá comido	habría comido
nosotros(as)	hemos comido	habíamos comido	hubimos comido	habremos comido	habríamos comido
vosotros(as)	habéis comido	habíais comido	hubisteis comido	habréis comido	habríais comido
ellos, ellas	han comido	habían comido	hubieron comido	habrán comido	habrían comido

MODO SUBJUNTIVO

	TIEMPOS SIMPLES			TIEMPOS COMPUESTOS		
	PRESENTE	PRETÉRITO IMPERFECTO	FUTURO SIMPLE	PRETÉRITO PERFECTO COMPUESTO	PRETÉRITO PLUSCUAMPERFECTO	FUTURO COMPUESTO
yo	coma	comiera / comiese	comiere	haya comido	hubiera / hubiese comido	hubiere comido
tú / vos	comas	comieras / comieses	comieres	hayas comido	hubieras / hubieses comido	hubieres comido
él, ella	coma	comiera / comiese	comiere	haya comido	hubiera / hubiese comido	hubiere comido
nosotros(as)	comamos	comiéramos / comiésemos	comiéremos	hayamos comido	hubiéramos / hubiésemos comido	hubiéremos comido
vosotros(as)	comáis	comierais / comieseis	comiereis	hayáis comido	hubierais / hubieseis comido	hubiereis comido
ellos, ellas	coman	comieran / comiesen	comieren	hayan comido	hubieran / hubiesen comido	hubieren comido

MODO IMPERATIVO

AFIRMATIVO	NEGATIVO
come tú / comé vos	no comas tú / vos
coma Ud.	no coma Ud.
comamos nosotros(as)	no comamos nosotros(as)
comed vosotros(as)	no comáis vosotros(as)
coman Uds.	no coman Uds.

VIVIR

FORMAS NO PERSONALES

FORMAS SIMPLES	FORMAS COMPUESTAS
INFINITIVO: vivir	INFINITIVO: haber vivido
GERUNDIO: viviendo	GERUNDIO: habiendo vivido
PARTICIPIO PASADO: vivido	———

MODO INDICATIVO

TIEMPOS SIMPLES

	PRESENTE	PRETÉRITO IMPERFECTO	PRETÉRITO PERFECTO SIMPLE	FUTURO SIMPLE	CONDICIONAL SIMPLE
yo	vivo	vivía	viví	viviré	viviría
tú / vos	vives / vivís	vivías	viviste	vivirás	vivirías
él, ella	vive	vivía	vivió	vivirá	viviría
nosotros(as)	vivimos	vivíamos	vivimos	viviremos	viviríamos
vosotros(as)	vivís	vivíais	vivisteis	viviréis	viviríais
ellos, ellas	viven	vivían	vivieron	vivirán	vivirían

TIEMPOS COMPUESTOS

	PRETÉRITO PERFECTO COMPUESTO	PRETÉRITO PLUSCUAMPERFECTO	PRETÉRITO ANTERIOR	FUTURO COMPUESTO	CONDICIONAL COMPUESTO
yo	he vivido	había vivido	hube vivido	habré vivido	habría vivido
tú / vos	has vivido	habías vivido	hubiste vivido	habrás vivido	habrías vivido
él, ella	ha vivido	había vivido	hubo vivido	habrá vivido	habría vivido
nosotros(as)	hemos vivido	habíamos vivido	hubimos vivido	habremos vivido	habríamos vivido
vosotros(as)	habéis vivido	habíais vivido	hubisteis vivido	habréis vivido	habríais vivido
ellos, ellas	han vivido	habían vivido	hubieron vivido	habrán vivido	habrían vivido

MODO SUBJUNTIVO

	TIEMPOS SIMPLES			TIEMPOS COMPUESTOS		
	PRESENTE	PRETÉRITO IMPERFECTO	FUTURO SIMPLE	PRETÉRITO PERFECTO COMPUESTO	PRETÉRITO PLUSCUAMPERFECTO	FUTURO COMPUESTO
yo	viva	viviera / viviese	viviere	haya vivido	hubiera / hubiese vivido	hubiere vivido
tú / vos	vivas	vivieras / vivieses	vivieres	hayas vivido	hubieras / hubieses vivido	hubieres vivido
él, ella	viva	viviera / viviese	viviere	haya vivido	hubiera / hubiese vivido	hubiere vivido
nosotros(as)	vivamos	viviéramos / viviésemos	viviéremos	hayamos vivido	hubiéramos / hubiésemos vivido	hubiéremos vivido
vosotros(as)	viváis	vivierais / vivieseis	viviereis	hayáis vivido	hubierais / hubieseis vivido	hubiereis vivido
ellos, ellas	vivan	vivieran / viviesen	vivieren	hayan vivido	hubieran / hubiesen vivido	hubieren vivido

MODO IMPERATIVO

AFIRMATIVO	NEGATIVO
vive tú / viví vos	no vivas tú / vos
viva Ud.	no viva Ud.
vivamos nosotros(as)	no vivamos nosotros(as)
vivid vosotros(as)	no viváis vosotros(as)
vivan Uds.	no vivan Uds.

BUSCAR

OBSERVAÇÃO:
Alteração consonântica: **-c-** → **-qu-** antes da vogal **-e** (bus**qu**e).

FORMAS NO PERSONALES

FORMAS SIMPLES	FORMAS COMPUESTAS
INFINITIVO: buscar	INFINITIVO: haber buscado
GERUNDIO: buscando	GERUNDIO: habiendo buscado
PARTICIPIO PASADO: buscado	————

MODO INDICATIVO

TIEMPOS SIMPLES

	PRESENTE	PRETÉRITO IMPERFECTO	PRETÉRITO PERFECTO SIMPLE	FUTURO SIMPLE	CONDICIONAL SIMPLE
yo	busco	buscaba	busqué	buscaré	buscaría
tú / vos	buscas / buscás	buscabas	buscaste	buscarás	buscarías
él, ella	busca	buscaba	buscó	buscará	buscaría
nosotros(as)	buscamos	buscábamos	buscamos	buscaremos	buscaríamos
vosotros(as)	buscáis	buscabais	buscasteis	buscaréis	buscaríais
ellos, ellas	buscan	buscaban	buscaron	buscarán	buscarían

TIEMPOS COMPUESTOS

	PRETÉRITO PERFECTO COMPUESTO	PRETÉRITO PLUSCUAMPERFECTO	PRETÉRITO ANTERIOR	FUTURO COMPUESTO	CONDICIONAL COMPUESTO
yo	he buscado	había buscado	hube buscado	habré buscado	habría buscado
tú / vos	has buscado	habías buscado	hubiste buscado	habrás buscado	habrías buscado
él, ella	ha buscado	había buscado	hubo buscado	habrá buscado	habría buscado
nosotros(as)	hemos buscado	habíamos buscado	hubimos buscado	habremos buscado	habríamos buscado
vosotros(as)	habéis buscado	habíais buscado	hubisteis buscado	habréis buscado	habríais buscado
ellos, ellas	han buscado	habían buscado	hubieron buscado	habrán buscado	habrían buscado

MODO SUBJUNTIVO

	TIEMPOS SIMPLES			TIEMPOS COMPUESTOS		
	PRESENTE	PRETÉRITO IMPERFECTO	FUTURO SIMPLE	PRETÉRITO PERFECTO COMPUESTO	PRETÉRITO PLUSCUAMPERFECTO	FUTURO COMPUESTO
yo	busque	buscara / buscase	buscare	haya buscado	hubiera / hubiese buscado	hubiere buscado
tú / vos	busques	buscaras / buscases	buscares	hayas buscado	hubieras / hubieses buscado	hubieres buscado
él, ella	busque	buscara / buscase	buscare	haya buscado	hubiera / hubiese buscado	hubiere buscado
nosotros(as)	busquemos	buscáramos / buscásemos	buscáremos	hayamos buscado	hubiéramos / hubiésemos buscado	hubiéremos buscado
vosotros(as)	busquéis	buscarais / buscaseis	buscareis	hayáis buscado	hubierais / hubieseis buscado	hubiereis buscado
ellos, ellas	busquen	buscaran / buscasen	buscaren	hayan buscado	hubieran / hubiesen buscado	hubieren buscado

MODO IMPERATIVO

AFIRMATIVO	NEGATIVO
busca tú / buscá vos	no busques tú / vos
busque Ud.	no busque Ud.
busquemos nosotros(as)	no busquemos nosotros(as)
buscad vosotros(as)	no busquéis vosotros(as)
busquen Uds.	no busquen Uds.

PAGAR

FORMAS NO PERSONALES

FORMAS SIMPLES	FORMAS COMPUESTAS
INFINITIVO: pagar	INFINITIVO: haber pagado
GERUNDIO: pagando	GERUNDIO: habiendo pagado
PARTICIPIO PASADO: pagado	————

OBSERVAÇÃO:
Alteração consonântica: **-g-** → **-gu-** antes da vogal **-e** (pa**gu**e).

MODO INDICATIVO

TIEMPOS SIMPLES

	PRESENTE	PRETÉRITO IMPERFECTO	PRETÉRITO PERFECTO SIMPLE	FUTURO SIMPLE	CONDICIONAL SIMPLE
yo	pago	pagaba	pagué	pagaré	pagaría
tú / vos	pagas / pagás	pagabas	pagaste	pagarás	pagarías
él, ella	paga	pagaba	pagó	pagará	pagaría
nosotros(as)	pagamos	pagábamos	pagamos	pagaremos	pagaríamos
vosotros(as)	pagáis	pagabais	pagasteis	pagaréis	pagaríais
ellos, ellas	pagan	pagaban	pagaron	pagarán	pagarían

TIEMPOS COMPUESTOS

	PRETÉRITO PERFECTO COMPUESTO	PRETÉRITO PLUSCUAMPERFECTO	PRETÉRITO ANTERIOR	FUTURO COMPUESTO	CONDICIONAL COMPUESTO
yo	he pagado	había pagado	hube pagado	habré pagado	habría pagado
tú / vos	has pagado	habías pagado	hubiste pagado	habrás pagado	habrías pagado
él, ella	ha pagado	había pagado	hubo pagado	habrá pagado	habría pagado
nosotros(as)	hemos pagado	habíamos pagado	hubimos pagado	habremos pagado	habríamos pagado
vosotros(as)	habéis pagado	habíais pagado	hubisteis pagado	habréis pagado	habríais pagado
ellos, ellas	han pagado	habían pagado	hubieron pagado	habrán pagado	habrían pagado

MODO SUBJUNTIVO

	TIEMPOS SIMPLES			TIEMPOS COMPUESTOS		
	PRESENTE	PRETÉRITO IMPERFECTO	FUTURO SIMPLE	PRETÉRITO PERFECTO COMPUESTO	PRETÉRITO PLUSCUAMPERFECTO	FUTURO COMPUESTO
yo	pague	pagara / pagase	pagare	haya pagado	hubiera / hubiese pagado	hubiere pagado
tú / vos	pagues	pagaras / pagases	pagares	hayas pagado	hubieras / hubieses pagado	hubieres pagado
él, ella	pague	pagara / pagase	pagare	haya pagado	hubiera / hubiese pagado	hubiere pagado
nosotros(as)	paguemos	pagáramos / pagásemos	pagáremos	hayamos pagado	hubiéramos / hubiésemos pagado	hubiéremos pagado
vosotros(as)	paguéis	pagarais / pagaseis	pagareis	hayáis pagado	hubierais / hubieseis pagado	hubiereis pagado
ellos, ellas	paguen	pagaran / pagasen	pagaren	hayan pagado	hubieran / hubiesen pagado	hubieren pagado

MODO IMPERATIVO

AFIRMATIVO	NEGATIVO
paga tú / pagá vos	no pagues tú / vos
pague Ud.	no pague Ud.
paguemos nosotros(as)	no paguemos nosotros(as)
pagad vosotros(as)	no paguéis vosotros(as)
paguen Uds.	no paguen Uds.

UTILIZAR

OBSERVAÇÃO:
Alteração consonântica: **-z-** → **-c-** antes da vogal **-e** (utilice).

FORMAS NO PERSONALES

FORMAS SIMPLES	FORMAS COMPUESTAS
INFINITIVO: utilizar	INFINITIVO: haber utilizado
GERUNDIO: utilizando	GERUNDIO: habiendo utilizado
PARTICIPIO PASADO: utilizado	————

MODO INDICATIVO

TIEMPOS SIMPLES

	PRESENTE	PRETÉRITO IMPERFECTO	PRETÉRITO PERFECTO SIMPLE	FUTURO SIMPLE	CONDICIONAL SIMPLE
yo	utilizo	utilizaba	utilicé	utilizaré	utilizaría
tú / vos	utilizas / utilizás	utilizabas	utilizaste	utilizarás	utilizarías
él, ella	utiliza	utilizaba	utilizó	utilizará	utilizaría
nosotros(as)	utilizamos	utilizábamos	utilizamos	utilizaremos	utilizaríamos
vosotros(as)	utilizáis	utilizabais	utilizasteis	utilizaréis	utilizaríais
ellos, ellas	utilizan	utilizaban	utilizaron	utilizarán	utilizarían

TIEMPOS COMPUESTOS

	PRETÉRITO PERFECTO COMPUESTO	PRETÉRITO PLUSCUAMPERFECTO	PRETÉRITO ANTERIOR	FUTURO COMPUESTO	CONDICIONAL COMPUESTO
yo	he utilizado	había utilizado	hube utilizado	habré utilizado	habría utilizado
tú / vos	has utilizado	habías utilizado	hubiste utilizado	habrás utilizado	habrías utilizado
él, ella	ha utilizado	había utilizado	hubo utilizado	habrá utilizado	habría utilizado
nosotros(as)	hemos utilizado	habíamos utilizado	hubimos utilizado	habremos utilizado	habríamos utilizado
vosotros(as)	habéis utilizado	habíais utilizado	hubisteis utilizado	habréis utilizado	habríais utilizado
ellos, ellas	han utilizado	habían utilizado	hubieron utilizado	habrán utilizado	habrían utilizado

MODO SUBJUNTIVO

	TIEMPOS SIMPLES			TIEMPOS COMPUESTOS		
	PRESENTE	PRETÉRITO IMPERFECTO	FUTURO SIMPLE	PRETÉRITO PERFECTO COMPUESTO	PRETÉRITO PLUSCUAMPERFECTO	FUTURO COMPUESTO
yo	utilice	utilizara / utilizase	utilizare	haya utilizado	hubiera / hubiese utilizado	hubiere utilizado
tú / vos	utilices	utilizaras / utilizases	utilizares	hayas utilizado	hubieras / hubieses utilizado	hubieres utilizado
él, ella	utilice	utilizara / utilizase	utilizare	haya utilizado	hubiera / hubiese utilizado	hubiere utilizado
nosotros(as)	utilicemos	utilizáramos / utilizásemos	utilizáremos	hayamos utilizado	hubiéramos / hubiésemos utilizado	hubiéremos utilizado
vosotros(as)	utilicéis	utilizarais / utilizaseis	utilizareis	hayáis utilizado	hubierais / hubieseis utilizado	hubiereis utilizado
ellos, ellas	utilicen	utilizaran / utilizasen	utilizaren	hayan utilizado	hubieran / hubiesen utilizado	hubieren utilizado

MODO IMPERATIVO

AFIRMATIVO	NEGATIVO
utiliza tú / utilizá vos	no utilices tú / vos
utilice Ud.	no utilice Ud.
utilicemos nosotros(as)	no utilicemos nosotros(as)
utilizad vosotros(as)	no utilicéis vosotros(as)
utilicen Uds.	no utilicen Uds.

VENCER

FORMAS NO PERSONALES

FORMAS SIMPLES	FORMAS COMPUESTAS
INFINITIVO: vencer	INFINITIVO: haber vencido
GERUNDIO: venciendo	GERUNDIO: habiendo vencido
PARTICIPIO PASADO: vencido	————

OBSERVAÇÃO:
Alteração consonântica: **-c-** → **-z-** antes de **-a** e **-o** (venzo - venza).

MODO INDICATIVO

TIEMPOS SIMPLES

	PRESENTE	PRETÉRITO IMPERFECTO	PRETÉRITO PERFECTO SIMPLE	FUTURO SIMPLE	CONDICIONAL SIMPLE
yo	venzo	vencía	vencí	venceré	vencería
tú / vos	vences / vencés	vencías	venciste	vencerás	vencerías
él, ella	vence	vencía	venció	vencerá	vencería
nosotros(as)	vencemos	vencíamos	vencimos	venceremos	venceríamos
vosotros(as)	vencéis	vencíais	vencisteis	venceréis	venceríais
ellos, ellas	vencen	vencían	vencieron	vencerán	vencerían

TIEMPOS COMPUESTOS

	PRETÉRITO PERFECTO COMPUESTO	PRETÉRITO PLUSCUAMPERFECTO	PRETÉRITO ANTERIOR	FUTURO COMPUESTO	CONDICIONAL COMPUESTO
yo	he vencido	había vencido	hube vencido	habré vencido	habría vencido
tú / vos	has vencido	habías vencido	hubiste vencido	habrás vencido	habrías vencido
él, ella	ha vencido	había vencido	hubo vencido	habrá vencido	habría vencido
nosotros(as)	hemos vencido	habíamos vencido	hubimos vencido	habremos vencido	habríamos vencido
vosotros(as)	habéis vencido	habíais vencido	hubisteis vencido	habréis vencido	habríais vencido
ellos, ellas	han vencido	habían vencido	hubieron vencido	habrán vencido	habrían vencido

MODO SUBJUNTIVO

	TIEMPOS SIMPLES			TIEMPOS COMPUESTOS		
	PRESENTE	PRETÉRITO IMPERFECTO	FUTURO SIMPLE	PRETÉRITO PERFECTO COMPUESTO	PRETÉRITO PLUSCUAMPERFECTO	FUTURO COMPUESTO
yo	venza	venciera / venciese	venciere	haya vencido	hubiera / hubiese vencido	hubiere vencido
tú / vos	venzas	vencieras / vencieses	vencieres	hayas vencido	hubieras / hubieses vencido	hubieres vencido
él, ella	venza	venciera / venciese	venciere	haya vencido	hubiera / hubiese vencido	hubiere vencido
nosotros(as)	venzamos	venciéramos / venciésemos	venciéremos	hayamos vencido	hubiéramos / hubiésemos vencido	hubiéremos vencido
vosotros(as)	venzáis	vencierais / vencieseis	venciereis	hayáis vencido	hubierais / hubieseis vencido	hubiereis vencido
ellos, ellas	venzan	vencieran / venciesen	vencieren	hayan vencido	hubieran / hubiesen vencido	hubieren vencido

MODO IMPERATIVO

AFIRMATIVO	NEGATIVO
vence tú / vencé vos	no venzas tú / vos
venza Ud.	no venza Ud.
venzamos nosotros(as)	no venzamos nosotros(as)
venced vosotros(as)	no venzáis vosotros(as)
venzan Uds.	no venzan Uds.

FRUNCIR

OBSERVAÇÃO:
Alteração consonântica: **-c-** → **-z-** antes de **-a** e **-o** (frun**z**o - frun**z**a).

FORMAS NO PERSONALES

FORMAS SIMPLES	FORMAS COMPUESTAS
INFINITIVO: fruncir	INFINITIVO: haber fruncido
GERUNDIO: frunciendo	GERUNDIO: habiendo fruncido
PARTICIPIO PASADO: fruncido	———

MODO INDICATIVO

TIEMPOS SIMPLES

	PRESENTE	PRETÉRITO IMPERFECTO	PRETÉRITO PERFECTO SIMPLE	FUTURO SIMPLE	CONDICIONAL SIMPLE
yo	frunzo	fruncía	fruncí	fruinciré	fruinciría
tú / vos	frunces	fruncías	frunciste	fruncirás	fruncirías
él, ella	frunce	fruncía	frunció	fruncirá	fruinciría
nosotros(as)	fruncimos	fruncíamos	fruncimos	frunciremos	fruinciríamos
vosotros(as)	fruncís	fruncíais	fruncisteis	fruinciréis	fruinciríais
ellos, ellas	fruncen	fruncían	frunciieron	fruncirán	fruincirían

TIEMPOS COMPUESTOS

	PRETÉRITO PERFECTO COMPUESTO	PRETÉRITO PLUSCUAMPERFECTO	PRETÉRITO ANTERIOR	FUTURO COMPUESTO	CONDICIONAL COMPUESTO
yo	he fruncido	había fruncido	hube fruncido	habré fruncido	habría fruncido
tú / vos	has fruncido	habías fruncido	hubiste fruncido	habrás fruncido	habrías fruncido
él, ella	ha fruncido	había fruncido	hubo fruncido	habrá fruncido	habría fruncido
nosotros(as)	hemos fruncido	habíamos fruncido	hubimos fruncido	habremos fruncido	habríamos fruncido
vosotros(as)	habéis fruncido	habíais fruncido	hubisteis fruncido	habréis fruncido	habríais fruncido
ellos, ellas	han fruncido	habían fruncido	hubieron fruncido	habrán fruncido	habrían fruncido

MODO SUBJUNTIVO

	TIEMPOS SIMPLES			TIEMPOS COMPUESTOS		
	PRESENTE	PRETÉRITO IMPERFECTO	FUTURO SIMPLE	PRETÉRITO PERFECTO COMPUESTO	PRETÉRITO PLUSCUAMPERFECTO	FUTURO COMPUESTO
yo	frunza	frunciera / frunciese	frunciere	haya fruncido	hubiera / hubiese fruncido	hubiere fruncido
tú / vos	frunzas	frunciera s/ frunciesess	frunciere s	hayas fruncido	hubieras / hubieses fruncido	hubieres fruncido
él, ella	frunza	frunciera / frunciese	frunciere	haya fruncido	hubiera / hubiese fruncido	hubiere fruncido
nosotros(as)	frunzamos	frunciéramos / frunciésemos	frunciéremos	hayamos fruncido	hubiéramos / hubiésemos fruncido	hubiéremos fruncido
vosotros(as)	frunzáis	frunciera is / frunciese is	frunciere is	hayáis fruncido	hubierais / hubieseis fruncido	hubiereis fruncido
ellos, ellas	frunzan	frunciera n / frunciese n	frunciere n	hayan fruncido	hubieran / hubiesen fruncido	hubieren fruncido

MODO IMPERATIVO

AFIRMATIVO	NEGATIVO
frunce tú / fruncí vos	no frunzas tú / vos
frunza Ud.	no frunza Ud.
frunzamos nosotros(as)	no frunzamos nosotros(as)
fruncid vosotros(as)	no frunzáis vosotros(as)
frunzan Uds.	no frunzan Uds.

PROTEGER

FORMAS NO PERSONALES

FORMAS SIMPLES	FORMAS COMPUESTAS
INFINITIVO: proteger	INFINITIVO: haber protegido
GERUNDIO: protegiendo	GERUNDIO: habiendo protegido
PARTICIPIO PASADO: protegido	————

OBSERVAÇÃO:
Alteração consonântica: **-g-** → **-j-** antes de **-a** e **-o** (protejo - proteja).

MODO INDICATIVO

TIEMPOS SIMPLES

	PRESENTE	PRETÉRITO IMPERFECTO	PRETÉRITO PERFECTO SIMPLE	FUTURO SIMPLE	CONDICIONAL SIMPLE
yo	protejo	protegía	protegí	protegeré	protegería
tú / vos	proteges / protegés	protegías	protegiste	protegerás	protegerías
él, ella	protege	protegía	protegió	protegerá	protegería
nosotros(as)	protegemos	protegíamos	protegimos	protegeremos	protegeríamos
vosotros(as)	protegéis	protegíais	protegisteis	protegeréis	protegeríais
ellos, ellas	protegen	protegían	protegieron	protegerán	protegerían

TIEMPOS COMPUESTOS

	PRETÉRITO PERFECTO COMPUESTO	PRETÉRITO PLUSCUAMPERFECTO	PRETÉRITO ANTERIOR	FUTURO COMPUESTO	CONDICIONAL COMPUESTO
yo	he protegido	había protegido	hube protegido	habré protegido	habría protegido
tú / vos	has protegido	habías protegido	hubiste protegido	habrás protegido	habrías protegido
él, ella	ha protegido	había protegido	hubo protegido	habrá protegido	habría protegido
nosotros(as)	hemos protegido	habíamos protegido	hubimos protegido	habremos protegido	habríamos protegido
vosotros(as)	habéis protegido	habíais protegido	hubisteis protegido	habréis protegido	habríais protegido
ellos, ellas	han protegido	habían protegido	hubieron protegido	habrán protegido	habrían protegido

MODO SUBJUNTIVO

	TIEMPOS SIMPLES			TIEMPOS COMPUESTOS		
	PRESENTE	PRETÉRITO IMPERFECTO	FUTURO SIMPLE	PRETÉRITO PERFECTO COMPUESTO	PRETÉRITO PLUSCUAMPERFECTO	FUTURO COMPUESTO
yo	proteja	protegiera / protegiese	protegiere	haya protegido	hubiera / hubiese protegido	hubiere protegido
tú / vos	protejas	protegieras / protegieses	protegieres	hayas protegido	hubieras / hubieses protegido	hubieres protegido
él, ella	proteja	protegiera / protegiese	protegiere	haya protegido	hubiera / hubiese protegido	hubiere protegido
nosotros(as)	protejamos	protegiéramos / protegiésemos	protegiéremos	hayamos protegido	hubiéramos / hubiésemos protegido	hubiéremos protegido
vosotros(as)	protejáis	protegierais / protegieseis	protegiereis	hayáis protegido	hubierais / hubieseis protegido	hubiereis protegido
ellos, ellas	protejan	protegieran / protegiesen	protegieren	hayan protegido	hubieran / hubiesen protegido	hubieren protegido

MODO IMPERATIVO

AFIRMATIVO	NEGATIVO
protege tú / protegé vos	no protejas tú / vos
proteja Ud.	no proteja Ud.
protejamos nosotros(as)	no protejamos nosotros(as)
proteged vosotros(as)	no protejáis vosotros(as)
protejan Uds.	no protejan Uds.

DIRIGIR

OBSERVAÇÃO:
Alteração consonântica: **-g-** → **-j-** antes de **-a** e **-o** (dirijo - dirija).

FORMAS NO PERSONALES

FORMAS SIMPLES	FORMAS COMPUESTAS
INFINITIVO: dirigir	INFINITIVO: haber dirigido
GERUNDIO: dirigiendo	GERUNDIO: habiendo dirigido
PARTICIPIO PASADO: dirigido	———

MODO INDICATIVO

TIEMPOS SIMPLES

	PRESENTE	PRETÉRITO IMPERFECTO	PRETÉRITO PERFECTO SIMPLE	FUTURO SIMPLE	CONDICIONAL SIMPLE
yo	dirijo	dirigía	dirigí	dirigiré	dirigiría
tú / vos	diriges / dirigís	dirigías	dirigiste	dirigirás	dirigirías
él, ella	dirige	dirigía	dirigió	dirigirá	dirigiría
nosotros(as)	dirigimos	dirigíamos	dirigimos	dirigiremos	dirigiríamos
vosotros(as)	dirigís	dirigíais	dirigisteis	dirigiréis	dirigiríais
ellos, ellas	dirigen	dirigían	dirigieron	dirigirán	dirigirían

TIEMPOS COMPUESTOS

	PRETÉRITO PERFECTO COMPUESTO	PRETÉRITO PLUSCUAMPERFECTO	PRETÉRITO ANTERIOR	FUTURO COMPUESTO	CONDICIONAL COMPUESTO
yo	he dirigido	había dirigido	hube dirigido	habré dirigido	habría dirigido
tú / vos	has dirigido	habías dirigido	hubiste dirigido	habrás dirigido	habrías dirigido
él, ella	ha dirigido	había dirigido	hubo dirigido	habrá dirigido	habría dirigido
nosotros(as)	hemos dirigido	habíamos dirigido	hubimos dirigido	habremos dirigido	habríamos dirigido
vosotros(as)	habéis dirigido	habíais dirigido	hubisteis dirigido	habréis dirigido	habríais dirigido
ellos, ellas	han dirigido	habían dirigido	hubieron dirigido	habrán dirigido	habrían dirigido

MODO SUBJUNTIVO

	TIEMPOS SIMPLES			TIEMPOS COMPUESTOS		
	PRESENTE	PRETÉRITO IMPERFECTO	FUTURO SIMPLE	PRETÉRITO PERFECTO COMPUESTO	PRETÉRITO PLUSCUAMPERFECTO	FUTURO COMPUESTO
yo	dirija	dirigiera / dirigiese	dirigiere	haya dirigido	hubiera / hubiese dirigido	hubiere dirigido
tú / vos	dirijas	dirigieras / dirigieses	dirigieres	hayas dirigido	hubieras / hubieses dirigido	hubieres dirigido
él, ella	dirija	dirigiera / dirigiese	dirigiere	haya dirigido	hubiera / hubiese dirigido	hubiere dirigido
nosotros(as)	dirijamos	dirigiéramos / dirigiésemos	dirigiéremos	hayamos dirigido	hubiéramos / hubiésemos dirigido	hubiéremos dirigido
vosotros(as)	dirijáis	dirigierais / dirigieseis	dirigiereis	hayáis dirigido	hubierais / hubieseis dirigido	hubiereis dirigido
ellos, ellas	dirijan	dirigieran / dirigiesen	dirigieren	hayan dirigido	hubieran / hubiesen dirigido	hubieren dirigido

MODO IMPERATIVO

AFIRMATIVO	NEGATIVO
dirige tú / dirigí vos	no dirijas tú / vos
dirija Ud.	no dirija Ud.
dirijamos nosotros(as)	no dirijamos nosotros(as)
dirigid vosotros(as)	no dirijáis vosotros(as)
dirijan Uds.	no dirijan Uds.

DISTINGUIR

FORMAS NO PERSONALES

FORMAS SIMPLES	FORMAS COMPUESTAS
INFINITIVO: distinguir	INFINITIVO: haber distinguido
GERUNDIO: distinguiendo	GERUNDIO: habiendo distinguido
PARTICIPIO PASADO: distinguido	———

OBSERVAÇÃO:
Alteração ortográfica: **-gu-** → **-g-** antes de **-a** e **-o** (distingo - distinga).

MODO INDICATIVO

TIEMPOS SIMPLES

	PRESENTE	PRETÉRITO IMPERFECTO	PRETÉRITO PERFECTO SIMPLE	FUTURO SIMPLE	CONDICIONAL SIMPLE
yo	distingo	distinguía	distinguí	distinguiré	distinguiría
tú / vos	distingues / distuinguís	distinguías	distinguiste	distinguirás	distinguirías
él, ella	distingue	distinguía	distinguió	distinguirá	distinguiría
nosotros(as)	distinguimos	distinguíamos	distinguimos	distinguiremos	distinguiríamos
vosotros(as)	distinguís	distinguíais	distinguisteis	distinguiréis	distinguiríais
ellos, ellas	distinguen	distinguían	distinguieron	distinguirán	distinguirían

TIEMPOS COMPUESTOS

	PRETÉRITO PERFECTO COMPUESTO	PRETÉRITO PLUSCUAMPERFECTO	PRETÉRITO ANTERIOR	FUTURO COMPUESTO	CONDICIONAL COMPUESTO
yo	he distinguido	había distinguido	hube distinguido	habré distinguido	habría distinguido
tú / vos	has distinguido	habías distinguido	hubiste distinguido	habrás distinguido	habrías distinguido
él, ella	ha distinguido	había distinguido	hubo distinguido	habrá distinguido	habría distinguido
nosotros(as)	hemos distinguido	habíamos distinguido	hubimos distinguido	habremos distinguido	habríamos distinguido
vosotros(as)	habéis distinguido	habíais distinguido	hubisteis distinguido	habréis distinguido	habríais distinguido
ellos, ellas	han distinguido	habían distinguido	hubieron distinguido	habrán distinguido	habrían distinguido

MODO SUBJUNTIVO

	TIEMPOS SIMPLES			TIEMPOS COMPUESTOS		
	PRESENTE	PRETÉRITO IMPERFECTO	FUTURO SIMPLE	PRETÉRITO PERFECTO COMPUESTO	PRETÉRITO PLUSCUAMPERFECTO	FUTURO COMPUESTO
yo	distinga	distinguiera / distinguiese	distinguiere	haya distinguido	hubiera / hubiese distinguido	hubiere distinguido
tú / vos	distingas	distinguieras / distinguieses	distinguieres	hayas distinguido	hubieras / hubieses distinguido	hubieres distinguido
él, ella	distinga	distinguiera / distinguiese	distinguiere	haya distinguido	hubiera / hubiese distinguido	hubiere distinguido
nosotros(as)	distingamos	distinguiéramos / distinguiésemos	distinguiéremos	hayamos distinguido	hubiéramos / hubiésemos distinguido	hubiéremos distinguido
vosotros(as)	distingáis	distinguierais / distinguieseis	distinguiereis	hayáis distinguido	hubierais / hubieseis distinguido	hubiereis distinguido
ellos, ellas	distingan	distinguieran / distinguiesen	distinguieren	hayan distinguido	hubieran / hubiesen distinguido	hubieren distinguido

MODO IMPERATIVO

AFIRMATIVO	NEGATIVO
distingue tú / distinguí vos	no distingas tú / vos
distinga Ud.	no distinga Ud.
distingamos nosotros(as)	no distingamos nosotros(as)
distinguid vosotros(as)	no distingáis vosotros(as)
distingan Uds.	no distingan Uds.

DELINQUIR

OBSERVAÇÃO:
Alteração ortográfica: **-qu-** → **-c-** antes de **-a** e **-o** (delin**c**o - delin**c**a).

FORMAS NO PERSONALES

FORMAS SIMPLES	FORMAS COMPUESTAS
INFINITIVO: delinquir	INFINITIVO: haber delinquido
GERUNDIO: delinquiendo	GERUNDIO: habiendo delinquido
PARTICIPIO PASADO: delinquido	———

MODO INDICATIVO

TIEMPOS SIMPLES

	PRESENTE	PRETÉRITO IMPERFECTO	PRETÉRITO PERFECTO SIMPLE	FUTURO SIMPLE	CONDICIONAL SIMPLE
yo	delinco	delinquía	delinquí	delinquiré	delinquiría
tú / vos	delinques / delinquís	delinquías	delinquiste	delinquirás	delinquirías
él, ella	delinque	delinquía	delinquió	delinquirá	delinquiría
nosotros(as)	delinquimos	delinquíamos	delinquimos	delinquiremos	delinquiríamos
vosotros(as)	delinquís	delinquíais	delinquisteis	delinquiréis	delinquiríais
ellos, ellas	delinquen	delinquían	delinquieron	delinquirán	delinquirían

TIEMPOS COMPUESTOS

	PRETÉRITO PERFECTO COMPUESTO	PRETÉRITO PLUSCUAMPERFECTO	PRETÉRITO ANTERIOR	FUTURO COMPUESTO	CONDICIONAL COMPUESTO
yo	he delinquido	había delinquido	hube delinquido	habré delinquido	habría delinquido
tú / vos	has delinquido	habías delinquido	hubiste delinquido	habrás delinquido	habrías delinquido
él, ella	ha delinquido	había delinquido	hubo delinquido	habrá delinquido	habría delinquido
nosotros(as)	hemos delinquido	habíamos delinquido	hubimos delinquido	habremos delinquido	habríamos delinquido
vosotros(as)	habéis delinquido	habíais delinquido	hubisteis delinquido	habréis delinquido	habríais delinquido
ellos, ellas	han delinquido	habían delinquido	hubieron delinquido	habrán delinquido	habrían delinquido

MODO SUBJUNTIVO

	TIEMPOS SIMPLES			TIEMPOS COMPUESTOS		
	PRESENTE	PRETÉRITO IMPERFECTO	FUTURO SIMPLE	PRETÉRITO PERFECTO COMPUESTO	PRETÉRITO PLUSCUAMPERFECTO	FUTURO COMPUESTO
yo	delinca	delinquiera / delinquiese	delinquiere	haya delinquido	hubiera / hubiese delinquido	hubiere delinquido
tú / vos	delincas	delinquieras / delinquieses	delinquieres	hayas delinquido	hubieras / hubieses delinquido	hubieres delinquido
él, ella	delinca	delinquiera / delinquiese	delinquiere	haya delinquido	hubiera / hubiese delinquido	hubiere delinquido
nosotros(as)	delincamos	delinquiéramos / delinquiésemos	delinquiéremos	hayamos delinquido	hubiéramos / hubiésemos delinquido	hubiéremos delinquido
vosotros(as)	delincáis	delinquierais / delinquieseis	delinquiereis	hayáis delinquido	hubierais / hubieseis delinquido	hubiereis delinquido
ellos, ellas	delincan	delinquieran / delinquiesen	delinquieren	hayan delinquido	hubieran / hubiesen delinquido	hubieren delinquido

MODO IMPERATIVO

AFIRMATIVO	NEGATIVO
delinque tú / delinquí vos	no delincas tú / vos
delinca Ud.	no delinca Ud.
delincamos nosotros(as)	no delincamos nosotros(as)
delinquid vosotros(as)	no delincáis vosotros(as)
delincan Uds.	no delican Uds.

COPIAR

FORMAS NO PERSONALES

FORMAS SIMPLES	FORMAS COMPUESTAS
INFINITIVO: copiar	INFINITIVO: haber copiado
GERUNDIO: copiando	GERUNDIO: habiendo copiado
PARTICIPIO PASADO: copiado	———

OBSERVAÇÃO:
Verbo irregular terminado em **-iar**: o **-i-** radical deste verbo é átono em todas as suas formas, o que resulta na formação de ditongo com a desinência.

MODO INDICATIVO

TIEMPOS SIMPLES

	PRESENTE	PRETÉRITO IMPERFECTO	PRETÉRITO PERFECTO SIMPLE	FUTURO SIMPLE	CONDICIONAL SIMPLE
yo	copio	copiaba	copié	copiaré	copiaría
tú / vos	copias / copiás	copiabas	copiaste	copiarás	copiarías
él, ella	copia	copiaba	copió	copiará	copiaría
nosotros(as)	copiamos	copiábamos	copiamos	copiaremos	copiaríamos
vosotros(as)	copiáis	copiabais	copiasteis	copiaréis	copiaríais
ellos, ellas	copian	copiaban	copiaron	copiarán	copiarían

TIEMPOS COMPUESTOS

	PRETÉRITO PERFECTO COMPUESTO	PRETÉRITO PLUSCUAMPERFECTO	PRETÉRITO ANTERIOR	FUTURO COMPUESTO	CONDICIONAL COMPUESTO
yo	he copiado	había copiado	hube copiado	habré copiado	habría copiado
tú / vos	has copiado	habías copiado	hubiste copiado	habrás copiado	habrías copiado
él, ella	ha copiado	había copiado	hubo copiado	habrá copiado	habría copiado
nosotros(as)	hemos copiado	habíamos copiado	hubimos copiado	habremos copiado	habríamos copiado
vosotros(as)	habéis copiado	habíais copiado	hubisteis copiado	habréis copiado	habríais copiado
ellos, ellas	han copiado	habían copiado	hubieron copiado	habrán copiado	habrían copiado

MODO SUBJUNTIVO

	TIEMPOS SIMPLES			TIEMPOS COMPUESTOS		
	PRESENTE	PRETÉRITO IMPERFECTO	FUTURO SIMPLE	PRETÉRITO PERFECTO COMPUESTO	PRETÉRITO PLUSCUAMPERFECTO	FUTURO COMPUESTO
yo	copie	copiara / copiase	copiare	haya copiado	hubiera / hubiese copiado	hubiere copiado
tú / vos	copies	copiaras / copiases	copiares	hayas copiado	hubieras / hubieses copiado	hubieres copiado
él, ella	copie	copiara / copiase	copiare	haya copiado	hubiera / hubiese copiado	hubiere copiado
nosotros(as)	copiemos	copiáramos / copiásemos	copiáremos	hayamos copiado	hubiéramos / hubiésemos copiado	hubiéremos copiado
vosotros(as)	copiéis	copiarais / copiaseis	copiareis	hayáis copiado	hubierais / hubieseis copiado	hubiereis copiado
ellos, ellas	copien	copiaran / copiasen	copiaren	hayan copiado	hubieran / hubiesen copiado	hubieren copiado

MODO IMPERATIVO

AFIRMATIVO	NEGATIVO
copia tú / copiá vos	no copies tú / vos
copie Ud.	no copie Ud.
copiemos nosotros(as)	no copiemos nosotros(as)
copiad vosotros(as)	no copiéis vosotros(as)
copien Uds.	no copien Uds.

DESVIAR

OBSERVAÇÃO:
Verbo irregular terminado em **-iar**: o **-i-** radical deste verbo é tônico e forma hiato com a desinência (e deve ser acentuado graficamente), em todas as formas em que a raiz leva acento prosódico.

FORMAS NO PERSONALES

FORMAS SIMPLES	FORMAS COMPUESTAS
INFINITIVO: desviar	INFINITIVO: haber desviado
GERUNDIO: desviando	GERUNDIO: habiendo desviado
PARTICIPIO PASADO: desviado	————

MODO INDICATIVO

TIEMPOS SIMPLES

	PRESENTE	PRETÉRITO IMPERFECTO	PRETÉRITO PERFECTO SIMPLE	FUTURO SIMPLE	CONDICIONAL SIMPLE
yo	desvío	desviaba	desvié	desviaré	desviaría
tú / vos	desvías / desviás	desviabas	desviaste	desviarás	desviarías
él, ella	desvía	desviaba	desvió	desviará	desviaría
nosotros(as)	desviamos	desviábamos	desviamos	desviaremos	desviaríamos
vosotros(as)	desviáis	desviabais	desviasteis	desviaréis	desviaríais
ellos, ellas	desvían	desviaban	desviaron	desviarán	desviarían

TIEMPOS COMPUESTOS

	PRETÉRITO PERFECTO COMPUESTO	PRETÉRITO PLUSCUAMPERFECTO	PRETÉRITO ANTERIOR	FUTURO COMPUESTO	CONDICIONAL COMPUESTO
yo	he desviado	había desviado	hube desviado	habré desviado	habría desviado
tú / vos	has desviado	habías desviado	hubiste desviado	habrás desviado	habrías desviado
él, ella	ha desviado	había desviado	hubo desviado	habrá desviado	habría desviado
nosotros(as)	hemos desviado	habíamos desviado	hubimos desviado	habremos desviado	habríamos desviado
vosotros(as)	habéis desviado	habíais desviado	hubisteis desviado	habréis desviado	habríais desviado
ellos, ellas	han desviado	habían desviado	hubieron desviado	habrán desviado	habrían desviado

MODO SUBJUNTIVO

	TIEMPOS SIMPLES			TIEMPOS COMPUESTOS		
	PRESENTE	PRETÉRITO IMPERFECTO	FUTURO SIMPLE	PRETÉRITO PERFECTO COMPUESTO	PRETÉRITO PLUSCUAMPERFECTO	FUTURO COMPUESTO
yo	desvíe	desviara / desviase	desviare	haya desviado	hubiera / hubiese desviado	hubiere desviado
tú / vos	desvíes	desviaras / desviases	desviares	hayas desviado	hubieras / hubieses desviado	hubieres desviado
él, ella	desvíe	desviara / desviase	desviare	haya desviado	hubiera / hubiese desviado	hubiere desviado
nosotros(as)	desviemos	desviáramos / desviásemos	desviáremos	hayamos desviado	hubiéramos / hubiésemos desviado	hubiéremos desviado
vosotros(as)	desviéis	desviarais / desviaseis	desviareis	hayáis desviado	hubierais / hubieseis desviado	hubiereis desviado
ellos, ellas	desvíen	desviaran / desviasen	desviaren	hayan desviado	hubieran / hubiesen desviado	hubieren desviado

MODO IMPERATIVO

AFIRMATIVO	NEGATIVO
desvía tú / desviá vos	no desvíes tú / vos
desvíe Ud.	no desvíe Ud.
desviemos nosotros(as)	no desviemos nosotros(as)
desviad vosotros(as)	no desviéis vosotros(as)
desvíen Uds.	no desvíen Uds.

AVERIGUAR

FORMAS NO PERSONALES

FORMAS SIMPLES	FORMAS COMPUESTAS
INFINITIVO: averiguar	INFINITIVO: haber averiguado
GERUNDIO: averiguando	GERUNDIO: habiendo averiguado
PARTICIPIO PASADO: averiguado	———

OBSERVAÇÃO:
Verbo irregular terminado em **-uar**: o **-u-** radical deste verbo é átono em todas as suas formas, o que resulta na formação de ditongo com a desinência. Leva trema no grupo **-güe**.

MODO INDICATIVO

TIEMPOS SIMPLES

	PRESENTE	PRETÉRITO IMPERFECTO	PRETÉRITO PERFECTO SIMPLE	FUTURO SIMPLE	CONDICIONAL SIMPLE
yo	averiguo	averiguaba	averigüé	averiguaré	averiguaría
tú / vos	averiguas / averiguás	averiguabas	averiguaste	averiguarás	averiguarías
él, ella	averigua	averiguaba	averiguó	averiguará	averiguaría
nosotros(as)	averiguamos	averiguábamos	averiguamos	averiguaremos	averiguaríamos
vosotros(as)	averiguáis	averiguabais	averiguasteis	averiguaréis	averiguaríais
ellos, ellas	averiguan	averiguaban	averiguaron	averiguarán	averiguarían

TIEMPOS COMPUESTOS

	PRETÉRITO PERFECTO COMPUESTO	PRETÉRITO PLUSCUAMPERFECTO	PRETÉRITO ANTERIOR	FUTURO COMPUESTO	CONDICIONAL COMPUESTO
yo	he averiguado	había averiguado	hube averiguado	habré averiguado	habría averiguado
tú / vos	has averiguado	habías averiguado	hubiste averiguado	habrás averiguado	habrías averiguado
él, ella	ha averiguado	había averiguado	hubo averiguado	habrá averiguado	habría averiguado
nosotros(as)	hemos averiguado	habíamos averiguado	hubimos averiguado	habremos averiguado	habríamos averiguado
vosotros(as)	habéis averiguado	habíais averiguado	hubisteis averiguado	habréis averiguado	habríais averiguado
ellos, ellas	han averiguado	habían averiguado	hubieron averiguado	habrán averiguado	habrían averiguado

MODO SUBJUNTIVO

	TIEMPOS SIMPLES			TIEMPOS COMPUESTOS		
	PRESENTE	PRETÉRITO IMPERFECTO	FUTURO SIMPLE	PRETÉRITO PERFECTO COMPUESTO	PRETÉRITO PLUSCUAMPERFECTO	FUTURO COMPUESTO
yo	averigüe	averiguara / averiguase	averiguare	haya averiguado	hubiera / hubiese averiguado	hubiere averiguado
tú / vos	averigües	averiguaras / averiguases	averiguares	hayas averiguado	hubieras / hubieses averiguado	hubieres averiguado
él, ella	averigüe	averiguara / averiguase	averiguare	haya averiguado	hubiera / hubiese averiguado	hubiere averiguado
nosotros(as)	averigüemos	averiguáramos / averiguásemos	averiguáremos	hayamos averiguado	hubiéramos / hubiésemos averiguado	hubiéremos averiguado
vosotros(as)	averigüéis	averiguarais / averiguaseis	averiguareis	hayáis averiguado	hubierais / hubieseis averiguado	hubiereis averiguado
ellos, ellas	averigüen	averiguaran / averiguasen	averiguaren	hayan averiguado	hubieran / hubiesen averiguado	hubieren averiguado

MODO IMPERATIVO

AFIRMATIVO	NEGATIVO
averigua tú / averiguá vos	no averigües tú / vos
averigüe Ud.	no averigüe Ud.
averigüemos nosotros(as)	no averigüemos nosotros(as)
averiguad vosotros(as)	no averigüéis vosotros(as)
averigüen Uds.	no averigüen Uds.

ACTUAR

OBSERVAÇÃO:
Verbo irregular terminado em **-uar**: o **-u-** radical deste verbo é tônico e forma hiato com a desinência (e deve ser acentuado graficamente), em todas as formas em que a raiz leva acento prosódico.

FORMAS NO PERSONALES

FORMAS SIMPLES	FORMAS COMPUESTAS
INFINITIVO: actuar	INFINITIVO: haber actuado
GERUNDIO: actuando	GERUNDIO: habiendo actuado
PARTICIPIO PASADO: actuado	———

MODO INDICATIVO

TIEMPOS SIMPLES

	PRESENTE	PRETÉRITO IMPERFECTO	PRETÉRITO PERFECTO SIMPLE	FUTURO SIMPLE	CONDICIONAL SIMPLE
yo	actúo	actuaba	actué	actuaré	actuaría
tú / vos	actúas / actuás	actuabas	actuaste	actuarás	actuarías
él, ella	actúa	actuaba	actuó	actuará	actuaría
nosotros(as)	actuamos	actuábamos	actuamos	actuaremos	actuaríamos
vosotros(as)	actuáis	actuabais	actuasteis	actuaréis	actuaríais
ellos, ellas	actúan	actuaban	actuaron	actuarán	actuarían

TIEMPOS COMPUESTOS

	PRETÉRITO PERFECTO COMPUESTO	PRETÉRITO PLUSCUAMPERFECTO	PRETÉRITO ANTERIOR	FUTURO COMPUESTO	CONDICIONAL COMPUESTO
yo	he actuado	había actuado	hube actuado	habré actuado	habría actuado
tú / vos	has actuado	habías actuado	hubiste actuado	habrás actuado	habrías actuado
él, ella	ha actuado	había actuado	hubo actuado	habrá actuado	habría actuado
nosotros(as)	hemos actuado	habíamos actuado	hubimos actuado	habremos actuado	habríamos actuado
vosotros(as)	habéis actuado	habíais actuado	hubisteis actuado	habréis actuado	habríais actuado
ellos, ellas	han actuado	habían actuado	hubieron actuado	habrán actuado	habrían actuado

MODO SUBJUNTIVO

	TIEMPOS SIMPLES			TIEMPOS COMPUESTOS		
	PRESENTE	PRETÉRITO IMPERFECTO	FUTURO SIMPLE	PRETÉRITO PERFECTO COMPUESTO	PRETÉRITO PLUSCUAMPERFECTO	FUTURO COMPUESTO
yo	actúe	actuara / actuase	actuare	haya actuado	hubiera / hubiese actuado	hubiere actuado
tú / vos	actúes	actuaras / actuases	actuares	hayas actuado	hubieras / hubieses actuado	hubieres actuado
él, ella	actúe	actuara / actuase	actuare	haya actuado	hubiera / hubiese actuado	hubiere actuado
nosotros(as)	actuemos	actuáramos / actuásemos	actuáremos	hayamos actuado	hubiéramos / hubiésemos actuado	hubiéremos actuado
vosotros(as)	actuéis	actuarais / actuaseis	actuareis	hayáis actuado	hubierais / hubieseis actuado	hubiereis actuado
ellos, ellas	actúen	actuaran / actuasen	actuaren	hayan actuado	hubieran / hubiesen actuado	hubieren actuado

MODO IMPERATIVO

AFIRMATIVO	NEGATIVO
actúa tú / actuá vos	no actúes tú
actúe Ud.	no actúe Ud.
actuemos nosotros(as)	no actuemos nosotros(as)
actuad vosotros(as)	no actuéis vosotros(as)
actúen Uds.	no actúen Uds.

AISLAR

FORMAS NO PERSONALES

FORMAS SIMPLES	FORMAS COMPUESTAS
INFINITIVO: aislar	INFINITIVO: haber aislado
GERUNDIO: aislando	GERUNDIO: habiendo aislado
PARTICIPIO PASADO: aislado	———

OBSERVAÇÃO:
Verbo irregular que forma hiato na raiz (**a-ís-**, que deve ser acentuado graficamente), em todas as formas em que a raiz leva acento prosódico.

MODO INDICATIVO

TIEMPOS SIMPLES

	PRESENTE	PRETÉRITO IMPERFECTO	PRETÉRITO PERFECTO SIMPLE	FUTURO SIMPLE	CONDICIONAL SIMPLE
yo	aíslo	aislaba	aislé	aislaré	aislaría
tú / vos	aíslas / aislás	aislabas	aislaste	aislarás	aislarías
él, ella	aísla	aislaba	aisló	aislará	aislaría
nosotros(as)	aislamos	aislábamos	aislamos	aislaremos	aislaríamos
vosotros(as)	aisláis	aislabais	aislasteis	aislaréis	aislaríais
ellos, ellas	aíslan	aislaban	aislaron	aislarán	aislarían

TIEMPOS COMPUESTOS

	PRETÉRITO PERFECTO COMPUESTO	PRETÉRITO PLUSCUAMPERFECTO	PRETÉRITO ANTERIOR	FUTURO COMPUESTO	CONDICIONAL COMPUESTO
yo	he aislado	había aislado	hube aislado	habré aislado	habría aislado
tú / vos	has aislado	habías aislado	hubiste aislado	habrás aislado	habrías aislado
él, ella	ha aislado	había aislado	hubo aislado	habrá aislado	habría aislado
nosotros(as)	hemos aislado	habíamos aislado	hubimos aislado	habremos aislado	habríamos aislado
vosotros(as)	habéis aislado	habíais aislado	hubisteis aislado	habréis aislado	habríais aislado
ellos, ellas	han aislado	habían aislado	hubieron aislado	habrán aislado	habrían aislado

MODO SUBJUNTIVO

	TIEMPOS SIMPLES			TIEMPOS COMPUESTOS		
	PRESENTE	PRETÉRITO IMPERFECTO	FUTURO SIMPLE	PRETÉRITO PERFECTO COMPUESTO	PRETÉRITO PLUSCUAMPERFECTO	FUTURO COMPUESTO
yo	aísle	aislara / aislase	aislare	haya aislado	hubiera / hubiese aislado	hubiere aislado
tú / vos	aísles	aislaras / aislases	aislares	hayas aislado	hubieras / hubieses aislado	hubieres aislado
él, ella	aísle	aislara / aislase	aislare	haya aislado	hubiera / hubiese aislado	hubiere aislado
nosotros(as)	aislemos	aisláramos / aislásemos	aisláremos	hayamos aislado	hubiéramos / hubiésemos aislado	hubiéremos aislado
vosotros(as)	aisléis	aislarais / aislaseis	aislareis	hayáis aislado	hubierais / hubieseis aislado	hubiereis aislado
ellos, ellas	aíslen	aislaran / aislasen	aislaren	hayan aislado	hubieran / hubiesen aislado	hubieren aislado

MODO IMPERATIVO

AFIRMATIVO	NEGATIVO
aísla tú / aislá vos	no aísles tú / vos
aísle Ud.	no aísle Ud.
aislemos nosotros(as)	no aislemos nosotros(as)
aislad vosotros(as)	no aisléis vosotros(as)
aíslen Uds.	no aíslen Uds.

AUNAR

OBSERVAÇÃO:
Verbo irregular que forma hiato na raiz (**a-ú-** que deve ser acentuado graficamente), em todas as formas em que a raiz leva acento prosódico.

FORMAS NO PERSONALES

FORMAS SIMPLES	FORMAS COMPUESTAS
INFINITIVO: aunar	INFINITIVO: haber aunado
GERUNDIO: aunando	GERUNDIO: habiendo aunado
PARTICIPIO PASADO: aunado	———

MODO INDICATIVO

TIEMPOS SIMPLES

	PRESENTE	PRETÉRITO IMPERFECTO	PRETÉRITO PERFECTO SIMPLE	FUTURO SIMPLE	CONDICIONAL SIMPLE
yo	aúno	aunaba	auné	aunaré	aunaría
tú / vos	aúnas / aunás	aunabas	aunaste	aunarás	aunarías
él, ella	aúna	aunaba	aunó	aunará	aunaría
nosotros(as)	aunamos	aunábamos	aunamos	aunaremos	aunaríamos
vosotros(as)	aunáis	aunabais	aunasteis	aunaréis	aunaríais
ellos, ellas	aúnan	aunaban	aunaron	aunarán	aunarían

TIEMPOS COMPUESTOS

	PRETÉRITO PERFECTO COMPUESTO	PRETÉRITO PLUSCUAMPERFECTO	PRETÉRITO ANTERIOR	FUTURO COMPUESTO	CONDICIONAL COMPUESTO
yo	he aunado	había aunado	hube aunado	habré aunado	habría aunado
tú / vos	has aunado	habías aunado	hubiste aunado	habrás aunado	habrías aunado
él, ella	ha aunado	había aunado	hubo aunado	habrá aunado	habría aunado
nosotros(as)	hemos aunado	habíamos aunado	hubimos aunado	habremos aunado	habríamos aunado
vosotros(as)	habéis aunado	habíais aunado	hubisteis aunado	habréis aunado	habríais aunado
ellos, ellas	han aunado	habían aunado	hubieron aunado	habrán aunado	habrían aunado

MODO SUBJUNTIVO

	TIEMPOS SIMPLES			TIEMPOS COMPUESTOS		
	PRESENTE	PRETÉRITO IMPERFECTO	FUTURO SIMPLE	PRETÉRITO PERFECTO COMPUESTO	PRETÉRITO PLUSCUAMPERFECTO	FUTURO COMPUESTO
yo	aúne	aunara / aunase	aunare	haya aunado	hubiera / hubiese aunado	hubiere aunado
tú / vos	aúnes	aunaras / aunases	aunares	hayas aunado	hubieras / hubieses aunado	hubieres aunado
él, ella	aúne	aunara / aunase	aunare	haya aunado	hubiera / hubiese aunado	hubiere aunado
nosotros(as)	aunemos	aunáramos / aunásemos	aunáremos	hayamos aunado	hubiéramos / hubiésemos aunado	hubiéremos aunado
vosotros(as)	aunéis	aunarais / aunaseis	aunareis	hayáis aunado	hubierais / hubieseis aunado	hubiereis aunado
ellos, ellas	aúnen	aunaran / aunasen	aunaren	hayan aunado	hubieran / hubiesen aunado	hubieren aunado

MODO IMPERATIVO

AFIRMATIVO	NEGATIVO
aúna tú / aunás vos	no aúnes tú / vos
aúne Ud.	no aúne Ud.
aunemos nosotros(as)	no aunemos nosotros(as)
aunad vosotros(as)	no aunéis vosotros(as)
aúnen Uds.	no aúnen Uds.

REUNIR

FORMAS NO PERSONALES

FORMAS SIMPLES	FORMAS COMPUESTAS
INFINITIVO: reunir	INFINITIVO: haber reunido
GERUNDIO: reuniendo	GERUNDIO: habiendo reunido
PARTICIPIO PASADO: reunido	———

OBSERVAÇÃO:
Verbo irregular que forma hiato na raiz (**re-ú-**, que deve ser acentuado graficamente), em todas as formas em que a raiz leva acento prosódico.

MODO INDICATIVO

TIEMPOS SIMPLES

	PRESENTE	PRETÉRITO IMPERFECTO	PRETÉRITO PERFECTO SIMPLE	FUTURO SIMPLE	CONDICIONAL SIMPLE
yo	reúno	reunía	reuní	reuniré	reuniría
tú / vos	reúnes / reunís	reunías	reuniste	reunirás	reunirías
él, ella	reúne	reunía	reunió	reunirá	reuniría
nosotros(as)	reunimos	reuníamos	reunimos	reuniremos	reuniríamos
vosotros(as)	reunís	reuníais	reunisteis	reuniréis	reuniríais
ellos, ellas	reúnen	reunían	reunieron	reunirán	reunirían

TIEMPOS COMPUESTOS

	PRETÉRITO PERFECTO COMPUESTO	PRETÉRITO PLUSCUAMPERFECTO	PRETÉRITO ANTERIOR	FUTURO COMPUESTO	CONDICIONAL COMPUESTO
yo	he reunido	había reunido	hube reunido	habré reunido	habría reunido
tú / vos	has reunido	habías reunido	hubiste reunido	habrás reunido	habrías reunido
él, ella	ha reunido	había reunido	hubo reunido	habrá reunido	habría reunido
nosotros(as)	hemos reunido	habíamos reunido	hubimos reunido	habremos reunido	habríamos reunido
vosotros(as)	habéis reunido	habíais reunido	hubisteis reunido	habréis reunido	habríais reunido
ellos, ellas	han reunido	habían reunido	hubieron reunido	habrán reunido	habrían reunido

MODO SUBJUNTIVO

	TIEMPOS SIMPLES			TIEMPOS COMPUESTOS		
	PRESENTE	PRETÉRITO IMPERFECTO	FUTURO SIMPLE	PRETÉRITO PERFECTO COMPUESTO	PRETÉRITO PLUSCUAMPERFECTO	FUTURO COMPUESTO
yo	reúna	reuniera / reuniese	reuniere	haya reunido	hubiera / hubiese reunido	hubiere reunido
tú / vos	reúnas	reunieras / reunieses	reunieres	hayas reunido	hubieras / hubieses reunido	hubieres reunido
él, ella	reúna	reuniera / reuniese	reuniere	haya reunido	hubiera / hubiese reunido	hubiere reunido
nosotros(as)	reunamos	reuniéramos / reuniésemos	reuniéremos	hayamos reunido	hubiéramos / hubiésemos reunido	hubiéremos reunido
vosotros(as)	reunáis	reunierais / reunieseis	reuniereis	hayáis reunido	hubierais / hubieseis reunido	hubiereis reunido
ellos, ellas	reúnan	reunieran / reuniesen	reunieren	hayan reunido	hubieran / hubiesen reunido	hubieren reunido

MODO IMPERATIVO

AFIRMATIVO	NEGATIVO
reúne tú / reuní vos	no reúnas tú / vos
reúna Ud.	no reúna Ud.
reunamos nosotros(as)	no reunamos nosotros(as)
reunid vosotros(as)	no reunáis vosotros(as)
reúnan Uds.	no reúnan Uds.

PROHIBIR

OBSERVAÇÃO:
Verbo irregular que forma hiato na raiz (**pro-hí-**, que deve ser acentuado graficamente), em todas as formas em que a raiz leva acento prosódico.

FORMAS NO PERSONALES

FORMAS SIMPLES	FORMAS COMPUESTAS
INFINITIVO: prohibir	INFINITIVO: haber prohibido
GERUNDIO: prohibiendo	GERUNDIO: habiendo prohibido
PARTICIPIO PASADO: prohibido	———

MODO INDICATIVO

TIEMPOS SIMPLES

	PRESENTE	PRETÉRITO IMPERFECTO	PRETÉRITO PERFECTO SIMPLE	FUTURO SIMPLE	CONDICIONAL SIMPLE
yo	prohíbo	prohibía	prohibí	prohibiré	prohibiría
tú / vos	prohíbes / prohibís	prohibías	prohibiste	prohibirás	prohibirías
él, ella	prohíbe	prohibía	prohibió	prohibirá	prohibiría
nosotros(as)	prohibimos	prohibíamos	prohibimos	prohibiremos	prohibiríamos
vosotros(as)	prohibís	prohibíais	prohibisteis	prohibiréis	prohibiríais
ellos, ellas	prohíben	prohibían	prohibieron	prohibirán	prohibirían

TIEMPOS COMPUESTOS

	PRETÉRITO PERFECTO COMPUESTO	PRETÉRITO PLUSCUAMPERFECTO	PRETÉRITO ANTERIOR	FUTURO COMPUESTO	CONDICIONAL COMPUESTO
yo	he prohibido	había prohibido	hube prohibido	habré prohibido	habría prohibido
tú / vos	has prohibido	habías prohibido	hubiste prohibido	habrás prohibido	habrías prohibido
él, ella	ha prohibido	había prohibido	hubo prohibido	habrá prohibido	habría prohibido
nosotros(as)	hemos prohibido	habíamos prohibido	hubimos prohibido	habremos prohibido	habríamos prohibido
vosotros(as)	habéis prohibido	habíais prohibido	hubisteis prohibido	habréis prohibido	habríais prohibido
ellos, ellas	han prohibido	habían prohibido	hubieron prohibido	habrán prohibido	habrían prohibido

MODO SUBJUNTIVO

	TIEMPOS SIMPLES			TIEMPOS COMPUESTOS		
	PRESENTE	PRETÉRITO IMPERFECTO	FUTURO SIMPLE	PRETÉRITO PERFECTO COMPUESTO	PRETÉRITO PLUSCUAMPERFECTO	FUTURO COMPUESTO
yo	prohíba	prohibiera / prohibiese	prohibiere	haya prohibido	hubiera / hubiese prohibido	hubiere prohibido
tú / vos	prohíbas	prohibieras / prohibieses	prohibieres	hayas prohibido	hubieras / hubieses prohibido	hubieres prohibido
él, ella	prohíba	prohibiera / prohibiese	prohibiere	haya prohibido	hubiera / hubiese prohibido	hubiere prohibido
nosotros(as)	prohibamos	prohibiéramos / prohibiésemos	prohibiéremos	hayamos prohibido	hubiéramos / hubiésemos prohibido	hubiéremos prohibido
vosotros(as)	prohibáis	prohibierais / prohibieseis	prohibiereis	hayáis prohibido	hubierais / hubieseis prohibido	hubiereis prohibido
ellos, ellas	prohíban	prohibieran / prohibiesen	prohibieren	hayan prohibido	hubieran / hubiesen prohibido	hubieren prohibido

MODO IMPERATIVO

AFIRMATIVO	NEGATIVO
prohíbe tú / prohibí vos	no prohíbas tú / vos
prohíba Ud.	no prohíba Ud.
prohibamos nosotros(as)	no prohibamos nosotros(as)
prohibid vosotros(as)	no prohibáis vosotros(as)
prohíban Uds.	no prohíban Uds.

REHUSAR

FORMAS NO PERSONALES

FORMAS SIMPLES	FORMAS COMPUESTAS
INFINITIVO: rehusar	INFINITIVO: haber rehusado
GERUNDIO: rehusando	GERUNDIO: habiendo rehusado
PARTICIPIO PASADO: rehusado	————

OBSERVAÇÃO:
Verbo irregular que forma hiato na raiz (**re-hú-**, que deve ser acentuado graficamente), em todas as formas em que a raiz leva acento prosódico.

MODO INDICATIVO

TIEMPOS SIMPLES

	PRESENTE	PRETÉRITO IMPERFECTO	PRETÉRITO PERFECTO SIMPLE	FUTURO SIMPLE	CONDICIONAL SIMPLE
yo	rehúso	rehusaba	rehusé	rehusaré	rehusaría
tú / vos	rehúsas / rehusás	rehusabas	rehusaste	rehusarás	rehusarías
él, ella	rehúsa	rehusaba	rehusó	rehusará	rehusaría
nosotros(as)	rehusamos	rehusábamos	rehusamos	rehusaremos	rehusaríamos
vosotros(as)	rehusáis	rehusabais	rehusasteis	rehusaréis	rehusaríais
ellos, ellas	rehúsan	rehusaban	rehusaron	rehusarán	rehusarían

TIEMPOS COMPUESTOS

	PRETÉRITO PERFECTO COMPUESTO	PRETÉRITO PLUSCUAMPERFECTO	PRETÉRITO ANTERIOR	FUTURO COMPUESTO	CONDICIONAL COMPUESTO
yo	he rehusado	había rehusado	hube rehusado	habré rehusado	habría rehusado
tú / vos	has rehusado	habías rehusado	hubiste rehusado	habrás rehusado	habrías rehusado
él, ella	ha rehusado	había rehusado	hubo rehusado	habrá rehusado	habría rehusado
nosotros(as)	hemos rehusado	habíamos rehusado	hubimos rehusado	habremos rehusado	habríamos rehusado
vosotros(as)	habéis rehusado	habíais rehusado	hubisteis rehusado	habréis rehusado	habríais rehusado
ellos, ellas	han rehusado	habían rehusado	hubieron rehusado	habrán rehusado	habrían rehusado

MODO SUBJUNTIVO

	TIEMPOS SIMPLES			TIEMPOS COMPUESTOS		
	PRESENTE	PRETÉRITO IMPERFECTO	FUTURO SIMPLE	PRETÉRITO PERFECTO COMPUESTO	PRETÉRITO PLUSCUAMPERFECTO	FUTURO COMPUESTO
yo	rehúse	rehusara / rehusase	rehusare	haya rehusado	hubiera / hubiese rehusado	hubiere rehusado
tú / vos	rehúses	rehusaras / rehusases	rehusares	hayas rehusado	hubieras / hubieses rehusado	hubieres rehusado
él, ella	rehúse	rehusara / rehusase	rehusare	haya rehusado	hubiera / hubiese rehusado	hubiere rehusado
nosotros(as)	rehusemos	rehusáramos / rehusásemos	rehusáremos	hayamos rehusado	hubiéramos / hubiésemos rehusado	hubiéremos rehusado
vosotros(as)	rehuséis	rehusarais / rehusaseis	rehusareis	hayáis rehusado	hubierais / hubieseis rehusado	hubiereis rehusado
ellos, ellas	rehúsen	rehusaran / rehusasen	rehusaren	hayan rehusado	hubieran / hubiesen rehusado	hubieren rehusado

MODO IMPERATIVO

AFIRMATIVO	NEGATIVO
rehúsa tú / rehusá vos	no rehúses tú / vos
rehúse Ud.	no rehúse Ud.
rehusemos nosotros(as)	no rehusemos nosotros(as)
rehusad vosotros(as)	no rehuséis vosotros(as)
rehúsen Uds.	no rehúsen Uds.

ACERTAR

OBSERVAÇÃO:
Ditongação: o **-e-** radical transforma-se no ditongo **-ie-** em todas as formas que levam acento prosódico na raiz, ou seja, em todas as pessoas do sing. e 3ª p. pl. do *presente de indicativo* e *de subjuntivo* e nas formas do *imperativo* delas derivadas.

FORMAS NO PERSONALES

FORMAS SIMPLES	FORMAS COMPUESTAS
INFINITIVO: acertar	INFINITIVO: haber acertado
GERUNDIO: acertando	GERUNDIO: habiendo acertado
PARTICIPIO PASADO: acertado	———

MODO INDICATIVO

TIEMPOS SIMPLES

	PRESENTE	PRETÉRITO IMPERFECTO	PRETÉRITO PERFECTO SIMPLE	FUTURO SIMPLE	CONDICIONAL SIMPLE
yo	acierto	acertaba	acerté	acertaré	acertaría
tú / vos	aciertas / acertás	acertabas	acertaste	acertarás	acertarías
él, ella	acierta	acertaba	acertó	acertará	acertaría
nosotros(as)	acertamos	acertábamos	acertamos	acertaremos	acertaríamos
vosotros(as)	acertáis	acertabais	acertasteis	acertaréis	acertaríais
ellos, ellas	aciertan	acertaban	acertaron	acertarán	acertarían

TIEMPOS COMPUESTOS

	PRETÉRITO PERFECTO COMPUESTO	PRETÉRITO PLUSCUAMPERFECTO	PRETÉRITO ANTERIOR	FUTURO COMPUESTO	CONDICIONAL COMPUESTO
yo	he acertado	había acertado	hube acertado	habré acertado	habría acertado
tú / vos	has acertado	habías acertado	hubiste acertado	habrás acertado	habrías acertado
él, ella	ha acertado	había acertado	hubo acertado	habrá acertado	habría acertado
nosotros(as)	hemos acertado	habíamos acertado	hubimos acertado	habremos acertado	habríamos acertado
vosotros(as)	habéis acertado	habíais acertado	hubisteis acertado	habréis acertado	habríais acertado
ellos, ellas	han acertado	habían acertado	hubieron acertado	habrán acertado	habrían acertado

MODO SUBJUNTIVO

	TIEMPOS SIMPLES			TIEMPOS COMPUESTOS		
	PRESENTE	PRETÉRITO IMPERFECTO	FUTURO SIMPLE	PRETÉRITO PERFECTO COMPUESTO	PRETÉRITO PLUSCUAMPERFECTO	FUTURO COMPUESTO
yo	acierte	acertara / acertase	acertare	haya acertado	hubiera / hubiese acertado	hubiere acertado
tú / vos	aciertes	acertaras / acertases	acertares	hayas acertado	hubieras / hubieses acertado	hubieres acertado
él, ella	acierte	acertara / acertase	acertare	haya acertado	hubiera / hubiese acertado	hubiere acertado
nosotros(as)	acertemos	acertáramos / acertásemos	acertáremos	hayamos acertado	hubiéramos / hubiésemos acertado	hubiéremos acertado
vosotros(as)	acertéis	acertarais / acertaseis	acertareis	hayáis acertado	hubierais / hubieseis acertado	hubiereis acertado
ellos, ellas	acierten	acertaran / acertasen	acertaren	hayan acertado	hubieran / hubiesen acertado	hubieren acertado

MODO IMPERATIVO

AFIRMATIVO	NEGATIVO
acierta tú / acertá vos	no aciertes tú / vos
acierte Ud.	no acierte Ud.
acertemos nosotros(as)	no acertemos nosotros(as)
acertad vosotros(as)	no acertéis vosotros(as)
acierten Uds.	no acierten Uds.

ENTENDER

FORMAS NO PERSONALES

FORMAS SIMPLES	FORMAS COMPUESTAS
INFINITIVO: entender	INFINITIVO: haber entendido
GERUNDIO: entendiendo	GERUNDIO: habiendo entendido
PARTICIPIO PASADO: entendido	————

OBSERVAÇÃO:
Ditongação: o **-e-** radical transforma-se no ditongo **-ie-** em todas as formas que levam acento prosódico na raiz, ou seja, em todas as pessoas do sing. e 3ª p. pl. do *presente de indicativo* e *de subjuntivo* e nas formas do *imperativo* delas derivadas.

MODO INDICATIVO

TIEMPOS SIMPLES

	PRESENTE	PRETÉRITO IMPERFECTO	PRETÉRITO PERFECTO SIMPLE	FUTURO SIMPLE	CONDICIONAL SIMPLE
yo	entiendo	entendía	entendí	entenderé	entendería
tú / vos	entiendes / entendés	entendías	entendiste	entenderás	entenderías
él, ella	entiende	entendía	entendió	entenderá	entendería
nosotros(as)	entendemos	entendíamos	entendimos	entenderemos	entenderíamos
vosotros(as)	entendéis	entendíais	entendisteis	entenderéis	entenderíais
ellos, ellas	entienden	entendían	entendieron	entenderán	entenderían

TIEMPOS COMPUESTOS

	PRETÉRITO PERFECTO COMPUESTO	PRETÉRITO PLUSCUAMPERFECTO	PRETÉRITO ANTERIOR	FUTURO COMPUESTO	CONDICIONAL COMPUESTO
yo	he entendido	había entendido	hube entendido	habré entendido	habría entendido
tú / vos	has entendido	habías entendido	hubiste entendido	habrás entendido	habrías entendido
él, ella	ha entendido	había entendido	hubo entendido	habrá entendido	habría entendido
nosotros(as)	hemos entendido	habíamos entendido	hubimos entendido	habremos entendido	habríamos entendido
vosotros(as)	habéis entendido	habíais entendido	hubisteis entendido	habréis entendido	habríais entendido
ellos, ellas	han entendido	habían entendido	hubieron entendido	habrán entendido	habrían entendido

MODO SUBJUNTIVO

	TIEMPOS SIMPLES			TIEMPOS COMPUESTOS		
	PRESENTE	PRETÉRITO IMPERFECTO	FUTURO SIMPLE	PRETÉRITO PERFECTO COMPUESTO	PRETÉRITO PLUSCUAMPERFECTO	FUTURO COMPUESTO
yo	entienda	entendiera / entendiese	entendiere	haya entendido	hubiera / hubiese entendido	hubiere entendido
tú / vos	entiendas	entendieras / entendieses	entendieres	hayas entendido	hubieras / hubieses entendido	hubieres entendido
él, ella	entienda	entendiera / entendiese	entendiere	haya entendido	hubiera / hubiese entendido	hubiere entendido
nosotros(as)	entendamos	entendiéramos / entendiésemos	entendiéremos	hayamos entendido	hubiéramos / hubiésemos entendido	hubiéremos entendido
vosotros(as)	entendáis	entendierais / entendieseis	entendiereis	hayáis entendido	hubierais / hubieseis entendido	hubiereis entendido
ellos, ellas	entiendan	entendieran / entendiesen	entendieren	hayan entendido	hubieran / hubiesen entendido	hubieren entendido

MODO IMPERATIVO

AFIRMATIVO	NEGATIVO
entiende tú / entendé vos	no entiendas tú / vos
entienda Ud.	no entienda Ud.
entendamos nosotros(as)	no entendamos nosotros(as)
entended vosotros(as)	no entendáis vosotros(as)
entiendan Uds.	no entiendan Uds.

DISCERNIR

OBSERVAÇÃO:
Ditongação: o **-e-** radical transforma-se no ditongo **-ie-** em todas as formas que levam acento prosódico na raiz, ou seja, em todas as pessoas do sing. e 3ª p. pl. do *presente de indicativo* e *de subjuntivo* e nas formas do *imperativo* delas derivadas.

FORMAS NO PERSONALES

FORMAS SIMPLES	FORMAS COMPUESTAS
INFINITIVO: discernir	INFINITIVO: haber discernido
GERUNDIO: discerniendo	GERUNDIO: habiendo discernido
PARTICIPIO PASADO: discernido	———

MODO INDICATIVO

TIEMPOS SIMPLES

	PRESENTE	PRETÉRITO IMPERFECTO	PRETÉRITO PERFECTO SIMPLE	FUTURO SIMPLE	CONDICIONAL SIMPLE
yo	discierno	discernía	discerní	discerniré	discerniría
tú / vos	disciernes / discernís	discernías	discerniste	discernirás	discernirías
él, ella	discierne	discernía	discernió	discernirá	discerniría
nosotros(as)	discernimos	discerníamos	discernimos	discerniremos	discerniríamos
vosotros(as)	discernís	discerníais	discernisteis	discerniréis	discerniríais
ellos, ellas	disciernen	discernían	discernieron	discernirán	discernirían

TIEMPOS COMPUESTOS

	PRETÉRITO PERFECTO COMPUESTO	PRETÉRITO PLUSCUAMPERFECTO	PRETÉRITO ANTERIOR	FUTURO COMPUESTO	CONDICIONAL COMPUESTO
yo	he discernido	había discernido	hube discernido	habré discernido	habría discernido
tú / vos	has discernido	habías discernido	hubiste discernido	habrás discernido	habrías discernido
él, ella	ha discernido	había discernido	hubo discernido	habrá discernido	habría discernido
nosotros(as)	hemos discernido	habíamos discernido	hubimos discernido	habremos discernido	habríamos discernido
vosotros(as)	habéis discernido	habíais discernido	hubisteis discernido	habréis discernido	habríais discernido
ellos, ellas	han discernido	habían discernido	hubieron discernido	habrán discernido	habrían discernido

MODO SUBJUNTIVO

	TIEMPOS SIMPLES			TIEMPOS COMPUESTOS		
	PRESENTE	PRETÉRITO IMPERFECTO	FUTURO SIMPLE	PRETÉRITO PERFECTO COMPUESTO	PRETÉRITO PLUSCUAMPERFECTO	FUTURO COMPUESTO
yo	discierna	discerniera / discerniese	discerniere	haya discernido	hubiera / hubiese discernido	hubiere discernido
tú / vos	disciernas	discernieras / discernieses	discernieres	hayas discernido	hubieras / hubieses discernido	hubieres discernido
él, ella	discierna	discerniera / discerniese	discerniere	haya discernido	hubiera / hubiese discernido	hubiere discernido
nosotros(as)	discernamos	discerniéramos / discerniésemos	discerniéremos	hayamos discernido	hubiéramos / hubiésemos discernido	hubiéremos discernido
vosotros(as)	discernáis	discernierais / discernieseis	discerniereis	hayáis discernido	hubierais / hubieseis discernido	hubiereis discernido
ellos, ellas	disciernan	discernieran / discerniesen	discernieren	hayan discernido	hubieran / hubiesen discernido	hubieren discernido

MODO IMPERATIVO

AFIRMATIVO	NEGATIVO
discierne tú /discerní vos	no disciernas tú / vos
discierna Ud.	no discierna Ud.
discernamos nosotros(as)	no discernamos nosotros(as)
discernid vosotros(as)	no discernáis vosotros(as)
disciernan Uds.	no disciernan Uds.

ERRAR*

OBSERVAÇÃO:
Ditongação: o **e-** radical transforma-se em ditongo (graficamente **ye-**) em todas as formas que levam acento prosódico na raiz, ou seja, em todas as pessoas do sing. e 3ª p. pl. do *presente de indicativo* e *de subjuntivo* e nas formas do *imperativo* delas derivadas.
*A nova gramática da RAE coloca uma observação sobre este verbo que diz: "no espanhol de muitas regiões da América este verbo está documentado como regular" e, portanto, nesses locais não se consideram as formas irregulares com **ye-** (yerro, yerras etc.), mas, sim, as regulares (erro, erras etc.).

FORMAS NO PERSONALES

FORMAS SIMPLES	FORMAS COMPUESTAS
INFINITIVO: errar	INFINITIVO: haber errado
GERUNDIO: errando	GERUNDIO: habiendo errado
PARTICIPIO PASADO: errado	———

MODO INDICATIVO

TIEMPOS SIMPLES

	PRESENTE	PRETÉRITO IMPERFECTO	PRETÉRITO PERFECTO SIMPLE	FUTURO SIMPLE	CONDICIONAL SIMPLE
yo	yerro o erro	erraba	erré	erraré	erraría
tú / vos	yerras o erras / errás	errabas	erraste	errarás	errarías
él, ella	yerra o erra	erraba	erró	errará	erraría
nosotros(as)	erramos	errábamos	erramos	erraremos	erraríamos
vosotros(as)	erráis	errabais	errasteis	erraréis	erraríais
ellos, ellas	yerran o erran	erraban	erraron	errarán	errarían

TIEMPOS COMPUESTOS

	PRETÉRITO PERFECTO COMPUESTO	PRETÉRITO PLUSCUAMPERFECTO	PRETÉRITO ANTERIOR	FUTURO COMPUESTO	CONDICIONAL COMPUESTO
yo	he errado	había errado	hube errado	habré errado	habría errado
tú / vos	has errado	habías errado	hubiste errado	habrás errado	habrías errado
él, ella	ha errado	había errado	hubo errado	habrá errado	habría errado
nosotros(as)	hemos errado	habíamos errado	hubimos errado	habremos errado	habríamos errado
vosotros(as)	habéis errado	habíais errado	hubisteis errado	habréis errado	habríais errado
ellos, ellas	han errado	habían errado	hubieron errado	habrán errado	habrían errado

MODO SUBJUNTIVO

	TIEMPOS SIMPLES			TIEMPOS COMPUESTOS		
	PRESENTE	PRETÉRITO IMPERFECTO	FUTURO SIMPLE	PRETÉRITO PERFECTO COMPUESTO	PRETÉRITO PLUSCUAMPERFECTO	FUTURO COMPUESTO
yo	yerre o erre	errara / errase	errare	haya errado	hubiera / hubiese errado	hubiere errado
tú / vos	yerres o erres	erraras / errases	errares	hayas errado	hubieras / hubieses errado	hubieres errado
él, ella	yerre o erre	errara / errase	errare	haya errado	hubiera / hubiese errado	hubiere errado
nosotros(as)	erremos	erráramos / errásemos	erráremos	hayamos errado	hubiéramos / hubiésemos errado	hubiéremos errado
vosotros(as)	erréis	errarais / erraseis	errareis	hayáis errado	hubierais / hubieseis errado	hubiereis errado
ellos, ellas	yerren o erren	erraran / errasen	erraren	hayan errado	hubieran / hubiesen errado	hubieren errado

MODO IMPERATIVO

AFIRMATIVO	NEGATIVO
yerra o erra tú / errá vos	no yerres o erres tú / vos
yerre o erre Ud.	no yerre o erre Ud.
erremos nosotros(as)	no erremos nosotros(as)
errad vosotros(as)	no erréis vosotros(as)
yerren o erren Uds.	no yerren o erren Uds.

FREGAR

OBSERVAÇÃO:
Ditongação: o **-e-** radical transforma-se no ditongo **-ie-** em todas as formas que levam acento prosódico na raiz, ou seja, em todas as pessoas do sing. e 3ª p. pl. do *presente de indicativo* e *de subjuntivo* e nas formas do *imperativo* delas derivadas. Além disso, ocorre uma alteração ortográfica de **-g-** para **-gu-** nos grupos **-gue-**.

FORMAS NO PERSONALES

FORMAS SIMPLES	FORMAS COMPUESTAS
INFINITIVO: fregar	INFINITIVO: haber fregado
GERUNDIO: fregando	GERUNDIO: habiendo fregado
PARTICIPIO PASADO: fregado	———

MODO INDICATIVO

TIEMPOS SIMPLES

	PRESENTE	PRETÉRITO IMPERFECTO	PRETÉRITO PERFECTO SIMPLE	FUTURO SIMPLE	CONDICIONAL SIMPLE
yo	friego	fregaba	fregué	fregaré	fregaría
tú / vos	friegas / fregás	fregabas	fregaste	fregarás	fregarías
él, ella	friega	fregaba	fregó	fregará	fregaría
nosotros(as)	fregamos	fregábamos	fregamos	fregaremos	fregaríamos
vosotros(as)	fregáis	fregabais	fregasteis	fregaréis	fregaríais
ellos, ellas	friegan	fregaban	fregaron	fregarán	fregarían

TIEMPOS COMPUESTOS

	PRETÉRITO PERFECTO COMPUESTO	PRETÉRITO PLUSCUAMPERFECTO	PRETÉRITO ANTERIOR	FUTURO COMPUESTO	CONDICIONAL COMPUESTO
yo	he fregado	había fregado	hube fregado	habré fregado	habría fregado
tú / vos	has fregado	habías fregado	hubiste fregado	habrás fregado	habrías fregado
él, ella	ha fregado	había fregado	hubo fregado	habrá fregado	habría fregado
nosotros(as)	hemos fregado	habíamos fregado	hubimos fregado	habremos fregado	habríamos fregado
vosotros(as)	habéis fregado	habíais fregado	hubisteis fregado	habréis fregado	habríais fregado
ellos, ellas	han fregado	habían fregado	hubieron fregado	habrán fregado	habrían fregado

MODO SUBJUNTIVO

	TIEMPOS SIMPLES			TIEMPOS COMPUESTOS		
	PRESENTE	PRETÉRITO IMPERFECTO	FUTURO SIMPLE	PRETÉRITO PERFECTO COMPUESTO	PRETÉRITO PLUSCUAMPERFECTO	FUTURO COMPUESTO
yo	friegue	fregara / fregase	fregare	haya fregado	hubiera / hubiese fregado	hubiere fregado
tú / vos	friegues	fregaras / fregases	fregares	hayas fregado	hubieras / hubieses fregado	hubieres fregado
él, ella	friegue	fregara / fregase	fregare	haya fregado	hubiera / hubiese fregado	hubiere fregado
nosotros(as)	freguemos	fregáramos / fregásemos	fregáremos	hayamos fregado	hubiéramos / hubiésemos fregado	hubiéremos fregado
vosotros(as)	freguéis	fregarais / fregaseis	fregareis	hayáis fregado	hubierais / hubieseis fregado	hubiereis fregado
ellos, ellas	frieguen	fregaran / fregasen	fregaren	hayan fregado	hubieran / hubiesen fregado	hubieren fregado

MODO IMPERATIVO

AFIRMATIVO	NEGATIVO
friega tú / fregá vos	no friegues tú / vos
friegue Ud.	no friegue Ud.
freguemos nosotros(as)	no freguemos nosotros(as)
fregad vosotros(as)	no freguéis vosotros(as)
frieguen Uds.	no frieguen Uds.

JUGAR

FORMAS NO PERSONALES

FORMAS SIMPLES	FORMAS COMPUESTAS
INFINITIVO: jugar	INFINITIVO: haber jugado
GERUNDIO: jugando	GERUNDIO: habiendo jugado
PARTICIPIO PASADO: jugado	————

OBSERVAÇÃO:
Ditongação: o **-u-** radical transforma-se no ditongo **-ue-** em todas as formas que levam acento prosódico na raiz, ou seja, em todas as pessoas do sing. e 3ª p. pl. do *presente de indicativo* e *de subjuntivo* e nas formas do *imperativo* delas derivadas.

MODO INDICATIVO

TIEMPOS SIMPLES

	PRESENTE	PRETÉRITO IMPERFECTO	PRETÉRITO PERFECTO SIMPLE	FUTURO SIMPLE	CONDICIONAL SIMPLE
yo	juego	jugaba	jugué	jugaré	jugaría
tú / vos	juegas / jugás	jugabas	jugaste	jugarás	jugarías
él, ella	juega	jugaba	jugó	jugará	jugaría
nosotros(as)	jugamos	jugábamos	jugamos	jugaremos	jugaríamos
vosotros(as)	jugáis	jugabais	jugasteis	jugaréis	jugaríais
ellos, ellas	juegan	jugaban	jugaron	jugarán	jugarían

TIEMPOS COMPUESTOS

	PRETÉRITO PERFECTO COMPUESTO	PRETÉRITO PLUSCUAMPERFECTO	PRETÉRITO ANTERIOR	FUTURO COMPUESTO	CONDICIONAL COMPUESTO
yo	he jugado	había jugado	hube jugado	habré jugado	habría jugado
tú / vos	has jugado	habías jugado	hubiste jugado	habrás jugado	habrías jugado
él, ella	ha jugado	había jugado	hubo jugado	habrá jugado	habría jugado
nosotros(as)	hemos jugado	habíamos jugado	hubimos jugado	habremos jugado	habríamos jugado
vosotros(as)	habéis jugado	habíais jugado	hubisteis jugado	habréis jugado	habríais jugado
ellos, ellas	han jugado	habían jugado	hubieron jugado	habrán jugado	habrían jugado

MODO SUBJUNTIVO

	TIEMPOS SIMPLES			TIEMPOS COMPUESTOS		
	PRESENTE	PRETÉRITO IMPERFECTO	FUTURO SIMPLE	PRETÉRITO PERFECTO COMPUESTO	PRETÉRITO PLUSCUAMPERFECTO	FUTURO COMPUESTO
yo	juegue	jugara / jugase	jugare	haya jugado	hubiera / hubiese jugado	hubiere jugado
tú / vos	juegues	jugaras / jugases	jugares	hayas jugado	hubieras / hubieses jugado	hubieres jugado
él, ella	juegue	jugara / jugase	jugare	haya jugado	hubiera / hubiese jugado	hubiere jugado
nosotros(as)	juguemos	jugáramos / jugásemos	jugáremos	hayamos jugado	hubiéramos / hubiésemos jugado	hubiéremos jugado
vosotros(as)	juguéis	jugarais / jugaseis	jugareis	hayáis jugado	hubierais / hubieseis jugado	hubiereis jugado
ellos, ellas	jueguen	jugaran / jugasen	jugaren	hayan jugado	hubieran / hubiesen jugado	hubieren jugado

MODO IMPERATIVO

AFIRMATIVO	NEGATIVO
juega tú / jugá vos	no juegues tú / vos
juegue Ud.	no juegue Ud.
juguemos nosotros(as)	no juguemos nosotros(as)
jugad vosotros(as)	no juguéis vosotros(as)
jueguen Uds.	no jueguen Uds.

ADQUIRIR

OBSERVAÇÃO:
Ditongação: o **-i-** radical transforma-se no ditongo **-ie-** em todas as formas que levam acento prosódico na raiz, ou seja, em todas as pessoas do sing. e 3ª p. pl. do *presente de indicativo* e *de subjuntivo* e nas formas do *imperativo* delas derivadas.

FORMAS NO PERSONALES

FORMAS SIMPLES	FORMAS COMPUESTAS
INFINITIVO: adquirir	INFINITIVO: haber adquirido
GERUNDIO: adquiriendo	GERUNDIO: habiendo adquirido
PARTICIPIO PASADO: adquirido	———

MODO INDICATIVO

TIEMPOS SIMPLES

	PRESENTE	PRETÉRITO IMPERFECTO	PRETÉRITO PERFECTO SIMPLE	FUTURO SIMPLE	CONDICIONAL SIMPLE
yo	adquiero	adquiría	adquirí	adquiriré	adquiriría
tú / vos	adquieres / adquirís	adquirías	adquiriste	adquirirás	adquirirías
él, ella	adquiere	adquiría	adquirió	adquirirá	adquiriría
nosotros(as)	adquirimos	adquiríamos	adquirimos	adquiriremos	adquiriríamos
vosotros(as)	adquirís	adquiríais	adquiristeis	adquiriréis	adquiriríais
ellos, ellas	adquieren	adquirían	adquirieron	adquirirán	adquirirían

TIEMPOS COMPUESTOS

	PRETÉRITO PERFECTO COMPUESTO	PRETÉRITO PLUSCUAMPERFECTO	PRETÉRITO ANTERIOR	FUTURO COMPUESTO	CONDICIONAL COMPUESTO
yo	he adquirido	había adquirido	hube adquirido	habré adquirido	habría adquirido
tú / vos	has adquirido	habías adquirido	hubiste adquirido	habrás adquirido	habrías adquirido
él, ella	ha adquirido	había adquirido	hubo adquirido	habrá adquirido	habría adquirido
nosotros(as)	hemos adquirido	habíamos adquirido	hubimos adquirido	habremos adquirido	habríamos adquirido
vosotros(as)	habéis adquirido	habíais adquirido	hubisteis adquirido	habréis adquirido	habríais adquirido
ellos, ellas	han adquirido	habían adquirido	hubieron adquirido	habrán adquirido	habrían adquirido

MODO SUBJUNTIVO

	TIEMPOS SIMPLES			TIEMPOS COMPUESTOS		
	PRESENTE	PRETÉRITO IMPERFECTO	FUTURO SIMPLE	PRETÉRITO PERFECTO COMPUESTO	PRETÉRITO PLUSCUAMPERFECTO	FUTURO COMPUESTO
yo	adquiera	adquiriera / adquiriese	adquiriere	haya adquirido	hubiera / hubiese adquirido	hubiere adquirido
tú / vos	adquieras	adquirieras / adquirieses	adquirieres	hayas adquirido	hubieras / hubieses adquirido	hubieres adquirido
él, ella	adquiera	adquiriera / adquiriese	adquiriere	haya adquirido	hubiera / hubiese adquirido	hubiere adquirido
nosotros(as)	adquiramos	adquiriéramos / adquiriésemos	adquiriéremos	hayamos adquirido	hubiéramos / hubiésemos adquirido	hubiéremos adquirido
vosotros(as)	adquiráis	adquirierais / adquirieseis	adquiriereis	hayáis adquirido	hubierais / hubieseis adquirido	hubiereis adquirido
ellos, ellas	adquieran	adquirieran / adquiriesen	adquirieren	hayan adquirido	hubieran / hubiesen adquirido	hubieren adquirido

MODO IMPERATIVO

AFIRMATIVO	NEGATIVO
adquiere tú / adquirí vos	no adquieras tú / vos
adquiera Ud.	no adquiera Ud.
adquiramos nosotros(as)	no adquiramos nosotros(as)
adquirid vosotros(as)	no adquiráis vosotros(as)
adquieran Uds.	no adquieran Uds.

CONTAR

FORMAS NO PERSONALES

FORMAS SIMPLES	FORMAS COMPUESTAS
INFINITIVO: contar	INFINITIVO: haber contado
GERUNDIO: contando	GERUNDIO: habiendo contado
PARTICIPIO PASADO: contado	———————

OBSERVAÇÃO:
Ditongação: o **-o-** radical transforma-se no ditongo **-ue-** em todas as formas que levam acento prosódico na raiz, ou seja, em todas as pessoas do sing. e 3ª. p. pl. do *presente de indicativo* e *de subjuntivo* e nas formas do *imperativo* delas derivadas.

MODO INDICATIVO

TIEMPOS SIMPLES

	PRESENTE	PRETÉRITO IMPERFECTO	PRETÉRITO PERFECTO SIMPLE	FUTURO SIMPLE	CONDICIONAL SIMPLE
yo	cuento	contaba	conté	contaré	contaría
tú / vos	cuentas / contás	contabas	contaste	contarás	contarías
él, ella	cuenta	contaba	contó	contará	contaría
nosotros(as)	contamos	contábamos	contamos	contaremos	contaríamos
vosotros(as)	contáis	contabais	contasteis	contaréis	contaríais
ellos, ellas	cuentan	contaban	contaron	contarán	contarían

TIEMPOS COMPUESTOS

	PRETÉRITO PERFECTO COMPUESTO	PRETÉRITO PLUSCUAMPERFECTO	PRETÉRITO ANTERIOR	FUTURO COMPUESTO	CONDICIONAL COMPUESTO
yo	he contado	había contado	hube contado	habré contado	habría contado
tú / vos	has contado	habías contado	hubiste contado	habrás contado	habrías contado
él, ella	ha contado	había contado	hubo contado	habrá contado	habría contado
nosotros(as)	hemos contado	habíamos contado	hubimos contado	habremos contado	habríamos contado
vosotros(as)	habéis contado	habíais contado	hubisteis contado	habréis contado	habríais contado
ellos, ellas	han contado	habían contado	hubieron contado	habrán contado	habrían contado

MODO SUBJUNTIVO

	TIEMPOS SIMPLES			TIEMPOS COMPUESTOS		
	PRESENTE	PRETÉRITO IMPERFECTO	FUTURO SIMPLE	PRETÉRITO PERFECTO COMPUESTO	PRETÉRITO PLUSCUAMPERFECTO	FUTURO COMPUESTO
yo	cuente	contara / contase	contare	haya contado	hubiera / hubiese contado	hubiere contado
tú / vos	cuentes	contaras / contases	contares	hayas contado	hubieras / hubieses contado	hubieres contado
él, ella	cuente	contara / contase	contare	haya contado	hubiera / hubiese contado	hubiere contado
nosotros(as)	contemos	contáramos / contásemos	contáremos	hayamos contado	hubiéramos / hubiésemos contado	hubiéremos contado
vosotros(as)	contéis	contarais / contaseis	contareis	hayáis contado	hubierais / hubieseis contado	hubiereis contado
ellos, ellas	cuenten	contaran / contasen	contaren	hayan contado	hubieran / hubiesen contado	hubieren contado

MODO IMPERATIVO

AFIRMATIVO	NEGATIVO
cuenta tú / contá vos	no cuentes tú / vos
cuente Ud.	no cuente Ud.
contemos nosotros(as)	no contemos nosotros(as)
contad vosotros(as)	no contéis vosotros(as)
cuenten Uds.	no cuenten Uds.

MOVER

OBSERVAÇÃO:
Ditongação: o **-o-** radical transforma-se no ditongo **-ue-** em todas as formas que levam acento prosódico na raiz, ou seja, em todas as pessoas do sing. e 3ª p. pl. do *presente de indicativo* e *de subjuntivo* e nas formas do *imperativo* delas derivadas.

FORMAS NO PERSONALES

FORMAS SIMPLES	FORMAS COMPUESTAS
INFINITIVO: mover	INFINITIVO: haber movido
GERUNDIO: moviendo	GERUNDIO: habiendo movido
PARTICIPIO PASADO: movido	________

MODO INDICATIVO

TIEMPOS SIMPLES

	PRESENTE	PRETÉRITO IMPERFECTO	PRETÉRITO PERFECTO SIMPLE	FUTURO SIMPLE	CONDICIONAL SIMPLE
yo	muevo	movía	moví	moveré	movería
tú / vos	mueves / movés	movías	moviste	moverás	moverías
él, ella	mueve	movía	movió	moverá	movería
nosotros(as)	movemos	movíamos	movimos	moveremos	moveríamos
vosotros(as)	movéis	movíais	movisteis	moveréis	moveríais
ellos, ellas	mueven	movían	movieron	moverán	moverían

TIEMPOS COMPUESTOS

	PRETÉRITO PERFECTO COMPUESTO	PRETÉRITO PLUSCUAMPERFECTO	PRETÉRITO ANTERIOR	FUTURO COMPUESTO	CONDICIONAL COMPUESTO
yo	he movido	había movido	hube movido	habré movido	habría movido
tú / vos	has movido	habías movido	hubiste movido	habrás movido	habrías movido
él, ella	ha movido	había movido	hubo movido	habrá movido	habría movido
nosotros(as)	hemos movido	habíamos movido	hubimos movido	habremos movido	habríamos movido
vosotros(as)	habéis movido	habíais movido	hubisteis movido	habréis movido	habríais movido
ellos, ellas	han movido	habían movido	hubieron movido	habrán movido	habrían movido

MODO SUBJUNTIVO

	TIEMPOS SIMPLES			TIEMPOS COMPUESTOS		
	PRESENTE	PRETÉRITO IMPERFECTO	FUTURO SIMPLE	PRETÉRITO PERFECTO COMPUESTO	PRETÉRITO PLUSCUAMPERFECTO	FUTURO COMPUESTO
yo	mueva	moviera / moviese	moviere	haya movido	hubiera / hubiese movido	hubiere movido
tú / vos	muevas	movieras / movieses	movieres	hayas movido	hubieras / hubieses movido	hubieres movido
él, ella	mueva	moviera / moviese	moviere	haya movido	hubiera / hubiese movido	hubiere movido
nosotros(as)	movamos	moviéramos / moviésemos	moviéremos	hayamos movido	hubiéramos / hubiésemos movido	hubiéremos movido
vosotros(as)	mováis	movierais / movieseis	moviereis	hayáis movido	hubierais / hubieseis movido	hubiereis movido
ellos, ellas	muevan	movieran / moviesen	movieren	hayan movido	hubieran / hubiesen movido	hubieren movido

MODO IMPERATIVO

AFIRMATIVO	NEGATIVO
mueve tú / mové vos	no muevas tú / vos
mueva Ud.	no mueva Ud.
movamos nosotros(as)	no movamos nosotros(as)
moved vosotros(as)	no mováis vosotros(as)
muevan Uds.	no muevan Uds.

OLER

FORMAS NO PERSONALES

FORMAS SIMPLES	FORMAS COMPUESTAS
INFINITIVO: oler	INFINITIVO: haber olido
GERUNDIO: oliendo	GERUNDIO: habiendo olido
PARTICIPIO PASADO: olido	———

OBSERVAÇÃO:
Ditongação: o **-o-** radical transforma-se no ditongo **hue-** em todas as formas que levam acento prosódico na raiz, ou seja, em todas as pessoas do sing. e 3ª p. pl. do *presente de indicativo* e *de subjuntivo* e nas formas do *imperativo* delas derivadas.

MODO INDICATIVO

TIEMPOS SIMPLES

	PRESENTE	PRETÉRITO IMPERFECTO	PRETÉRITO PERFECTO SIMPLE	FUTURO SIMPLE	CONDICIONAL SIMPLE
yo	huelo	olía	olí	oleré	olería
tú / vos	hueles / olé	olías	oliste	olerás	olerías
él, ella	huele	olía	olió	olerá	olería
nosotros(as)	olemos	olíamos	olimos	oleremos	oleríamos
vosotros(as)	oléis	olíais	olisteis	oleréis	oleríais
ellos, ellas	huelen	olían	olieron	olerán	olerían

TIEMPOS COMPUESTOS

	PRETÉRITO PERFECTO COMPUESTO	PRETÉRITO PLUSCUAMPERFECTO	PRETÉRITO ANTERIOR	FUTURO COMPUESTO	CONDICIONAL COMPUESTO
yo	he olido	había olido	hube olido	habré olido	habría olido
tú / vos	has olido	habías olido	hubiste olido	habrás olido	habrías olido
él, ella	ha olido	había olido	hubo olido	habrá olido	habría olido
nosotros(as)	hemos olido	habíamos olido	hubimos olido	habremos olido	habríamos olido
vosotros(as)	habéis olido	habíais olido	hubisteis olido	habréis olido	habríais olido
ellos, ellas	han olido	habían olido	hubieron olido	habrán olido	habrían olido

MODO SUBJUNTIVO

	TIEMPOS SIMPLES			TIEMPOS COMPUESTOS		
	PRESENTE	PRETÉRITO IMPERFECTO	FUTURO SIMPLE	PRETÉRITO PERFECTO COMPUESTO	PRETÉRITO PLUSCUAMPERFECTO	FUTURO COMPUESTO
yo	huela	oliera / oliese	oliere	haya olido	hubiera / hubiese olido	hubiere olido
tú / vos	huelas	olieras / olieses	olieres	hayas olido	hubieras / hubieses olido	hubieres olido
él, ella	huela	oliera / oliese	oliere	haya olido	hubiera / hubiese olido	hubiere olido
nosotros(as)	olamos	oliéramos / oliésemos	oliéremos	hayamos olido	hubiéramos / hubiésemos olido	hubiéremos olido
vosotros(as)	oláis	olierais / olieseis	oliereis	hayáis olido	hubierais / hubieseis olido	hubiereis olido
ellos, ellas	huelan	olieran / oliesen	olieren	hayan olido	hubieran / hubiesen olido	hubieren olido

MODO IMPERATIVO

AFIRMATIVO	NEGATIVO
huele tú / olé vos	no huelas tú / vos
huela Ud.	no huela Ud.
olamos nosotros(as)	no olamos nosotros(as)
oled vosotros(as)	no oláis vosotros(as)
huelan Uds.	no huelan Uds.

TROCAR

OBSERVAÇÃO:
Ditongação: o **-o-** radical transforma-se no ditongo **-ue-** em todas as formas que levam acento prosódico na raiz, ou seja, em todas as pessoas do sing. e 3ª p. pl. do *presente de indicativo* e *de subjuntivo* e nas formas do *imperativo* delas derivadas. Este verbo também pode ser conjugado em sua forma regular, como **buscar**.

FORMAS NO PERSONALES

FORMAS SIMPLES	FORMAS COMPUESTAS
INFINITIVO: trocar	INFINITIVO: haber trocado
GERUNDIO: trocando	GERUNDIO: habiendo trocado
PARTICIPIO PASADO: trocado	———

MODO INDICATIVO

TIEMPOS SIMPLES

	PRESENTE	PRETÉRITO IMPERFECTO	PRETÉRITO PERFECTO SIMPLE	FUTURO SIMPLE	CONDICIONAL SIMPLE
yo	trueco	trocaba	troqué	trocaré	trocaría
tú / vos	truecas / trocás	trocabas	trocaste	trocarás	trocarías
él, ella	trueca	trocaba	trocó	trocará	trocaría
nosotros(as)	trocamos	trocábamos	trocamos	trocaremos	trocaríamos
vosotros(as)	trocáis	trocabais	trocasteis	trocaréis	trocaríais
ellos, ellas	truecan	trocaban	trocaron	trocarán	trocarían

TIEMPOS COMPUESTOS

	PRETÉRITO PERFECTO COMPUESTO	PRETÉRITO PLUSCUAMPERFECTO	PRETÉRITO ANTERIOR	FUTURO COMPUESTO	CONDICIONAL COMPUESTO
yo	he trocado	había trocado	hube trocado	habré trocado	habría trocado
tú / vos	has trocado	habías trocado	hubiste trocado	habrás trocado	habrías trocado
él, ella	ha trocado	había trocado	hubo trocado	habrá trocado	habría trocado
nosotros(as)	hemos trocado	habíamos trocado	hubimos trocado	habremos trocado	habríamos trocado
vosotros(as)	habéis trocado	habíais trocado	hubisteis trocado	habréis trocado	habríais trocado
ellos, ellas	han trocado	habían trocado	hubieron trocado	habrán trocado	habrían trocado

MODO SUBJUNTIVO

	TIEMPOS SIMPLES			TIEMPOS COMPUESTOS		
	PRESENTE	PRETÉRITO IMPERFECTO	FUTURO SIMPLE	PRETÉRITO PERFECTO COMPUESTO	PRETÉRITO PLUSCUAMPERFECTO	FUTURO COMPUESTO
yo	trueque	trocara / trocase	trocare	haya trocado	hubiera / hubiese trocado	hubiere trocado
tú / vos	trueques	trocaras / trocases	trocares	hayas trocado	hubieras / hubieses trocado	hubieres trocado
él, ella	trueque	trocara / trocase	trocare	haya trocado	hubiera / hubiese trocado	hubiere trocado
nosotros(as)	troquemos	trocáramos / trocásemos	trocáremos	hayamos trocado	hubiéramos / hubiésemos trocado	hubiéremos trocado
vosotros(as)	troquéis	trocarais / trocaseis	trocareis	hayáis trocado	hubierais / hubieseis trocado	hubiereis trocado
ellos, ellas	truequen	trocaran / trocasen	trocaren	hayan trocado	hubieran / hubiesen trocado	hubieren trocado

MODO IMPERATIVO

AFIRMATIVO	NEGATIVO
trueca tú / trocá vos	no trueques tú / vos
trueque Ud.	no trueque Ud.
troquemos nosotros(as)	no troquemos nosotros(as)
trocad vosotros(as)	no troquéis vosotros(as)
truequen Uds.	no truequen Uds.

ROGAR

FORMAS NO PERSONALES

FORMAS SIMPLES	FORMAS COMPUESTAS
INFINITIVO: rogar	INFINITIVO: haber rogado
GERUNDIO: rogando	GERUNDIO: habiendo rogado
PARTICIPIO PASADO: rogado	————

OBSERVAÇÃO:
Ditongação: o **-o-** radical transforma-se no ditongo **-ue-** em todas as formas que levam acento prosódico na raiz, ou seja, em todas as pessoas do sing. e 3ª p. pl. do *presente de indicativo* e *de subjuntivo* e nas formas do *imperativo* delas derivadas. Além disso, ocorre uma alteração ortográfica de **-g-** para **-gu-** nos grupos **-gue-**.

MODO INDICATIVO

TIEMPOS SIMPLES

	PRESENTE	PRETÉRITO IMPERFECTO	PRETÉRITO PERFECTO SIMPLE	FUTURO SIMPLE	CONDICIONAL SIMPLE
yo	ruego	rogaba	rogué	rogaré	rogaría
tú / vos	ruegas / rogás	rogabas	rogaste	rogarás	rogarías
él, ella	ruega	rogaba	rogó	rogará	rogaría
nosotros(as)	rogamos	rogábamos	rogamos	rogaremos	rogaríamos
vosotros(as)	rogáis	rogabais	rogasteis	rogaréis	rogaríais
ellos, ellas	ruegan	rogaban	rogaron	rogarán	rogarían

TIEMPOS COMPUESTOS

	PRETÉRITO PERFECTO COMPUESTO	PRETÉRITO PLUSCUAMPERFECTO	PRETÉRITO ANTERIOR	FUTURO COMPUESTO	CONDICIONAL COMPUESTO
yo	he rogado	había rogado	hube rogado	habré rogado	habría rogado
tú / vos	has rogado	habías rogado	hubiste rogado	habrás rogado	habrías rogado
él, ella	ha rogado	había rogado	hubo rogado	habrá rogado	habría rogado
nosotros(as)	hemos rogado	habíamos rogado	hubimos rogado	habremos rogado	habríamos rogado
vosotros(as)	habéis rogado	habíais rogado	hubisteis rogado	habréis rogado	habríais rogado
ellos, ellas	han rogado	habían rogado	hubieron rogado	habrán rogado	habrían rogado

MODO SUBJUNTIVO

	TIEMPOS SIMPLES			TIEMPOS COMPUESTOS		
	PRESENTE	PRETÉRITO IMPERFECTO	FUTURO SIMPLE	PRETÉRITO PERFECTO COMPUESTO	PRETÉRITO PLUSCUAMPERFECTO	FUTURO COMPUESTO
yo	ruegue	rogara / rogase	rogare	haya rogado	hubiera / hubiese rogado	hubiere rogado
tú / vos	ruegues	rogaras / rogases	rogares	hayas rogado	hubieras / hubieses rogado	hubieres rogado
él, ella	ruegue	rogara / rogase	rogare	haya rogado	hubiera / hubiese rogado	hubiere rogado
nosotros(as)	roguemos	rogáramos / rogásemos	rogáremos	hayamos rogado	hubiéramos / hubiésemos rogado	hubiéremos rogado
vosotros(as)	roguéis	rogarais / rogaseis	rogareis	hayáis rogado	hubierais / hubieseis rogado	hubiereis rogado
ellos, ellas	rueguen	rogaran / rogasen	rogaren	hayan rogado	hubieran / hubiesen rogado	hubieren rogado

MODO IMPERATIVO

AFIRMATIVO	NEGATIVO
ruega tú / rogá vos	no ruegues tú / vos
ruegue Ud.	no ruegue Ud.
roguemos nosotros(as)	no roguemos nosotros(as)
rogad vosotros(as)	no roguéis vosotros(as)
rueguen Uds.	no rueguen Uds.

ALMORZAR

OBSERVAÇÃO:
Ditongação: o **-o-** radical transforma-se no ditongo **-ue-** em todas as formas que levam acento prosódico na raiz, ou seja, em todas as pessoas do sing. e 3ª p. pl. do *presente de indicativo* e *de subjuntivo* e nas formas do *imperativo* delas derivadas. Além disso, ocorre uma alteração ortográfica de **-z-** para **-c-**, antes da vogal **-e-**.

FORMAS NO PERSONALES

FORMAS SIMPLES	FORMAS COMPUESTAS
INFINITIVO: almorzar	INFINITIVO: haber almorzado
GERUNDIO: almorzando	GERUNDIO: habiendo almorzado
PARTICIPIO PASADO: almorzado	

MODO INDICATIVO

TIEMPOS SIMPLES

	PRESENTE	PRETÉRITO IMPERFECTO	PRETÉRITO PERFECTO SIMPLE	FUTURO SIMPLE	CONDICIONAL SIMPLE
yo	almuerzo	almorzaba	almorcé	almorzaré	almorzaría
tú / vos	almuerzas / almorzás	almorzabas	almorzaste	almorzarás	almorzarías
él, ella	almuerza	almorzaba	almorzó	almorzará	almorzaría
nosotros(as)	almorzamos	almorzábamos	almorzamos	almorzaremos	almorzaríamos
vosotros(as)	almorzáis	almorzabais	almorzasteis	almorzaréis	almorzaríais
ellos, ellas	almuerzan	almorzaban	almorzaron	almorzarán	almorzarían

TIEMPOS COMPUESTOS

	PRETÉRITO PERFECTO COMPUESTO	PRETÉRITO PLUSCUAMPERFECTO	PRETÉRITO ANTERIOR	FUTURO COMPUESTO	CONDICIONAL COMPUESTO
yo	he almorzado	había almorzado	hube almorzado	habré almorzado	habría almorzado
tú / vos	has almorzado	habías almorzado	hubiste almorzado	habrás almorzado	habrías almorzado
él, ella	ha almorzado	había almorzado	hubo almorzado	habrá almorzado	habría almorzado
nosotros(as)	hemos almorzado	habíamos almorzado	hubimos almorzado	habremos almorzado	habríamos almorzado
vosotros(as)	habéis almorzado	habíais almorzado	hubisteis almorzado	habréis almorzado	habríais almorzado
ellos, ellas	han almorzado	habían almorzado	hubieron almorzado	habrán almorzado	habrían almorzado

MODO SUBJUNTIVO

	TIEMPOS SIMPLES			TIEMPOS COMPUESTOS		
	PRESENTE	PRETÉRITO IMPERFECTO	FUTURO SIMPLE	PRETÉRITO PERFECTO COMPUESTO	PRETÉRITO PLUSCUAMPERFECTO	FUTURO COMPUESTO
yo	almuerce	almorzara / almorzase	almorzare	haya almorzado	hubiera / hubiese almorzado	hubiere almorzado
tú / vos	almuerces	almorzaras / almorzases	almorzares	hayas almorzado	hubieras / hubieses almorzado	hubieres almorzado
él, ella	almuerce	almorzara / almorzase	almorzare	haya almorzado	hubiera / hubiese almorzado	hubiere almorzado
nosotros(as)	almorcemos	almorzáramos / almorzásemos	almorzáremos	hayamos almorzado	hubiéramos / hubiésemos almorzado	hubiéremos almorzado
vosotros(as)	almorcéis	almorzarais / almorzaseis	almorzareis	hayáis almorzado	hubierais / hubieseis almorzado	hubiereis almorzado
ellos, ellas	almuercen	almorzaran / almorzasen	almorzaren	hayan almorzado	hubieran / hubiesen almorzado	hubieren almorzado

MODO IMPERATIVO

AFIRMATIVO	NEGATIVO
almuerza tú / almorzá vos	no almuerces tú / vos
almuerce Ud.	no almuerce Ud.
almorcemos nosotros(as)	no almorcemos nosotros(as)
almorzad vosotros(as)	no almorcéis vosotros(as)
almuercen Uds.	no almuercen Uds.

COCER

FORMAS NO PERSONALES

FORMAS SIMPLES	FORMAS COMPUESTAS
INFINITIVO: cocer	INFINITIVO: haber cocido
GERUNDIO: cociendo	GERUNDIO: habiendo cocido
PARTICIPIO PASADO: cocido	————

OBSERVAÇÃO:
Ditongação: o **-o-** radical transforma-se no ditongo **-ue-** em todas as formas que levam acento prosódico na raiz, ou seja, em todas as pessoas do sing. e 3ª p. pl. *do presente de indicativo* e *de subjuntivo* e nas formas do *imperativo* delas derivadas. Além disso, ocorre uma alteração ortográfica de **-c-** para **-z-**, antes das vogais **-a** / **-o**.

MODO INDICATIVO

TIEMPOS SIMPLES

	PRESENTE	PRETÉRITO IMPERFECTO	PRETÉRITO PERFECTO SIMPLE	FUTURO SIMPLE	CONDICIONAL SIMPLE
yo	cuezo	cocía	cocí	coceré	cocería
tú / vos	cueces / cocés	cocías	cociste	cocerás	cocerías
él, ella	cuece	cocía	coció	cocerá	cocería
nosotros(as)	cocemos	cocíamos	cocimos	coceremos	coceríamos
vosotros(as)	cocéis	cocíais	cocisteis	coceréis	coceríais
ellos, ellas	cuecen	cocían	cocieron	cocerán	cocerían

TIEMPOS COMPUESTOS

	PRETÉRITO PERFECTO COMPUESTO	PRETÉRITO PLUSCUAMPERFECTO	PRETÉRITO ANTERIOR	FUTURO COMPUESTO	CONDICIONAL COMPUESTO
yo	he cocido	había cocido	hube cocido	habré cocido	habría cocido
tú / vos	has cocido	habías cocido	hubiste cocido	habrás cocido	habrías cocido
él, ella	ha cocido	había cocido	hubo cocido	habrá cocido	habría cocido
nosotros(as)	hemos cocido	habíamos cocido	hubimos cocido	habremos cocido	habríamos cocido
vosotros(as)	habéis cocido	habíais cocido	hubisteis cocido	habréis cocido	habríais cocido
ellos, ellas	han cocido	habían cocido	hubieron cocido	habrán cocido	habrían cocido

MODO SUBJUNTIVO

	TIEMPOS SIMPLES			TIEMPOS COMPUESTOS		
	PRESENTE	PRETÉRITO IMPERFECTO	FUTURO SIMPLE	PRETÉRITO PERFECTO COMPUESTO	PRETÉRITO PLUSCUAMPERFECTO	FUTURO COMPUESTO
yo	cueza	cociera / cociese	cociere	haya cocido	hubiera / hubiese cocido	hubiere cocido
tú / vos	cuezas	cocieras / cocieses	cocieres	hayas cocido	hubieras / hubieses cocido	hubieres cocido
él, ella	cueza	cociera / cociese	cociere	haya cocido	hubiera / hubiese cocido	hubiere cocido
nosotros(as)	cozamos	cociéramos / cociésemos	cociéremos	hayamos cocido	hubiéramos / hubiésemos cocido	hubiéremos cocido
vosotros(as)	cozáis	cocierais / cocieseis	cociereis	hayáis cocido	hubierais / hubieseis cocido	hubiereis cocido
ellos, ellas	cuezan	cocieran / cociesen	cocieren	hayan cocido	hubieran / hubiesen cocido	hubieren cocido

MODO IMPERATIVO

AFIRMATIVO	NEGATIVO
cuece tú / cocé vos	no cuezas tú / vos
cueza Ud.	no cueza Ud.
cozamos nosotros(as)	no cozamos nosotros(as)
coced vosotros(as)	no cozáis vosotros(as)
cuezan Uds.	no cuezan Uds.

CORREGIR

OBSERVAÇÃO:
O **-e-** radical transforma-se em **-i-** em todas as formas que levam acento prosódico na raiz, assim como na 3ª p. sing. e 3ª p. pl. do *pretérito perfecto simple de indicativo*, na 1ª e 2ª p. pl. do *presente de subjuntivo*, em todas as pessoas do *imperfecto* e *futuro de subjuntivo* e no *gerundio*. Além disso, ocorre uma alteração ortográfica de **-g-** para **-j-**, antes de das vogais **-a** / **-o**.

FORMAS NO PERSONALES

FORMAS SIMPLES	FORMAS COMPUESTAS
INFINITIVO: corregir	INFINITIVO: haber corregido
GERUNDIO: corrigiendo	GERUNDIO: habiendo corregido
PARTICIPIO PASADO: corregido	

MODO INDICATIVO

TIEMPOS SIMPLES

	PRESENTE	PRETÉRITO IMPERFECTO	PRETÉRITO PERFECTO SIMPLE	FUTURO SIMPLE	CONDICIONAL SIMPLE
yo	corrijo	corregía	corregí	corregiré	corregiría
tú / vos	corriges / corregís	corregías	corregiste	corregirás	corregirías
él, ella	corrige	corregía	corrigió	corregirá	corregiría
nosotros(as)	corregimos	corregíamos	corregimos	corregiremos	corregiríamos
vosotros(as)	corregís	corregíais	corregisteis	corregiréis	corregiríais
ellos, ellas	corrigen	corregían	corrigieron	corregirán	corregirían

TIEMPOS COMPUESTOS

	PRETÉRITO PERFECTO COMPUESTO	PRETÉRITO PLUSCUAMPERFECTO	PRETÉRITO ANTERIOR	FUTURO COMPUESTO	CONDICIONAL COMPUESTO
yo	he corregido	había corregido	hube corregido	habré corregido	habría corregido
tú / vos	has corregido	habías corregido	hubiste corregido	habrás corregido	habrías corregido
él, ella	ha corregido	había corregido	hubo corregido	habrá corregido	habría corregido
nosotros(as)	hemos corregido	habíamos corregido	hubimos corregido	habremos corregido	habríamos corregido
vosotros(as)	habéis corregido	habíais corregido	hubisteis corregido	habréis corregido	habríais corregido
ellos, ellas	han corregido	habían corregido	hubieron corregido	habrán corregido	habrían corregido

MODO SUBJUNTIVO

	TIEMPOS SIMPLES			TIEMPOS COMPUESTOS		
	PRESENTE	PRETÉRITO IMPERFECTO	FUTURO SIMPLE	PRETÉRITO PERFECTO COMPUESTO	PRETÉRITO PLUSCUAMPERFECTO	FUTURO COMPUESTO
yo	corrija	corrigiera / corrigiese	corrigiere	haya corregido	hubiera / hubiese corregido	hubiere corregido
tú / vos	corrijas	corrigieras / corrigieses	corrigieres	hayas corregido	hubieras / hubieses corregido	hubieres corregido
él, ella	corrija	corrigiera / corrigiese	corrigiere	haya corregido	hubiera / hubiese corregido	hubiere corregido
nosotros(as)	corrijamos	corrigiéramos / corrigiésemos	corrigiéremos	hayamos corregido	hubiéramos / hubiésemos corregido	hubiéremos corregido
vosotros(as)	corrijáis	corrigierais / corrigieseis	corrigiereis	hayáis corregido	hubierais / hubieseis corregido	hubiereis corregido
ellos, ellas	corrijan	corrigieran / corrigiesen	corrigieren	hayan corregido	hubieran / hubiesen corregido	hubieren corregido

MODO IMPERATIVO

AFIRMATIVO	NEGATIVO
corrige tú / corregí vos	no corrijas tú / vos
corrija Ud.	no corrija Ud.
corrijamos nosotros(as)	no corrijamos nosotros(as)
corregid vosotros(as)	no corrijáis vosotros(as)
corrijan Uds.	no corrijan Uds.

PEDIR

FORMAS NO PERSONALES

FORMAS SIMPLES	FORMAS COMPUESTAS
INFINITIVO: pedir	INFINITIVO: haber pedido
GERUNDIO: pidiendo	GERUNDIO: habiendo pedido
PARTICIPIO PASADO: pedido	

OBSERVAÇÃO:
O **-e-** radical transforma-se em **-i-** em todas as formas que levam acento prosódico na raiz, assim como na 3ª p. sing. e 3ª p. pl. do *pretérito perfecto simple de indicativo*, na 1ª e 2ª p. pl. do *presente de subjuntivo*, em todas as pessoas do *imperfecto* e *futuro de subjuntivo* e no *gerundio*.

MODO INDICATIVO

TIEMPOS SIMPLES

	PRESENTE	PRETÉRITO IMPERFECTO	PRETÉRITO PERFECTO SIMPLE	FUTURO SIMPLE	CONDICIONAL SIMPLE
yo	pido	pedía	pedí	pediré	pediría
tú / vos	pides / pedís	pedías	pediste	pedirás	pedirías
él, ella	pide	pedía	pidió	pedirá	pediría
nosotros(as)	pedimos	pedíamos	pedimos	pediremos	pediríamos
vosotros(as)	pedís	pedíais	pedisteis	pediréis	pediríais
ellos, ellas	piden	pedían	pidieron	pedirán	pedirían

TIEMPOS COMPUESTOS

	PRETÉRITO PERFECTO COMPUESTO	PRETÉRITO PLUSCUAMPERFECTO	PRETÉRITO ANTERIOR	FUTURO COMPUESTO	CONDICIONAL COMPUESTO
yo	he pedido	había pedido	hube pedido	habré pedido	habría pedido
tú / vos	has pedido	habías pedido	hubiste pedido	habrás pedido	habrías pedido
él, ella	ha pedido	había pedido	hubo pedido	habrá pedido	habría pedido
nosotros(as)	hemos pedido	habíamos pedido	hubimos pedido	habremos pedido	habríamos pedido
vosotros(as)	habéis pedido	habíais pedido	hubisteis pedido	habréis pedido	habríais pedido
ellos, ellas	han pedido	habían pedido	hubieron pedido	habrán pedido	habrían pedido

MODO SUBJUNTIVO

	TIEMPOS SIMPLES			TIEMPOS COMPUESTOS		
	PRESENTE	PRETÉRITO IMPERFECTO	FUTURO SIMPLE	PRETÉRITO PERFECTO COMPUESTO	PRETÉRITO PLUSCUAMPERFECTO	FUTURO COMPUESTO
yo	pida	pidiera / pidiese	pidiere	haya pedido	hubiera / hubiese pedido	hubiere pedido
tú / vos	pidas	pidieras / pidieses	pidieres	hayas pedido	hubieras / hubieses pedido	hubieres pedido
él, ella	pida	pidiera / pidiese	pidiere	haya pedido	hubiera / hubiese pedido	hubiere pedido
nosotros(as)	pidamos	pidiéramos / pidiésemos	pidiéremos	hayamos pedido	hubiéramos / hubiésemos pedido	hubiéremos pedido
vosotros(as)	pidáis	pidierais / pidieseis	pidiereis	hayáis pedido	hubierais / hubieseis pedido	hubiereis pedido
ellos, ellas	pidan	pidieran / pidiesen	pidieren	hayan pedido	hubieran / hubiesen pedido	hubieren pedido

MODO IMPERATIVO

AFIRMATIVO	NEGATIVO
pide tú / pedí vos	no pidas tú / vos
pida Ud.	no pida Ud.
pidamos nosotros(as)	no pidamos nosotros(as)
pedid vosotros(as)	no pidáis vosotros(as)
pidan Uds.	no pidan Uds.

SEGUIR

OBSERVAÇÃO:
O **-e-** radical transforma-se em **-i-** em todas as formas que levam acento prosódico na raiz, assim como na 3ª p. sing. e 3ª p. pl. do *pretérito perfecto simple de indicativo*, na 1ª e 2ª p. pl. do *presente de subjuntivo*, em todas as pessoas do *imperfecto* e *futuro de subjuntivo* e no *gerundio*.

FORMAS NO PERSONALES

FORMAS SIMPLES	FORMAS COMPUESTAS
INFINITIVO: seguir	INFINITIVO: haber seguido
GERUNDIO: siguiendo	GERUNDIO: habiendo seguido
PARTICIPIO PASADO: seguido	————

MODO INDICATIVO

TIEMPOS SIMPLES

	PRESENTE	PRETÉRITO IMPERFECTO	PRETÉRITO PERFECTO SIMPLE	FUTURO SIMPLE	CONDICIONAL SIMPLE
yo	sigo	seguía	seguí	seguiré	seguiría
tú / vos	sigues / seguís	seguías	seguiste	seguirás	seguirías
él, ella	sigue	seguía	siguió	seguirá	seguiría
nosotros(as)	seguimos	seguíamos	seguimos	seguiremos	seguiríamos
vosotros(as)	seguís	seguíais	seguisteis	seguiréis	seguiríais
ellos, ellas	siguen	seguían	siguieron	seguirán	seguirían

TIEMPOS COMPUESTOS

	PRETÉRITO PERFECTO COMPUESTO	PRETÉRITO PLUSCUAMPERFECTO	PRETÉRITO ANTERIOR	FUTURO COMPUESTO	CONDICIONAL COMPUESTO
yo	he seguido	había seguido	hube seguido	habré seguido	habría seguido
tú / vos	has seguido	habías seguido	hubiste seguido	habrás seguido	habrías seguido
él, ella	ha seguido	había seguido	hubo seguido	habrá seguido	habría seguido
nosotros(as)	hemos seguido	habíamos seguido	hubimos seguido	habremos seguido	habríamos seguido
vosotros(as)	habéis seguido	habíais seguido	hubisteis seguido	habréis seguido	habríais seguido
ellos, ellas	han seguido	habían seguido	hubieron seguido	habrán seguido	habrían seguido

MODO SUBJUNTIVO

	TIEMPOS SIMPLES			TIEMPOS COMPUESTOS		
	PRESENTE	PRETÉRITO IMPERFECTO	FUTURO SIMPLE	PRETÉRITO PERFECTO COMPUESTO	PRETÉRITO PLUSCUAMPERFECTO	FUTURO COMPUESTO
yo	siga	siguiera / siguiese	siguiere	haya seguido	hubiera / hubiese seguido	hubiere seguido
tú / vos	sigas	siguieras / siguieses	siguieres	hayas seguido	hubieras / hubieses seguido	hubieres seguido
él, ella	siga	siguiera / siguiese	siguiere	haya seguido	hubiera / hubiese seguido	hubiere seguido
nosotros(as)	sigamos	siguiéramos / siguiésemos	siguiéremos	hayamos seguido	hubiéramos / hubiésemos seguido	hubiéremos seguido
vosotros(as)	sigáis	siguierais / siguieseis	siguiereis	hayáis seguido	hubierais / hubieseis seguido	hubiereis seguido
ellos, ellas	sigan	siguieran / siguiesen	siguieren	hayan seguido	hubieran / hubiesen seguido	hubieren seguido

MODO IMPERATIVO

AFIRMATIVO	NEGATIVO
sigue tú / seguí vos	no sigas tú / vos
siga Ud.	no siga Ud.
sigamos nosotros(as)	no sigamos nosotros(as)
seguid vosotros(as)	no sigáis vosotros(as)
sigan Uds.	no sigan Uds.

SENTIR

FORMAS NO PERSONALES

FORMAS SIMPLES	FORMAS COMPUESTAS
INFINITIVO: sentir	INFINITIVO: haber sentido
GERUNDIO: sintiendo	GERUNDIO: habiendo sentido
PARTICIPIO PASADO: sentido	————

OBSERVAÇÃO:
O **-e-** radical transforma-se no ditongo **-ie-** em todas as formas que levam acento prosódico na raiz e esse **-e-** transforma-se em **-i-** na 3ª p. sing. e 3ª p. pl. do *pretérito perfecto simple de indicativo*, na 1ª e 2ª p. pl. do *presente de subjuntivo*, em todas as pessoas do *imperfecto* e *futuro de subjuntivo* e no *gerundio*.

MODO INDICATIVO

TIEMPOS SIMPLES

	PRESENTE	PRETÉRITO IMPERFECTO	PRETÉRITO PERFECTO SIMPLE	FUTURO SIMPLE	CONDICIONAL SIMPLE
yo	siento	sentía	sentí	sentiré	sentiría
tú / vos	sientes / sentís	sentías	sentiste	sentirás	sentirías
él, ella	siente	sentía	sintió	sentirá	sentiría
nosotros(as)	sentimos	sentíamos	sentimos	sentiremos	sentiríamos
vosotros(as)	sentís	sentíais	sentisteis	sentiréis	sentiríais
ellos, ellas	sienten	sentían	sintieron	sentirán	sentirían

TIEMPOS COMPUESTOS

	PRETÉRITO PERFECTO COMPUESTO	PRETÉRITO PLUSCUAMPERFECTO	PRETÉRITO ANTERIOR	FUTURO COMPUESTO	CONDICIONAL COMPUESTO
yo	he sentido	había sentido	hube sentido	habré sentido	habría sentido
tú / vos	has sentido	habías sentido	hubiste sentido	habrás sentido	habrías sentido
él, ella	ha sentido	había sentido	hubo sentido	habrá sentido	habría sentido
nosotros(as)	hemos sentido	habíamos sentido	hubimos sentido	habremos sentido	habríamos sentido
vosotros(as)	habéis sentido	habíais sentido	hubisteis sentido	habréis sentido	habríais sentido
ellos, ellas	han sentido	habían sentido	hubieron sentido	habrán sentido	habrían sentido

MODO SUBJUNTIVO

	TIEMPOS SIMPLES			TIEMPOS COMPUESTOS		
	PRESENTE	PRETÉRITO IMPERFECTO	FUTURO SIMPLE	PRETÉRITO PERFECTO COMPUESTO	PRETÉRITO PLUSCUAMPERFECTO	FUTURO COMPUESTO
yo	sienta	sintiera / sintiese	sintiere	haya sentido	hubiera / hubiese sentido	hubiere sentido
tú / vos	sientas	sintieras / sintieses	sintieres	hayas sentido	hubieras / hubieses sentido	hubieres sentido
él, ella	sienta	sintiera / sintiese	sintiere	haya sentido	hubiera / hubiese sentido	hubiere sentido
nosotros(as)	sintamos	sintiéramos / sintiésemos	sintiéremos	hayamos sentido	hubiéramos / hubiésemos sentido	hubiéremos sentido
vosotros(as)	sintáis	sintierais / sintieseis	sintiereis	hayáis sentido	hubierais / hubieseis sentido	hubiereis sentido
ellos, ellas	sientan	sintieran / sintiesen	sintieren	hayan sentido	hubieran / hubiesen sentido	hubieren sentido

MODO IMPERATIVO

AFIRMATIVO	NEGATIVO
siente tú / sentí vos	no sientas tú / vos
sienta Ud.	no sienta Ud.
sintamos nosotros(as)	no sintamos nosotros(as)
sentid vosotros(as)	no sintáis vosotros(as)
sientan Uds.	no sientan Uds.

DORMIR

OBSERVAÇÃO:
O **-o-** radical transforma-se no ditongo **-ue-** em todas as formas que levam acento prosódico na raiz e esse **-o-** transforma-se em **-u-** na 3ª p. sing. e 3ª p. pl. do *pretérito perfecto simple de indicativo*, na 1ª e 2ª p. pl. do *presente de subjuntivo*, em todas as pessoas do *imperfecto* e *futuro de subjuntivo* e no *gerundio*.

FORMAS NO PERSONALES

FORMAS SIMPLES	FORMAS COMPUESTAS
INFINITIVO: dormir	INFINITIVO: haber dormido
GERUNDIO: durmiendo	GERUNDIO: habiendo dormido
PARTICIPIO PASADO: dormido	————

MODO INDICATIVO

TIEMPOS SIMPLES

	PRESENTE	PRETÉRITO IMPERFECTO	PRETÉRITO PERFECTO SIMPLE	FUTURO SIMPLE	CONDICIONAL SIMPLE
yo	duermo	dormía	dormí	dormiré	dormiría
tú / vos	duermes / dormís	dormías	dormiste	dormirás	dormirías
él, ella	duerme	dormía	durmió	dormirá	dormiría
nosotros(as)	dormimos	dormíamos	dormimos	dormiremos	dormiríamos
vosotros(as)	dormís	dormíais	dormisteis	dormiréis	dormiríais
ellos, ellas	duermen	dormían	durmieron	dormirán	dormirían

TIEMPOS COMPUESTOS

	PRETÉRITO PERFECTO COMPUESTO	PRETÉRITO PLUSCUAMPERFECTO	PRETÉRITO ANTERIOR	FUTURO COMPUESTO	CONDICIONAL COMPUESTO
yo	he dormido	había dormido	hube dormido	habré dormido	habría dormido
tú / vos	has dormido	habías dormido	hubiste dormido	habrás dormido	habrías dormido
él, ella	ha dormido	había dormido	hubo dormido	habrá dormido	habría dormido
nosotros(as)	hemos dormido	habíamos dormido	hubimos dormido	habremos dormido	habríamos dormido
vosotros(as)	habéis dormido	habíais dormido	hubisteis dormido	habréis dormido	habríais dormido
ellos, ellas	han dormido	habían dormido	hubieron dormido	habrán dormido	habrían dormido

MODO SUBJUNTIVO

	TIEMPOS SIMPLES			TIEMPOS COMPUESTOS		
	PRESENTE	PRETÉRITO IMPERFECTO	FUTURO SIMPLE	PRETÉRITO PERFECTO COMPUESTO	PRETÉRITO PLUSCUAMPERFECTO	FUTURO COMPUESTO
yo	duerma	durmiera / durmiese	durmiere	haya dormido	hubiera / hubiese dormido	hubiere dormido
tú / vos	duermas	durmieras / durmieses	durmieres	hayas dormido	hubieras / hubieses dormido	hubieres dormido
él, ella	duerma	durmiera / durmiese	durmiere	haya dormido	hubiera / hubiese dormido	hubiere dormido
nosotros(as)	durmamos	durmiéramos / durmiésemos	durmiéremos	hayamos dormido	hubiéramos / hubiésemos dormido	hubiéremos dormido
vosotros(as)	durmáis	durmierais / durmieseis	durmiereis	hayáis dormido	hubierais / hubieseis dormido	hubiereis dormido
ellos, ellas	duerman	durmieran / durmiesen	durmieren	hayan dormido	hubieran / hubiesen dormido	hubieren dormido

MODO IMPERATIVO

AFIRMATIVO	NEGATIVO
duerme tú / dormí vos	no duermas tú / vos
duerma Ud.	no duerma Ud.
durmamos nosotros(as)	no durmamos nosotros(as)
dormid vosotros(as)	no durmáis vosotros(as)
duerman Uds.	no duerman Uds.

NACER

FORMAS NO PERSONALES

FORMAS SIMPLES	FORMAS COMPUESTAS
INFINITIVO: nacer	INFINITIVO: haber nacido
GERUNDIO: naciendo	GERUNDIO: habiendo nacido
PARTICIPIO PASADO: nacido	———

OBSERVAÇÃO:
Adiciona-se um **-z-** na 1ª p. sing. do *presente de indicativo*, em todo o *presente de subjuntivo* e nas formas derivadas desses tempos no *imperativo*.

MODO INDICATIVO

TIEMPOS SIMPLES

	PRESENTE	PRETÉRITO IMPERFECTO	PRETÉRITO PERFECTO SIMPLE	FUTURO SIMPLE	CONDICIONAL SIMPLE
yo	nazco	nacía	nací	naceré	nacería
tú / vos	naces / nacés	nacías	naciste	nacerás	nacerías
él, ella	nace	nacía	nació	nacerá	nacería
nosotros(as)	nacemos	nacíamos	nacimos	naceremos	naceríamos
vosotros(as)	nacéis	nacíais	nacisteis	naceréis	naceríais
ellos, ellas	nacen	nacían	nacieron	nacerán	nacerían

TIEMPOS COMPUESTOS

	PRETÉRITO PERFECTO COMPUESTO	PRETÉRITO PLUSCUAMPERFECTO	PRETÉRITO ANTERIOR	FUTURO COMPUESTO	CONDICIONAL COMPUESTO
yo	he nacido	había nacido	hube nacido	habré nacido	habría nacido
tú / vos	has nacido	habías nacido	hubiste nacido	habrás nacido	habrías nacido
él, ella	ha nacido	había nacido	hubo nacido	habrá nacido	habría nacido
nosotros(as)	hemos nacido	habíamos nacido	hubimos nacido	habremos nacido	habríamos nacido
vosotros(as)	habéis nacido	habíais nacido	hubisteis nacido	habréis nacido	habríais nacido
ellos, ellas	han nacido	habían nacido	hubieron nacido	habrán nacido	habrían nacido

MODO SUBJUNTIVO

	TIEMPOS SIMPLES			TIEMPOS COMPUESTOS		
	PRESENTE	PRETÉRITO IMPERFECTO	FUTURO SIMPLE	PRETÉRITO PERFECTO COMPUESTO	PRETÉRITO PLUSCUAMPERFECTO	FUTURO COMPUESTO
yo	nazca	naciera / naciese	naciere	haya nacido	hubiera / hubiese nacido	hubiere nacido
tú / vos	nazcas	nacieras / nacieses	nacieres	hayas nacido	hubieras / hubieses nacido	hubieres nacido
él, ella	nazca	naciera / naciese	naciere	haya nacido	hubiera / hubiese nacido	hubiere nacido
nosotros(as)	nazcamos	naciéramos / naciésemos	naciéremos	hayamos nacido	hubiéramos / hubiésemos nacido	hubiéremos nacido
vosotros(as)	nazcáis	nacierais / nacieseis	naciereis	hayáis nacido	hubierais / hubieseis nacido	hubiereis nacido
ellos, ellas	nazcan	nacieran / naciesen	nacieren	hayan nacido	hubieran / hubiesen nacido	hubieren nacido

MODO IMPERATIVO

AFIRMATIVO	NEGATIVO
nace tú / nacé vos	no nazcas tú / vos
nazca Ud.	no nazca Ud.
nazcamos nosotros(as)	no nazcamos nosotros(as)
naced vosotros(as)	no nazcáis vosotros(as)
nazcan Uds.	no nazcan Uds.

MERECER

OBSERVAÇÃO:
Adiciona-se um **-z-** na 1ª p. sing. do *presente de indicativo*, em todo o *presente de subjuntivo* e nas formas derivadas desses tempos no *imperativo*.

FORMAS NO PERSONALES

FORMAS SIMPLES	FORMAS COMPUESTAS
INFINITIVO: merecer	INFINITIVO: haber merecido
GERUNDIO: mereciendo	GERUNDIO: habiendo merecido
PARTICIPIO PASADO: merecido	————

MODO INDICATIVO

TIEMPOS SIMPLES

	PRESENTE	PRETÉRITO IMPERFECTO	PRETÉRITO PERFECTO SIMPLE	FUTURO SIMPLE	CONDICIONAL SIMPLE
yo	merezco	merecía	merecí	mereceré	merecería
tú / vos	mereces / merecés	merecías	mereciste	merecerás	merecerías
él, ella	merece	merecía	mereció	merecerá	merecería
nosotros(as)	merecemos	merecíamos	merecimos	mereceremos	mereceríamos
vosotros(as)	merecéis	merecíais	merecisteis	mereceréis	mereceríais
ellos, ellas	merecen	merecían	merecieron	merecerán	merecerían

TIEMPOS COMPUESTOS

	PRETÉRITO PERFECTO COMPUESTO	PRETÉRITO PLUSCUAMPERFECTO	PRETÉRITO ANTERIOR	FUTURO COMPUESTO	CONDICIONAL COMPUESTO
yo	he merecido	había merecido	hube merecido	habré merecido	habría merecido
tú / vos	has merecido	habías merecido	hubiste merecido	habrás merecido	habrías merecido
él, ella	ha merecido	había merecido	hubo merecido	habrá merecido	habría merecido
nosotros(as)	hemos merecido	habíamos merecido	hubimos merecido	habremos merecido	habríamos merecido
vosotros(as)	habéis merecido	habíais merecido	hubisteis merecido	habréis merecido	habríais merecido
ellos, ellas	han merecido	habían merecido	hubieron merecido	habrán merecido	habrían merecido

MODO SUBJUNTIVO

	TIEMPOS SIMPLES			TIEMPOS COMPUESTOS		
	PRESENTE	PRETÉRITO IMPERFECTO	FUTURO SIMPLE	PRETÉRITO PERFECTO COMPUESTO	PRETÉRITO PLUSCUAMPERFECTO	FUTURO COMPUESTO
yo	merezca	mereciera / mereciese	mereciere	haya merecido	hubiera / hubiese merecido	hubiere merecido
tú / vos	merezcas	merecieras / merecieses	merecieres	hayas merecido	hubieras / hubieses merecido	hubieres merecido
él, ella	merezca	mereciera / mereciese	mereciere	haya merecido	hubiera / hubiese merecido	hubiere merecido
nosotros(as)	merezcamos	mereciéramos / mereciésemos	mereciéremos	hayamos merecido	hubiéramos / hubiésemos merecido	hubiéremos merecido
vosotros(as)	merezcáis	merecierais / merecieseis	mereciereis	hayáis merecido	hubierais / hubieseis merecido	hubiereis merecido
ellos, ellas	merezcan	merecieran / mereciesen	merecieren	hayan merecido	hubieran / hubiesen merecido	hubieren merecido

MODO IMPERATIVO

AFIRMATIVO	NEGATIVO
merece tú / merecé vos	no merezcas tú / vos
merezca Ud.	no merezca Ud.
merezcamos nosotros(as)	no merezcamos nosotros(as)
mereced vosotros(as)	no merezcáis vosotros(as)
merezcan Uds.	no merezcan Uds.

CONOCER

FORMAS NO PERSONALES

FORMAS SIMPLES	FORMAS COMPUESTAS
INFINITIVO: conocer	INFINITIVO: haber conocido
GERUNDIO: conociendo	GERUNDIO: habiendo conocido
PARTICIPIO PASADO: conocido	———

OBSERVAÇÃO:
Adiciona-se um **-z-** na 1ª p. sing. do *presente de indicativo*, em todo o *presente de subjuntivo* e nas formas derivadas desses tempos no *imperativo*.

MODO INDICATIVO

TIEMPOS SIMPLES

	PRESENTE	PRETÉRITO IMPERFECTO	PRETÉRITO PERFECTO SIMPLE	FUTURO SIMPLE	CONDICIONAL SIMPLE
yo	conozco	conocía	conocí	conoceré	conocería
tú / vos	conoces / conocés	conocías	conociste	conocerás	conocerías
él, ella	conoce	conocía	conoció	conocerá	conocería
nosotros(as)	conocemos	conocíamos	conocimos	conoceremos	conoceríamos
vosotros(as)	conocéis	conocíais	conocisteis	conoceréis	conoceríais
ellos, ellas	conocen	conocían	conocieron	conocerán	conocerían

TIEMPOS COMPUESTOS

	PRETÉRITO PERFECTO COMPUESTO	PRETÉRITO PLUSCUAMPERFECTO	PRETÉRITO ANTERIOR	FUTURO COMPUESTO	CONDICIONAL COMPUESTO
yo	he conocido	había conocido	hube conocido	habré conocido	habría conocido
tú / vos	has conocido	habías conocido	hubiste conocido	habrás conocido	habrías conocido
él, ella	ha conocido	había conocido	hubo conocido	habrá conocido	habría conocido
nosotros(as)	hemos conocido	habíamos conocido	hubimos conocido	habremos conocido	habríamos conocido
vosotros(as)	habéis conocido	habíais conocido	hubisteis conocido	habréis conocido	habríais conocido
ellos, ellas	han conocido	habían conocido	hubieron conocido	habrán conocido	habrían conocido

MODO SUBJUNTIVO

	TIEMPOS SIMPLES			TIEMPOS COMPUESTOS		
	PRESENTE	PRETÉRITO IMPERFECTO	FUTURO SIMPLE	PRETÉRITO PERFECTO COMPUESTO	PRETÉRITO PLUSCUAMPERFECTO	FUTURO COMPUESTO
yo	conozca	conociera / conociese	conociere	haya conocido	hubiera / hubiese conocido	hubiere conocido
tú / vos	conozcas	conocieras / conocieses	conocieres	hayas conocido	hubieras / hubieses conocido	hubieres conocido
él, ella	conozca	conociera / conociese	conociere	haya conocido	hubiera / hubiese conocido	hubiere conocido
nosotros(as)	conozcamos	conociéramos / conociésemos	conociéremos	hayamos conocido	hubiéramos / hubiésemos conocido	hubiéremos conocido
vosotros(as)	conozcáis	conocierais / conocieseis	conociereis	hayáis conocido	hubierais / hubieseis conocido	hubiereis conocido
ellos, ellas	conozcan	conocieran / conociesen	conocieren	hayan conocido	hubieran / hubiesen conocido	hubieren conocido

MODO IMPERATIVO

AFIRMATIVO	NEGATIVO
conoce tú / conocé vos	no conozcas tú / vos
conozca Ud.	no conozca Ud.
conozcamos nosotros(as)	no conozcamos nosotros(as)
conoced vosotros(as)	no conozcáis vosotros(as)
conozcan Uds.	no conozcan Uds.

LUCIR

OBSERVAÇÃO:
Adiciona-se um **-z-** na 1ª p. sing. do *presente de indicativo*, em todo o *presente de subjuntivo* e nas formas derivadas desses tempos no *imperativo*.

FORMAS NO PERSONALES

FORMAS SIMPLES	FORMAS COMPUESTAS
INFINITIVO: lucir	INFINITIVO: haber lucido
GERUNDIO: luciendo	GERUNDIO: habiendo lucido
PARTICIPIO PASADO: lucido	————

MODO INDICATIVO

TIEMPOS SIMPLES

	PRESENTE	PRETÉRITO IMPERFECTO	PRETÉRITO PERFECTO SIMPLE	FUTURO SIMPLE	CONDICIONAL SIMPLE
yo	luzco	lucía	lucí	luciré	luciría
tú / vos	luces / lucí	lucías	luciste	lucirás	lucirías
él, ella	luce	lucía	lució	lucirá	luciría
nosotros(as)	lucimos	lucíamos	lucimos	luciremos	luciríamos
vosotros(as)	lucís	lucíais	lucisteis	luciréis	luciríais
ellos, ellas	lucen	lucían	lucieron	lucirán	lucirían

TIEMPOS COMPUESTOS

	PRETÉRITO PERFECTO COMPUESTO	PRETÉRITO PLUSCUAMPERFECTO	PRETÉRITO ANTERIOR	FUTURO COMPUESTO	CONDICIONAL COMPUESTO
yo	he lucido	había lucido	hube lucido	habré lucido	habría lucido
tú / vos	has lucido	habías lucido	hubiste lucido	habrás lucido	habrías lucido
él, ella	ha lucido	había lucido	hubo lucido	habrá lucido	habría lucido
nosotros(as)	hemos lucido	habíamos lucido	hubimos lucido	habremos lucido	habríamos lucido
vosotros(as)	habéis lucido	habíais lucido	hubisteis lucido	habréis lucido	habríais lucido
ellos, ellas	han lucido	habían lucido	hubieron lucido	habrán lucido	habrían lucido

MODO SUBJUNTIVO

	TIEMPOS SIMPLES			TIEMPOS COMPUESTOS		
	PRESENTE	PRETÉRITO IMPERFECTO	FUTURO SIMPLE	PRETÉRITO PERFECTO COMPUESTO	PRETÉRITO PLUSCUAMPERFECTO	FUTURO COMPUESTO
yo	luzca	luciera / luciese	luciere	haya lucido	hubiera / hubiese lucido	hubiere lucido
tú / vos	luzcas	lucieras / lucieses	lucieres	hayas lucido	hubieras / hubieses lucido	hubieres lucido
él, ella	luzca	luciera / luciese	luciere	haya lucido	hubiera / hubiese lucido	hubiere lucido
nosotros(as)	luzcamos	luciéramos / luciésemos	luciéremos	hayamos lucido	hubiéramos / hubiésemos lucido	hubiéremos lucido
vosotros(as)	luzcáis	lucierais / lucieseis	luciereis	hayáis lucido	hubierais / hubieseis lucido	hubiereis lucido
ellos, ellas	luzcan	lucieran / luciesen	lucieren	hayan lucido	hubieran / hubiesen lucido	hubieren lucido

MODO IMPERATIVO

AFIRMATIVO	NEGATIVO
luce tú / lucí vos	no luzcas tú / vos
luzca Ud.	no luzca Ud.
luzcamos nosotros(as)	no luzcamos nosotros(as)
lucid vosotros(as)	no luzcáis vosotros(as)
luzcan Uds.	no luzcan Uds.

PRODUCIR

FORMAS NO PERSONALES

FORMAS SIMPLES	FORMAS COMPUESTAS
INFINITIVO: producir	INFINITIVO: haber producido
GERUNDIO: produciendo	GERUNDIO: habiendo producido
PARTICIPIO PASADO: producido	———

OBSERVAÇÃO:
Adiciona-se um **-z-** na 1ª p. sing. do *presente de indicativo*, em todo o *presente de subjuntivo* e nas formas derivadas desses tempos no *imperativo*. O **-c-** final da raiz passa a ser **-j-** no *pretérito perfecto de indicativo*, e no *imperfecto* e no *futuro de subjuntivo*; além disso, a vogal temática é **-e-** e não **-ie-** na 3ª p. pl. do *pretérito perfecto simple de indicativo* e no *imperfecto* e no *futuro de subjuntivo*.

MODO INDICATIVO

TIEMPOS SIMPLES

	PRESENTE	PRETÉRITO IMPERFECTO	PRETÉRITO PERFECTO SIMPLE	FUTURO SIMPLE	CONDICIONAL SIMPLE
yo	produzco	producía	produje	produciré	produciría
tú / vos	produces / producís	producías	produjiste	producirás	producirías
él, ella	produce	producía	produjo	producirá	produciría
nosotros(as)	producimos	producíamos	produjimos	produciremos	produciríamos
vosotros(as)	producís	producíais	produjisteis	produciréis	produciríais
ellos, ellas	producen	producían	produjeron	producirán	producirían

TIEMPOS COMPUESTOS

	PRETÉRITO PERFECTO COMPUESTO	PRETÉRITO PLUSCUAMPERFECTO	PRETÉRITO ANTERIOR	FUTURO COMPUESTO	CONDICIONAL COMPUESTO
yo	he producido	había producido	hube producido	habré producido	habría producido
tú / vos	has producido	habías producido	hubiste producido	habrás producido	habrías producido
él, ella	ha producido	había producido	hubo producido	habrá producido	habría producido
nosotros(as)	hemos producido	habíamos producido	hubimos producido	habremos producido	habríamos producido
vosotros(as)	habéis producido	habíais producido	hubisteis producido	habréis producido	habríais producido
ellos, ellas	han producido	habían producido	hubieron producido	habrán producido	habrían producido

MODO SUBJUNTIVO

	TIEMPOS SIMPLES			TIEMPOS COMPUESTOS		
	PRESENTE	PRETÉRITO IMPERFECTO	FUTURO SIMPLE	PRETÉRITO PERFECTO COMPUESTO	PRETÉRITO PLUSCUAMPERFECTO	FUTURO COMPUESTO
yo	produzca	produjera / produjese	produjere	haya producido	hubiera / hubiese producido	hubiere producido
tú / vos	produzcas	produjeras / produjeses	produjeres	hayas producido	hubieras / hubieses producido	hubieres producido
él, ella	produzca	produjera / produjese	produjere	haya producido	hubiera / hubiese producido	hubiere producido
nosotros(as)	produzcamos	produjéramos / produjésemos	produjéremos	hayamos producido	hubiéramos / hubiésemos producido	hubiéremos producido
vosotros(as)	produzcáis	produjerais / produjeseis	produjereis	hayáis producido	hubierais / hubieseis producido	hubiereis producido
ellos, ellas	produzcan	produjeran / produjesen	produjeren	hayan producido	hubieran / hubiesen producido	hubieren producido

MODO IMPERATIVO

AFIRMATIVO	NEGATIVO
produce tú / producí vos	no produzcas tú / vos
produzca Ud.	no produzca Ud.
produzcamos nosotros(as)	no produzcamos nosotros(as)
producid vosotros(as)	no produzcáis vosotros(as)
produzcan Uds.	no produzcan Uds.

ANDAR

OBSERVAÇÃO:
Adiciona-se **-uv-** à raiz no *pretérito perfecto simple de indicativo* e no *imperfecto* e *futuro de subjuntivo.*

FORMAS NO PERSONALES

FORMAS SIMPLES	FORMAS COMPUESTAS
INFINITIVO: andar	INFINITIVO: haber andado
GERUNDIO: andando	GERUNDIO: habiendo andado
PARTICIPIO PASADO: andado	———————

MODO INDICATIVO

TIEMPOS SIMPLES

	PRESENTE	PRETÉRITO IMPERFECTO	PRETÉRITO PERFECTO SIMPLE	FUTURO SIMPLE	CONDICIONAL SIMPLE
yo	ando	andaba	anduve	andaré	andaría
tú / vos	andas / andás	andabas	anduviste	andarás	andarías
él, ella	anda	andaba	anduvo	andará	andaría
nosotros(as)	andamos	andábamos	anduvimos	andaremos	andaríamos
vosotros(as)	andáis	andabais	anduvisteis	andaréis	andaríais
ellos, ellas	andan	andaban	anduvieron	andarán	andarían

TIEMPOS COMPUESTOS

	PRETÉRITO PERFECTO COMPUESTO	PRETÉRITO PLUSCUAMPERFECTO	PRETÉRITO ANTERIOR	FUTURO COMPUESTO	CONDICIONAL COMPUESTO
yo	he andado	había andado	hube andado	habré andado	habría andado
tú / vos	has andado	habías andado	hubiste andado	habrás andado	habrías andado
él, ella	ha andado	había andado	hubo andado	habrá andado	habría andado
nosotros(as)	hemos andado	habíamos andado	hubimos andado	habremos andado	habríamos andado
vosotros(as)	habéis andado	habíais andado	hubisteis andado	habréis andado	habríais andado
ellos, ellas	han andado	habían andado	hubieron andado	habrán andado	habrían andado

MODO SUBJUNTIVO

	TIEMPOS SIMPLES			TIEMPOS COMPUESTOS		
	PRESENTE	PRETÉRITO IMPERFECTO	FUTURO SIMPLE	PRETÉRITO PERFECTO COMPUESTO	PRETÉRITO PLUSCUAMPERFECTO	FUTURO COMPUESTO
yo	ande	anduviera / anduviese	anduviere	haya andado	hubiera / hubiese andado	hubiere andado
tú / vos	andes	anduvieras / anduvieses	anduvieres	hayas andado	hubieras / hubieses andado	hubieres andado
él, ella	ande	anduviera / anduviese	anduviere	haya andado	hubiera / hubiese andado	hubiere andado
nosotros(as)	andemos	anduviéramos / anduviésemos	anduviéremos	hayamos andado	hubiéramos / hubiésemos andado	hubiéremos andado
vosotros(as)	andéis	anduvierais / anduvieseis	anduviereis	hayáis andado	hubierais / hubieseis andado	hubiereis andado
ellos, ellas	anden	anduvieran / anduviesen	anduvieren	hayan andado	hubieran / hubiesen andado	hubieren andado

MODO IMPERATIVO

AFIRMATIVO	NEGATIVO
anda tú / andá vos	no andes tú / vos
ande Ud.	no ande Ud.
andemos nosotros(as)	no andemos nosotros(as)
andad vosotros(as)	no andéis vosotros(as)
anden Uds.	no anden Uds.

ASIR

FORMAS NO PERSONALES

FORMAS SIMPLES	FORMAS COMPUESTAS
INFINITIVO: asir	INFINITIVO: haber asido
GERUNDIO: asiendo	GERUNDIO: habiendo asido
PARTICIPIO PASADO: asido	————

OBSERVAÇÃO:
Adiciona-se um **-g-** à raiz na 1ª p. sing. do *presente de indicativo*, em todo o *presente de subjuntivo* e nas formas do *imperativo* derivadas destes tempos.

MODO INDICATIVO

TIEMPOS SIMPLES

	PRESENTE	PRETÉRITO IMPERFECTO	PRETÉRITO PERFECTO SIMPLE	FUTURO SIMPLE	CONDICIONAL SIMPLE
yo	asgo	asía	así	asiré	asiría
tú / vos	ases / asís	asías	asiste	asirás	asirías
él, ella	ase	asía	asió	asirá	asiría
nosotros(as)	asimos	asíamos	asimos	asiremos	asiríamos
vosotros(as)	asís	asíais	asisteis	asiréis	asiríais
ellos, ellas	asen	asían	asieron	asirán	asirían

TIEMPOS COMPUESTOS

	PRETÉRITO PERFECTO COMPUESTO	PRETÉRITO PLUSCUAMPERFECTO	PRETÉRITO ANTERIOR	FUTURO COMPUESTO	CONDICIONAL COMPUESTO
yo	he asido	había asido	hube asido	habré asido	habría asido
tú / vos	has asido	habías asido	hubiste asido	habrás asido	habrías asido
él, ella	ha asido	había asido	hubo asido	habrá asido	habría asido
nosotros(as)	hemos asido	habíamos asido	hubimos asido	habremos asido	habríamos asido
vosotros(as)	habéis asido	habíais asido	hubisteis asido	habréis asido	habríais asido
ellos, ellas	han asido	habían asido	hubieron asido	habrán asido	habrían asido

MODO SUBJUNTIVO

	TIEMPOS SIMPLES			TIEMPOS COMPUESTOS		
	PRESENTE	PRETÉRITO IMPERFECTO	FUTURO SIMPLE	PRETÉRITO PERFECTO COMPUESTO	PRETÉRITO PLUSCUAMPERFECTO	FUTURO COMPUESTO
yo	asga	asiera / asiese	asiere	haya asido	hubiera / hubiese asido	hubiere asido
tú / vos	asgas	asieras / asieses	asieres	hayas asido	hubieras / hubieses asido	hubieres asido
él, ella	asga	asiera / asiese	asiere	haya asido	hubiera / hubiese asido	hubiere asido
nosotros(as)	asgamos	asiéramos / asiésemos	asiéremos	hayamos asido	hubiéramos / hubiésemos asido	hubiéremos asido
vosotros(as)	asgáis	asierais / asieseis	asiereis	hayáis asido	hubierais / hubieseis asido	hubiereis asido
ellos, ellas	asgan	asieran / asiesen	asieren	hayan asido	hubieran / hubiesen asido	hubieren asido

MODO IMPERATIVO

AFIRMATIVO	NEGATIVO
ase tú / así vos	no asgas tú / vos
asga Ud.	no asga Ud.
asgamos nosotros(as)	no asgamos nosotros(as)
asid vosotros(as)	no asgáis vosotros(as)
asgan Uds.	no asgan Uds.

BENDECIR

OBSERVAÇÃO:
Conjuga-se como **decir** (p. 105), com exceção do *futuro* e do *condicional simple de indicativo* e do *participio pasado*, que segue o paradigma regular (**bendecido**). Também não apresenta a forma com apócope do *imperativo afirmativo* na 2ª p. sing., como ocorre com o verbo **decir** (**di** tú / **bendice** tú).

FORMAS NO PERSONALES

FORMAS SIMPLES	FORMAS COMPUESTAS
INFINITIVO: bendecir	INFINITIVO: haber bendecido
GERUNDIO: bendiciendo	GERUNDIO: habiendo bendecido
PARTICIPIO PASADO: bendecido	———

MODO INDICATIVO

TIEMPOS SIMPLES

	PRESENTE	PRETÉRITO IMPERFECTO	PRETÉRITO PERFECTO SIMPLE	FUTURO SIMPLE	CONDICIONAL SIMPLE
yo	bendigo	bendecía	bendije	bendeciré	bendeciría
tú / vos	bendices / bendecís	bendecías	bendijiste	bendecirás	bendecirías
él, ella	bendice	bendecía	bendijo	bendecirá	bendeciría
nosotros(as)	bendecimos	bendecíamos	bendijimos	bendeciremos	bendeciríamos
vosotros(as)	bendecís	bendecíais	bendijisteis	bendeciréis	bendeciríais
ellos, ellas	bendicen	bendecían	bendijeron	bendecirán	bendecirían

TIEMPOS COMPUESTOS

	PRETÉRITO PERFECTO COMPUESTO	PRETÉRITO PLUSCUAMPERFECTO	PRETÉRITO ANTERIOR	FUTURO COMPUESTO	CONDICIONAL COMPUESTO
yo	he bendecido	había bendecido	hube bendecido	habré bendecido	habría bendecido
tú / vos	has bendecido	habías bendecido	hubiste bendecido	habrás bendecido	habrías bendecido
él, ella	ha bendecido	había bendecido	hubo bendecido	habrá bendecido	habría bendecido
nosotros(as)	hemos bendecido	habíamos bendecido	hubimos bendecido	habremos bendecido	habríamos bendecido
vosotros(as)	habéis bendecido	habíais bendecido	hubisteis bendecido	habréis bendecido	habríais bendecido
ellos, ellas	han bendecido	habían bendecido	hubieron bendecido	habrán bendecido	habrían bendecido

MODO SUBJUNTIVO

	TIEMPOS SIMPLES			TIEMPOS COMPUESTOS		
	PRESENTE	PRETÉRITO IMPERFECTO	FUTURO SIMPLE	PRETÉRITO PERFECTO COMPUESTO	PRETÉRITO PLUSCUAMPERFECTO	FUTURO COMPUESTO
yo	bendiga	bendijera / bendijese	bendijere	haya bendecido	hubiera / hubiese bendecido	hubiere bendecido
tú / vos	bendigas	bendijeras / bendijeses	bendijeres	hayas bendecido	hubieras / hubieses bendecido	hubieres bendecido
él, ella	bendiga	bendijera / bendijese	bendijere	haya bendecido	hubiera / hubiese bendecido	hubiere bendecido
nosotros(as)	bendigamos	bendijéramos / bendijésemos	bendijéremos	hayamos bendecido	hubiéramos / hubiésemos bendecido	hubiéremos bendecido
vosotros(as)	bendigáis	bendijerais / bendijeseis	bendijereis	hayáis bendecido	hubierais / hubieseis bendecido	hubiereis bendecido
ellos, ellas	bendigan	bendijeran / bendijesen	bendijeren	hayan bendecido	hubieran / hubiesen bendecido	hubieren bendecido

MODO IMPERATIVO

AFIRMATIVO	NEGATIVO
bendice tú / bendecí vos	no bendigas tú / vos
bendiga Ud.	no bendiga Ud.
bendigamos nosotros(as)	no bendigamos nosotros(as)
bendecid vosotros(as)	no bendigáis vosotros(as)
bendigan Uds.	no bendigan Uds.

CABER

FORMAS NO PERSONALES

FORMAS SIMPLES	FORMAS COMPUESTAS
INFINITIVO: caber	INFINITIVO: haber cabido
GERUNDIO: cabiendo	GERUNDIO: habiendo cabido
PARTICIPIO PASADO: cabido	————

OBSERVAÇÃO:
O segmento **-ab-** da raiz transforma-se em **-ep-** com modificação gráfica (**-c-** → **-qu-**) na 1ª p. sing. do *presente de indicativo*, em todo o *presente de subjuntivo* e nas formas do *imperativo*, derivadas destes tempos, e passa para **-up-** no *pretérito perfecto simple*, no *imperfecto* e no *futuro de subjuntivo*.

MODO INDICATIVO

TIEMPOS SIMPLES

	PRESENTE	PRETÉRITO IMPERFECTO	PRETÉRITO PERFECTO SIMPLE	FUTURO SIMPLE	CONDICIONAL SIMPLE
yo	quepo	cabía	cupe	cabré	cabría
tú / vos	cabes / cabés	cabías	cupiste	cabrás	cabrías
él, ella	cabe	cabía	cupo	cabrá	cabría
nosotros(as)	cabemos	cabíamos	cupimos	cabremos	cabríamos
vosotros(as)	cabéis	cabíais	cupisteis	cabréis	cabríais
ellos, ellas	caben	cabían	cupieron	cabrán	cabrían

TIEMPOS COMPUESTOS

	PRETÉRITO PERFECTO COMPUESTO	PRETÉRITO PLUSCUAMPERFECTO	PRETÉRITO ANTERIOR	FUTURO COMPUESTO	CONDICIONAL COMPUESTO
yo	he cabido	había cabido	hube cabido	habré cabido	habría cabido
tú / vos	has cabido	habías cabido	hubiste cabido	habrás cabido	habrías cabido
él, ella	ha cabido	había cabido	hubo cabido	habrá cabido	habría cabido
nosotros(as)	hemos cabido	habíamos cabido	hubimos cabido	habremos cabido	habríamos cabido
vosotros(as)	habéis cabido	habíais cabido	hubisteis cabido	habréis cabido	habríais cabido
ellos, ellas	han cabido	habían cabido	hubieron cabido	habrán cabido	habrían cabido

MODO SUBJUNTIVO

	TIEMPOS SIMPLES			TIEMPOS COMPUESTOS		
	PRESENTE	PRETÉRITO IMPERFECTO	FUTURO SIMPLE	PRETÉRITO PERFECTO COMPUESTO	PRETÉRITO PLUSCUAMPERFECTO	FUTURO COMPUESTO
yo	quepa	cupiera / cupiese	cupiere	haya cabido	hubiera / hubiese cabido	hubiere cabido
tú / vos	quepas	cupieras / cupieses	cupieres	hayas cabido	hubieras / hubieses cabido	hubieres cabido
él, ella	quepa	cupiera / cupiese	cupiere	haya cabido	hubiera / hubiese cabido	hubiere cabido
nosotros(as)	quepamos	cupiéramos / cupiésemos	cupiéremos	hayamos cabido	hubiéramos / hubiésemos cabido	hubiéremos cabido
vosotros(as)	quepáis	cupierais / cupieseis	cupiereis	hayáis cabido	hubierais / hubieseis cabido	hubiereis cabido
ellos, ellas	quepan	cupieran / cupiesen	cupieren	hayan cabido	hubieran / hubiesen cabido	hubieren cabido

MODO IMPERATIVO

AFIRMATIVO	NEGATIVO
cabe tú / cabé vos	no quepas tú / vos
quepa Ud.	no quepa Ud.
quepamos nosotros(as)	no quepamos nosotros(as)
cabed vosotros(as)	no quepáis vosotros(as)
quepan Uds.	no quepan Uds.

CAER

OBSERVAÇÃO:
Adiciona-se **-ig-** à raiz na 1ª p. sing. do *presente de indicativo*, em todo o *presente de subjuntivo* e nas formas do *imperativo*, derivadas destes tempos. Além disso, o **-i-** da desinência se palatiza e é representado graficamente por **-y-** quando é átono e seguido de vogal.

FORMAS NO PERSONALES

FORMAS SIMPLES	FORMAS COMPUESTAS
INFINITIVO: caer	INFINITIVO: haber caído
GERUNDIO: cayendo	GERUNDIO: habiendo caído
PARTICIPIO PASADO: caído	———

MODO INDICATIVO

TIEMPOS SIMPLES

	PRESENTE	PRETÉRITO IMPERFECTO	PRETÉRITO PERFECTO SIMPLE	FUTURO SIMPLE	CONDICIONAL SIMPLE
yo	caigo	caía	caí	caeré	caería
tú / vos	caes / caés	caías	caíste	caerás	caerías
él, ella	cae	caía	cayó	caerá	caería
nosotros(as)	caemos	caíamos	caímos	caeremos	caeríamos
vosotros(as)	caéis	caíais	caísteis	caeréis	caeríais
ellos, ellas	caen	caían	cayeron	caerán	caerían

TIEMPOS COMPUESTOS

	PRETÉRITO PERFECTO COMPUESTO	PRETÉRITO PLUSCUAMPERFECTO	PRETÉRITO ANTERIOR	FUTURO COMPUESTO	CONDICIONAL COMPUESTO
yo	he caído	había caído	hube caído	habré caído	habría caído
tú / vos	has caído	habías caído	hubiste caído	habrás caído	habrías caído
él, ella	ha caído	había caído	hubo caído	habrá caído	habría caído
nosotros(as)	hemos caído	habíamos caído	hubimos caído	habremos caído	habríamos caído
vosotros(as)	habéis caído	habíais caído	hubisteis caído	habréis caído	habríais caído
ellos, ellas	han caído	habían caído	hubieron caído	habrán caído	habrían caído

MODO SUBJUNTIVO

	TIEMPOS SIMPLES			TIEMPOS COMPUESTOS		
	PRESENTE	PRETÉRITO IMPERFECTO	FUTURO SIMPLE	PRETÉRITO PERFECTO COMPUESTO	PRETÉRITO PLUSCUAMPERFECTO	FUTURO COMPUESTO
yo	caiga	cayera / cayese	cayere	haya caído	hubiera / hubiese caído	hubiere caído
tú / vos	caigas	cayeras / cayeses	cayeres	hayas caído	hubieras / hubieses caído	hubieres caído
él, ella	caiga	cayera / cayese	cayere	haya caído	hubiera / hubiese caído	hubiere caído
nosotros(as)	caigamos	cayéramos / cayésemos	cayéremos	hayamos caído	hubiéramos / hubiésemos caído	hubiéremos caído
vosotros(as)	caigáis	cayerais / cayeseis	cayereis	hayáis caído	hubierais / hubieseis caído	hubiereis caído
ellos, ellas	caigan	cayeran / cayesen	cayeren	hayan caído	hubieran / hubiesen caído	hubieren caído

MODO IMPERATIVO

AFIRMATIVO	NEGATIVO
cae tú / caé vos	no caigas tú / vos
caiga Ud.	no caiga Ud.
caigamos nosotros(as)	no caigamos nosotros(as)
caed vosotros(as)	no caigáis vosotros(as)
caigan Uds.	no caigan Uds.

DAR

FORMAS NO PERSONALES

FORMAS SIMPLES	FORMAS COMPUESTAS
INFINITIVO: dar	INFINITIVO: haber dado
GERUNDIO: dando	GERUNDIO: habiendo dado
PARTICIPIO PASADO: dado	————

OBSERVAÇÃO:
Adiciona-se um **-y** à 1ª p. sing. do *presente de indicativo*. Além disso, apesar de ser um verbo de 1ª conjugação, apresenta as desinências que começam por **-i-** características dos verbos de 2ª e 3ª conjugações no *pretérito perfecto simple de indicativo* e no *pretérito imperfecto* e *futuro simple de subjuntivo*.

MODO INDICATIVO

TIEMPOS SIMPLES

	PRESENTE	PRETÉRITO IMPERFECTO	PRETÉRITO PERFECTO SIMPLE	FUTURO SIMPLE	CONDICIONAL SIMPLE
yo	doy	daba	di	daré	daría
tú / vos	das	dabas	diste	darás	darías
él, ella	da	daba	dio	dará	daría
nosotros(as)	damos	dábamos	dimos	daremos	daríamos
vosotros(as)	dais	dabais	disteis	daréis	daríais
ellos, ellas	dan	daban	dieron	darán	darían

TIEMPOS COMPUESTOS

	PRETÉRITO PERFECTO COMPUESTO	PRETÉRITO PLUSCUAMPERFECTO	PRETÉRITO ANTERIOR	FUTURO COMPUESTO	CONDICIONAL COMPUESTO
yo	he dado	había dado	hube dado	habré dado	habría dado
tú / vos	has dado	habías dado	hubiste dado	habrás dado	habrías dado
él, ella	ha dado	había dado	hubo dado	habrá dado	habría dado
nosotros(as)	hemos dado	habíamos dado	hubimos dado	habremos dado	habríamos dado
vosotros(as)	habéis dado	habíais dado	hubisteis dado	habréis dado	habríais dado
ellos, ellas	han dado	habían dado	hubieron dado	habrán dado	habrían dado

MODO SUBJUNTIVO

	TIEMPOS SIMPLES			TIEMPOS COMPUESTOS		
	PRESENTE	PRETÉRITO IMPERFECTO	FUTURO SIMPLE	PRETÉRITO PERFECTO COMPUESTO	PRETÉRITO PLUSCUAMPERFECTO	FUTURO COMPUESTO
yo	dé	diera / diese	diere	haya dado	hubiera / hubiese dado	hubiere dado
tú / vos	des	dieras / dieses	dieres	hayas dado	hubieras / hubieses dado	hubieres dado
él, ella	dé	diera / diese	diere	haya dado	hubiera / hubiese dado	hubiere dado
nosotros(as)	demos	diéramos / diésemos	diéremos	hayamos dado	hubiéramos / hubiésemos dado	hubiéremos dado
vosotros(as)	deis	dierais / dieseis	diereis	hayáis dado	hubierais / hubieseis dado	hubiereis dado
ellos, ellas	den	dieran / diesen	dieren	hayan dado	hubieran / hubiesen dado	hubieren dado

MODO IMPERATIVO

AFIRMATIVO	NEGATIVO
da tú / da vos	no des tú / vos
dé Ud.	no dé Ud.
demos nosotros(as)	no demos nosotros(as)
dad vosotros(as)	no deis vosotros(as)
den Uds.	no den Uds.

DECIR

OBSERVAÇÃO:
O **-e-** da raiz passa para **-i-** no *gerundio* e em todas as formas com raiz tônica. O segmento **-ec-** transforma-se em **-ig-** na 1ª p. sing. do *presente de indicativo*, em todo o *presente de subjuntivo* e nas formas do *imperativo* derivadas destes tempos. O mesmo segmento **-ic-** passa para **-ij-** no *pretérito perfecto simple de indicativo*, no *imperfecto* e *futuro de subjuntivo* e desaparece no *futuro de indicativo* e no *condicional*. A vogal temática da 3ª p. pl. do *pretérito perfecto simple de indicativo* é **-e-** e não **-ie-**, assim como em todas as pessoas do *imperfeito* e *futuro de subjuntivo*. Seu *participio* é irregular (**dicho**).

FORMAS NO PERSONALES

FORMAS SIMPLES	FORMAS COMPUESTAS
INFINITIVO: decir	INFINITIVO: haber dicho
GERUNDIO: diciendo	GERUNDIO: habiendo dicho
PARTICIPIO PASADO: dicho	———

MODO INDICATIVO

TIEMPOS SIMPLES

	PRESENTE	PRETÉRITO IMPERFECTO	PRETÉRITO PERFECTO SIMPLE	FUTURO SIMPLE	CONDICIONAL SIMPLE
yo	digo	decía	dije	diré	diría
tú / vos	dices / decís	decías	dijiste	dirás	dirías
él, ella	dice	decía	dijo	dirá	diría
nosotros(as)	decimos	decíamos	dijimos	diremos	diríamos
vosotros(as)	decís	decíais	dijisteis	diréis	diríais
ellos, ellas	dicen	decían	dijeron	dirán	dirían

TIEMPOS COMPUESTOS

	PRETÉRITO PERFECTO COMPUESTO	PRETÉRITO PLUSCUAMPERFECTO	PRETÉRITO ANTERIOR	FUTURO COMPUESTO	CONDICIONAL COMPUESTO
yo	he dicho	había dicho	hube dicho	habré dicho	habría dicho
tú / vos	has dicho	habías dicho	hubiste dicho	habrás dicho	habrías dicho
él, ella	ha dicho	había dicho	hubo dicho	habrá dicho	habría dicho
nosotros(as)	hemos dicho	habíamos dicho	hubimos dicho	habremos dicho	habríamos dicho
vosotros(as)	habéis dicho	habíais dicho	hubisteis dicho	habréis dicho	habríais dicho
ellos, ellas	han dicho	habían dicho	hubieron dicho	habrán dicho	habrían dicho

MODO SUBJUNTIVO

	TIEMPOS SIMPLES			TIEMPOS COMPUESTOS		
	PRESENTE	PRETÉRITO IMPERFECTO	FUTURO SIMPLE	PRETÉRITO PERFECTO COMPUESTO	PRETÉRITO PLUSCUAMPERFECTO	FUTURO COMPUESTO
yo	diga	dijera / dijese	dijere	haya dicho	hubiera / hubiese dicho	hubiere dicho
tú / vos	digas	dijeras / dijeses	dijeres	hayas dicho	hubieras / hubieses dicho	hubieres dicho
él, ella	diga	dijera / dijese	dijere	haya dicho	hubiera / hubiese dicho	hubiere dicho
nosotros(as)	digamos	dijéramos / dijésemos	dijéremos	hayamos dicho	hubiéramos / hubiésemos dicho	hubiéremos dicho
vosotros(as)	digáis	dijerais / dijeseis	dijereis	hayáis dicho	hubierais / hubieseis dicho	hubiereis dicho
ellos, ellas	digan	dijeran / dijesen	dijeren	hayan dicho	hubieran / hubiesen dicho	hubieren dicho

MODO IMPERATIVO

AFIRMATIVO	NEGATIVO
di tú / decí vos	no digas tú / vos
diga Ud.	no diga Ud.
digamos nosotros(as)	no digamos nosotros(as)
decid vosotros(as)	no digáis vosotros(as)
digan Uds.	no digan Uds.

ERGUIR

FORMAS NO PERSONALES

FORMAS SIMPLES	FORMAS COMPUESTAS
INFINITIVO: erguir	INFINITIVO: haber erguido
GERUNDIO: irguiendo	GERUNDIO: habiendo erguido
PARTICIPIO PASADO: erguido	————

OBSERVAÇÃO:
O **e-** da raiz transforma-se em **ye-** em todas as formas que levam acento prosódico na raiz. Este **e-** passa a ser **i-** na 3ª p. sing. e 3ª p. pl. do *pretérito perfecto simple de indicativo*, na 1ª e 2ª p. do pl. do *presente de subjuntivo*, em todas as pessoas do *imperfecto* e *futuro de subjuntivo* e no *gerundio*. Apesar de pouco usadas, são corretas as formas **irgo** (em lugar de yergo), **irgues** (yergues), **irguen** (yerguen), para o *presente de indicativo*; **irga** (yerga), **irgas** (yergas), **yergamos** (irgamos), **yergáis** (irgáis), **irgan** (yergan), para o *presente de subjuntivo*; e **irgue** / **erguí** (yergue), **irga** (yerga), **irgan** (yergan), para o *imperativo*.

MODO INDICATIVO

TIEMPOS SIMPLES

	PRESENTE	PRETÉRITO IMPERFECTO	PRETÉRITO PERFECTO SIMPLE	FUTURO SIMPLE	CONDICIONAL SIMPLE
yo	yergo	erguía	erguí	erguiré	erguiría
tú / vos	yergues / erguís	erguías	erguiste	erguirás	erguirías
él, ella	yergue	erguía	irguió	erguirá	erguiría
nosotros(as)	erguimos	erguíamos	erguimos	erguiremos	erguiríamos
vosotros(as)	erguís	erguíais	erguisteis	erguiréis	erguiríais
ellos, ellas	yerguen	erguían	irguieron	erguirán	erguirían

TIEMPOS COMPUESTOS

	PRETÉRITO PERFECTO COMPUESTO	PRETÉRITO PLUSCUAMPERFECTO	PRETÉRITO ANTERIOR	FUTURO COMPUESTO	CONDICIONAL COMPUESTO
yo	he erguido	había erguido	hube erguido	habré erguido	habría erguido
tú / vos	has erguido	habías erguido	hubiste erguido	habrás erguido	habrías erguido
él, ella	ha erguido	había erguido	hubo erguido	habrá erguido	habría erguido
nosotros(as)	hemos erguido	habíamos erguido	hubimos erguido	habremos erguido	habríamos erguido
vosotros(as)	habéis erguido	habíais erguido	hubisteis erguido	habréis erguido	habríais erguido
ellos, ellas	han erguido	habían erguido	hubieron erguido	habrán erguido	habrían erguido

MODO SUBJUNTIVO

	TIEMPOS SIMPLES			TIEMPOS COMPUESTOS		
	PRESENTE	PRETÉRITO IMPERFECTO	FUTURO SIMPLE	PRETÉRITO PERFECTO COMPUESTO	PRETÉRITO PLUSCUAMPERFECTO	FUTURO COMPUESTO
yo	yerga	irguiera / irguiese	irguiere	haya erguido	hubiera / hubiese erguido	hubiere erguido
tú / vos	yergas	irguieras / irguieses	irguieres	hayas erguido	hubieras / hubieses erguido	hubieres erguido
él, ella	yerga	irguiera / irguiese	irguiere	haya erguido	hubiera / hubiese erguido	hubiere erguido
nosotros(as)	irgamos	irguiéramos / irguiésemos	irguiéremos	hayamos erguido	hubiéramos / hubiésemos erguido	hubiéremos erguido
vosotros(as)	irgáis	irguierais / irguieseis	irguiereis	hayáis erguido	hubierais / hubieseis erguido	hubiereis erguido
ellos, ellas	yergan	irguieran / irguiesen	irguieren	hayan erguido	hubieran / hubiesen erguido	hubieren erguido

MODO IMPERATIVO

AFIRMATIVO	NEGATIVO
yergue tú / erguí vos	no yergas tú / vos
yerga Ud.	no yerga Ud.
irgamos nosotros(as)	no irgamos nosotros(as)
erguid vosotros(as)	no irgáis vosotros(as)
yergan Uds.	no yergan Uds.

ESTAR

OBSERVAÇÃO:
Adiciona-se **-y** à 1ª p. sing. do *presente de indicativo* e o segmento **-uv-** à raiz do *pretérito perfecto simple*, assim como no *imperfecto* e *futuro de subjuntivo*.

FORMAS NO PERSONALES

FORMAS SIMPLES	FORMAS COMPUESTAS
INFINITIVO: estar	INFINITIVO: haber estado
GERUNDIO: estando	GERUNDIO: habiendo estado
PARTICIPIO PASADO: estado	———

MODO INDICATIVO

TIEMPOS SIMPLES

	PRESENTE	PRETÉRITO IMPERFECTO	PRETÉRITO PERFECTO SIMPLE	FUTURO SIMPLE	CONDICIONAL SIMPLE
yo	estoy	estaba	estuve	estaré	estaría
tú / vos	estás	estabas	estuviste	estarás	estarías
él, ella	está	estaba	estuvo	estará	estaría
nosotros(as)	estamos	estábamos	estuvimos	estaremos	estaríamos
vosotros(as)	estáis	estabais	estuvisteis	estaréis	estaríais
ellos, ellas	están	estaban	estuvieron	estarán	estarían

TIEMPOS COMPUESTOS

	PRETÉRITO PERFECTO COMPUESTO	PRETÉRITO PLUSCUAMPERFECTO	PRETÉRITO ANTERIOR	FUTURO COMPUESTO	CONDICIONAL COMPUESTO
yo	he estado	había estado	hube estado	habré estado	habría estado
tú / vos	has estado	habías estado	hubiste estado	habrás estado	habrías estado
él, ella	ha estado	había estado	hubo estado	habrá estado	habría estado
nosotros(as)	hemos estado	habíamos estado	hubimos estado	habremos estado	habríamos estado
vosotros(as)	habéis estado	habíais estado	hubisteis estado	habréis estado	habríais estado
ellos, ellas	han estado	habían estado	hubieron estado	habrán estado	habrían estado

MODO SUBJUNTIVO

	TIEMPOS SIMPLES			TIEMPOS COMPUESTOS		
	PRESENTE	PRETÉRITO IMPERFECTO	FUTURO SIMPLE	PRETÉRITO PERFECTO COMPUESTO	PRETÉRITO PLUSCUAMPERFECTO	FUTURO COMPUESTO
yo	esté	estuviera / estuviese	estuviere	haya estado	hubiera / hubiese estado	hubiere estado
tú / vos	estés	estuvieras / estuvieses	estuvieres	hayas estado	hubieras / hubieses estado	hubieres estado
él, ella	esté	estuviera / estuviese	estuviere	haya estado	hubiera / hubiese estado	hubiere estado
nosotros(as)	estemos	estuviéramos / estuviésemos	estuviéremos	hayamos estado	hubiéramos / hubiésemos estado	hubiéremos estado
vosotros(as)	estéis	estuvierais / estuvieseis	estuviereis	hayáis estado	hubierais / hubieseis estado	hubiereis estado
ellos, ellas	estén	estuvieran / estuviesen	estuvieren	hayan estado	hubieran / hubiesen estado	hubieren estado

MODO IMPERATIVO

AFIRMATIVO	NEGATIVO
está tú / está vos	no estés tú / vos
esté Ud.	no esté Ud.
estemos nosotros(as)	no estemos nosotros(as)
estad vosotros(as)	no estéis vosotros(as)
estén Uds.	no estén Uds.

HABER

FORMAS NO PERSONALES

FORMAS SIMPLES	FORMAS COMPUESTAS
INFINITIVO: haber	INFINITIVO: haber habido
GERUNDIO: habiendo	GERUNDIO: habiendo habido
PARTICIPIO PASADO: habido	——

OBSERVAÇÃO:
Apresenta formas contraídas em todas as pessoas do *presente de indicativo*, exceto na 2ª p. pl., que é regular. Adiciona-se **-y-** à variante impessoal da 3ª p. sing. desse mesmo tempo. O **-b-** da raiz passa para **-y-** no *presente de subjuntivo* e nas formas do *imperativo* que dele derivam. Ocorre a perda da vogal temática **-e-** no *futuro de indicativo* e no *condicional*, e o **-a-** da raiz passa a ser **-u-** no *pretérito perfecto simple*, no *imperfecto* e no *futuro de subjuntivo*.

MODO INDICATIVO

TIEMPOS SIMPLES

	PRESENTE	PRETÉRITO IMPERFECTO	PRETÉRITO PERFECTO SIMPLE	FUTURO SIMPLE	CONDICIONAL SIMPLE
yo	he	había	hube	habré	habría
tú / vos	has	habías	hubiste	habrás	habrías
él, ella	ha (hay)*	había	hubo	habrá	habría
nosotros(as)	hemos	habíamos	hubimos	habremos	habríamos
vosotros(as)	habéis	habíais	hubisteis	habréis	habríais
ellos, ellas	han	habían	hubieron	habrán	habrían

TIEMPOS COMPUESTOS

	PRETÉRITO PERFECTO COMPUESTO	PRETÉRITO PLUSCUAMPERFECTO	PRETÉRITO ANTERIOR	FUTURO COMPUESTO	CONDICIONAL COMPUESTO
yo	he habido	había habido	hube habido	habré habido	habría habido
tú / vos	has habido	habías habido	hubiste habido	habrás habido	habrías habido
él, ella	ha habido	había habido	hubo habido	habrá habido	habría habido
nosotros(as)	hemos habido	habíamos habido	hubimos habido	habremos habido	habríamos habido
vosotros(as)	habéis habido	habíais habido	hubisteis habido	habréis habido	habríais habido
ellos, ellas	han habido	habían habido	hubieron habido	habrán habido	habrían habido

MODO SUBJUNTIVO

	TIEMPOS SIMPLES			TIEMPOS COMPUESTOS		
	PRESENTE	PRETÉRITO IMPERFECTO	FUTURO SIMPLE	PRETÉRITO PERFECTO COMPUESTO	PRETÉRITO PLUSCUAMPERFECTO	FUTURO COMPUESTO
yo	haya	hubiera / hubiese	hubiere	haya habido	hubiera / hubiese habido	hubiere habido
tú / vos	hayas	hubieras / hubieses	hubieres	hayas habido	hubieras / hubieses habido	hubieres habido
él, ella	haya	hubiera / hubiese	hubiere	haya habido	hubiera / hubiese habido	hubiere habido
nosotros(as)	hayamos	hubiéramos / hubiésemos	hubiéremos	hayamos habido	hubiéramos / hubiésemos habido	hubiéremos habido
vosotros(as)	hayáis	hubierais / hubieseis	hubiereis	hayáis habido	hubierais / hubieseis habido	hubiereis habido
ellos, ellas	hayan	hubieran / hubiesen	hubieren	hayan habido	hubieran / hubiesen habido	hubieren habido

MODO IMPERATIVO

AFIRMATIVO	NEGATIVO
he tú	no hayas tú / vos
haya Ud.	no haya Ud.
hayamos nosotros(as)	no hayamos nosotros(as)
habed vosotros(as)	no hayáis vosotros(as)
hayan Uds.	no hayan Uds.

* **hay** é a forma impessoal do verbo **haber** no *presente de indicativo*.

OBSERVAÇÃO:
O **-c-** da raiz transforma-se em **-g-** na 1ª p. sing. do *presente de indicativo*, em todo o *presente de subjuntivo* e nas formas do *imperativo* deles derivadas. O **-a-** radical passa a ser **-i-** no *pretérito perfecto simple* e no *imperfecto* e *futuro de subjuntivo*. Ocorre a perda do segmento **-ce-** no *futuro de indicativo* e no *condicional*, assim como na 2ª p. sing. (não voseante) do *imperativo afirmativo* (**haz** tú). Seu *participio* é irregular (**hecho**).

FORMAS NO PERSONALES

FORMAS SIMPLES	FORMAS COMPUESTAS
INFINITIVO: hacer	INFINITIVO: haber hecho
GERUNDIO: haciendo	GERUNDIO: habiendo hecho
PARTICIPIO PASADO: hecho	———

MODO INDICATIVO

TIEMPOS SIMPLES

	PRESENTE	PRETÉRITO IMPERFECTO	PRETÉRITO PERFECTO SIMPLE	FUTURO SIMPLE	CONDICIONAL SIMPLE
yo	hago	hacía	hice	haré	haría
tú / vos	haces	hacías	hiciste	harás	harías
él, ella	hace	hacía	hizo	hará	haría
nosotros(as)	hacemos	hacíamos	hicimos	haremos	haríamos
vosotros(as)	hacéis	hacíais	hicisteis	haréis	haríais
ellos, ellas	hacen	hacían	hicieron	harán	harían

TIEMPOS COMPUESTOS

	PRETÉRITO PERFECTO COMPUESTO	PRETÉRITO PLUSCUAMPERFECTO	PRETÉRITO ANTERIOR	FUTURO COMPUESTO	CONDICIONAL COMPUESTO
yo	he hecho	había hecho	hube hecho	habré hecho	habría hecho
tú / vos	has hecho	habías hecho	hubiste hecho	habrás hecho	habrías hecho
él, ella	ha hecho	había hecho	hubo hecho	habrá hecho	habría hecho
nosotros(as)	hemos hecho	habíamos hecho	hubimos hecho	habremos hecho	habríamos hecho
vosotros(as)	habéis hecho	habíais hecho	hubisteis hecho	habréis hecho	habríais hecho
ellos, ellas	han hecho	habían hecho	hubieron hecho	habrán hecho	habrían hecho

MODO SUBJUNTIVO

	TIEMPOS SIMPLES			TIEMPOS COMPUESTOS		
	PRESENTE	PRETÉRITO IMPERFECTO	FUTURO SIMPLE	PRETÉRITO PERFECTO COMPUESTO	PRETÉRITO PLUSCUAMPERFECTO	FUTURO COMPUESTO
yo	haga	hiciera / hiciese	hiciere	haya hecho	hubiera / hubiese hecho	hubiere hecho
tú / vos	hagas	hicieras / hicieses	hicieres	hayas hecho	hubieras / hubieses hecho	hubieres hecho
él, ella	haga	hiciera / hiciese	hiciere	haya hecho	hubiera / hubiese hecho	hubiere hecho
nosotros(as)	hagamos	hiciéramos / hiciésemos	hiciéremos	hayamos hecho	hubiéramos / hubiésemos hecho	hubiéremos hecho
vosotros(as)	hagáis	hicierais / hicieseis	hiciereis	hayáis hecho	hubierais / hubieseis hecho	hubiereis hecho
ellos, ellas	hagan	hicieran / hiciesen	hicieren	hayan hecho	hubieran / hubiesen hecho	hubieren hecho

MODO IMPERATIVO

AFIRMATIVO	NEGATIVO
haz tú / hacé vos	no hagas tú / vos
haga Ud.	no haga Ud.
hagamos nosotros(as)	no hagamos nosotros(as)
haced vosotros(as)	no hagáis vosotros(as)
hagan Uds.	no hagan Uds.

IR

FORMAS NO PERSONALES

FORMAS SIMPLES	FORMAS COMPUESTAS
INFINITIVO: ir	INFINITIVO: haber ido
GERUNDIO: yendo	GERUNDIO: habiendo ido
PARTICIPIO PASADO: ido	———

OBSERVAÇÃO:
Possui três formas na raiz: **i-** no *pretérito imperfecto*, no *futuro* e no *condicional de indicativo*, na forma correspondente a **vosotros** no *imperativo afirmativo* e nas três formas não pessoais (com alteração do **i-** para **y-** no *gerundio*; **v-** no *presente de indicativo* e de *subjuntivo* e nas formas não voseantes do *imperativo*; **fu-** no *pretérito perfecto simple de indicativo* e no *imperfecto* e *futuro de subjuntivo*. Acrescenta um **-y** à 1ª p. sing. do *presente de indicativo*. O *presente de subjuntivo* se conjuga como o do verbo **haber**.

MODO INDICATIVO

TIEMPOS SIMPLES

	PRESENTE	PRETÉRITO IMPERFECTO	PRETÉRITO PERFECTO SIMPLE	FUTURO SIMPLE	CONDICIONAL SIMPLE
yo	voy	iba	fui	iré	iría
tú / vos	vas	ibas	fuiste	irás	irías
él, ella	va	iba	fue	irá	iría
nosotros(as)	vamos	íbamos	fuimos	iremos	iríamos
vosotros(as)	vais	ibais	fuisteis	iréis	iríais
ellos, ellas	van	iban	fueron	irán	irían

TIEMPOS COMPUESTOS

	PRETÉRITO PERFECTO COMPUESTO	PRETÉRITO PLUSCUAMPERFECTO	PRETÉRITO ANTERIOR	FUTURO COMPUESTO	CONDICIONAL COMPUESTO
yo	he ido	había ido	hube ido	habré ido	habría ido
tú / vos	has ido	habías ido	hubiste ido	habrás ido	habrías ido
él, ella	ha ido	había ido	hubo ido	habrá ido	habría ido
nosotros(as)	hemos ido	habíamos ido	hubimos ido	habremos ido	habríamos ido
vosotros(as)	habéis ido	habíais ido	hubisteis ido	habréis ido	habríais ido
ellos, ellas	han ido	habían ido	hubieron ido	habrán ido	habrían ido

MODO SUBJUNTIVO

	TIEMPOS SIMPLES			TIEMPOS COMPUESTOS		
	PRESENTE	PRETÉRITO IMPERFECTO	FUTURO SIMPLE	PRETÉRITO PERFECTO COMPUESTO	PRETÉRITO PLUSCUAMPERFECTO	FUTURO COMPUESTO
yo	vaya	fuera / fuese	fuere	haya ido	hubiera / hubiese ido	hubiere ido
tú / vos	vayas	fueras / fueses	fueres	hayas ido	hubieras / hubieses ido	hubieres ido
él, ella	vaya	fuera / fuese	fuere	haya ido	hubiera / hubiese ido	hubiere ido
nosotros(as)	vayamos	fuéramos / fuésemos	fuéremos	hayamos ido	hubiéramos / hubiésemos ido	hubiéremos ido
vosotros(as)	vayáis	fuerais / fueseis	fuereis	hayáis ido	hubierais / hubieseis ido	hubiereis ido
ellos, ellas	vayan	fueran / fuesen	fueren	hayan ido	hubieran / hubiesen ido	hubieren ido

MODO IMPERATIVO

AFIRMATIVO	NEGATIVO
ve tú*	no vayas tú / vos
vaya Ud.	no vaya Ud.
vayamos nosotros(as)	no vayamos nosotros(as)
id vosotros(as)	no vayáis vosotros(as)
vayan Uds.	no vayan Uds.

* não há uma forma própria de voseo. No seu lugar usa-se o *imperativo* de **andar**: andá vos.

OBSERVAÇÃO:
Adiciona-se **-ig-** à raiz da 1ª p. sing. do *presente de indicativo*, em todo o *presente de subjuntivo* e nas formas do *imperativo* deles derivadas. Ocorre a intercalação de **-y-** na 2ª e 3ª p. sing. e na 3ª p. pl. do *presente de indicativo* e na 2ª p. sing., não voseante (tú), do *imperativo afirmativo*. Além disso, o **/i/** da desinência palatiza-se e é representado graficamente por **-y-** quando é átono e seguido de vogal.

FORMAS NO PERSONALES

FORMAS SIMPLES	FORMAS COMPUESTAS
INFINITIVO: oír	INFINITIVO: haber oído
GERUNDIO: oyendo	GERUNDIO: habiendo oído
PARTICIPIO PASADO: oído	———

MODO INDICATIVO

TIEMPOS SIMPLES

	PRESENTE	PRETÉRITO IMPERFECTO	PRETÉRITO PERFECTO SIMPLE	FUTURO SIMPLE	CONDICIONAL SIMPLE
yo	oigo	oía	oí	oiré	oiría
tú / vos	oyes / oís	oías	oíste	oirás	oirías
él, ella	oye	oía	oyó	oirá	oiría
nosotros(as)	oímos	oíamos	oímos	oiremos	oiríamos
vosotros(as)	oís	oíais	oísteis	oiréis	oiríais
ellos, ellas	oyen	oían	oyeron	oirán	oirían

TIEMPOS COMPUESTOS

	PRETÉRITO PERFECTO COMPUESTO	PRETÉRITO PLUSCUAMPERFECTO	PRETÉRITO ANTERIOR	FUTURO COMPUESTO	CONDICIONAL COMPUESTO
yo	he oído	había oído	hube oído	habré oído	habría oído
tú / vos	has oído	habías oído	hubiste oído	habrás oído	habrías oído
él, ella	ha oído	había oído	hubo oído	habrá oído	habría oído
nosotros(as)	hemos oído	habíamos oído	hubimos oído	habremos oído	habríamos oído
vosotros(as)	habéis oído	habíais oído	hubisteis oído	habréis oído	habríais oído
ellos, ellas	han oído	habían oído	hubieron oído	habrán oído	habrían oído

MODO SUBJUNTIVO

	TIEMPOS SIMPLES			TIEMPOS COMPUESTOS		
	PRESENTE	PRETÉRITO IMPERFECTO	FUTURO SIMPLE	PRETÉRITO PERFECTO COMPUESTO	PRETÉRITO PLUSCUAMPERFECTO	FUTURO COMPUESTO
yo	oiga	oyera / oyese	oyere	haya oído	hubiera / hubiese oído	hubiere oído
tú / vos	oigas	oyeras / oyeses	oyeres	hayas oído	hubieras / hubieses oído	hubieres oído
él, ella	oiga	oyera / oyese	oyere	haya oído	hubiera / hubiese oído	hubiere oído
nosotros(as)	oigamos	oyéramos / oyésemos	oyéremos	hayamos oído	hubiéramos / hubiésemos oído	hubiéremos oído
vosotros(as)	oigáis	oyerais / oyeseis	oyereis	hayáis oído	hubierais / hubieseis oído	hubiereis oído
ellos, ellas	oigan	oyeran / oyesen	oyeren	hayan oído	hubieran / hubiesen oído	hubieren oído

MODO IMPERATIVO

AFIRMATIVO	NEGATIVO
oye tú / oí vos	no oigas tú / vos
oiga Ud.	no oiga Ud.
oigamos nosotros(as)	no oigamos nosotros(as)
oíd vosotros(as)	no oigáis vosotros(as)
oigan Uds.	no oigan Uds.

PODER

FORMAS NO PERSONALES

FORMAS SIMPLES	FORMAS COMPUESTAS
INFINITIVO: poder	INFINITIVO: haber podido
GERUNDIO: pudiendo	GERUNDIO: habiendo podido
PARTICIPIO PASADO: podido	————

OBSERVAÇÃO:
O **-o-** da raiz se transforma em **-ue-** nas formas que têm acento prosódico na raiz. Este **-o-** passa a ser **-u-** no *pretérito perfecto simple*, no *imperfecto* e *futuro de subjuntivo* e no *gerundio*. Perde-se a vogal temática **-e-** no *futuro* e no *condicional de indicativo*.

MODO INDICATIVO

TIEMPOS SIMPLES

	PRESENTE	PRETÉRITO IMPERFECTO	PRETÉRITO PERFECTO SIMPLE	FUTURO SIMPLE	CONDICIONAL SIMPLE
yo	puedo	podía	pude	podré	podría
tú / vos	puedes / podés	podías	pudiste	podrás	podrías
él, ella	puede	podía	pudo	podrá	podría
nosotros(as)	podemos	podíamos	pudimos	podremos	podríamos
vosotros(as)	podéis	podíais	pudisteis	podréis	podríais
ellos, ellas	pueden	podían	pudieron	podrán	podrían

TIEMPOS COMPUESTOS

	PRETÉRITO PERFECTO COMPUESTO	PRETÉRITO PLUSCUAMPERFECTO	PRETÉRITO ANTERIOR	FUTURO COMPUESTO	CONDICIONAL COMPUESTO
yo	he podido	había podido	hube podido	habré podido	habría podido
tú / vos	has podido	habías podido	hubiste podido	habrás podido	habrías podido
él, ella	ha podido	había podido	hubo podido	habrá podido	habría podido
nosotros(as)	hemos podido	habíamos podido	hubimos podido	habremos podido	habríamos podido
vosotros(as)	habéis podido	habíais podido	hubisteis podido	habréis podido	habríais podido
ellos, ellas	han podido	habían podido	hubieron podido	habrán podido	habrían podido

MODO SUBJUNTIVO

	TIEMPOS SIMPLES			TIEMPOS COMPUESTOS		
	PRESENTE	PRETÉRITO IMPERFECTO	FUTURO SIMPLE	PRETÉRITO PERFECTO COMPUESTO	PRETÉRITO PLUSCUAMPERFECTO	FUTURO COMPUESTO
yo	pueda	pudiera / pudiese	pudiere	haya podido	hubiera / hubiese podido	hubiere podido
tú / vos	puedas	pudieras / pudieses	pudieres	hayas podido	hubieras / hubieses podido	hubieres podido
él, ella	pueda	pudiera / pudiese	pudiere	haya podido	hubiera / hubiese podido	hubiere podido
nosotros(as)	podamos	pudiéramos / pudiésemos	pudiéremos	hayamos podido	hubiéramos / hubiésemos podido	hubiéremos podido
vosotros(as)	podáis	pudierais / pudieseis	pudiereis	hayáis podido	hubierais / hubieseis podido	hubiereis podido
ellos, ellas	puedan	pudieran / pudiesen	pudieren	hayan podido	hubieran / hubiesen podido	hubieren podido

MODO IMPERATIVO

AFIRMATIVO	NEGATIVO
puede tú / podé vos	no puedas tú / vos
pueda Ud.	no pueda Ud.
podamos nosotros(as)	no podamos nosotros(as)
poded vosotros(as)	no podáis vosotros(as)
puedan Uds.	no puedan Uds.

PONER

OBSERVAÇÃO:
Acrescenta-se um **-g-** à raiz na 1ª p. sing. do *presente de indicativo*, em todo o *presente de subjuntivo* e nas formas do *imperativo* deles derivadas. O segmento **-on-** da raiz passa para **-us-** no *pretérito perfecto simple*, assim como no *imperfecto* e no *futuro de subjuntivo*. Ocorre perda da vogal temática **-e-** com intercalação de **-d-** no *futuro de indicativo* e no *condicional*, e perda do **-e** final na forma da 2ª p. não voseante do *imperativo afirmativo* (**pon** tú). O *participio* é irregular (**puesto**).

FORMAS NO PERSONALES

FORMAS SIMPLES	FORMAS COMPUESTAS
INFINITIVO: poner	INFINITIVO: haber puesto
GERUNDIO: poniendo	GERUNDIO: habiendo puesto
PARTICIPIO PASADO: puesto	———

MODO INDICATIVO

TIEMPOS SIMPLES

	PRESENTE	PRETÉRITO IMPERFECTO	PRETÉRITO PERFECTO SIMPLE	FUTURO SIMPLE	CONDICIONAL SIMPLE
yo	pongo	ponía	puse	pondré	pondría
tú / vos	pones / ponés	ponías	pusiste	pondrás	pondrías
él, ella	pone	ponía	puso	pondrá	pondría
nosotros(as)	ponemos	poníamos	pusimos	pondremos	pondríamos
vosotros(as)	ponéis	poníais	pusisteis	pondréis	pondríais
ellos, ellas	ponen	ponían	pusieron	pondrán	pondrían

TIEMPOS COMPUESTOS

	PRETÉRITO PERFECTO COMPUESTO	PRETÉRITO PLUSCUAMPERFECTO	PRETÉRITO ANTERIOR	FUTURO COMPUESTO	CONDICIONAL COMPUESTO
yo	he puesto	había puesto	hube puesto	habré puesto	habría puesto
tú / vos	has puesto	habías puesto	hubiste puesto	habrás puesto	habrías puesto
él, ella	ha puesto	había puesto	hubo puesto	habrá puesto	habría puesto
nosotros(as)	hemos puesto	habíamos puesto	hubimos puesto	habremos puesto	habríamos puesto
vosotros(as)	habéis puesto	habíais puesto	hubisteis puesto	habréis puesto	habríais puesto
ellos, ellas	han puesto	habían puesto	hubieron puesto	habrán puesto	habrían puesto

MODO SUBJUNTIVO

	TIEMPOS SIMPLES			TIEMPOS COMPUESTOS		
	PRESENTE	PRETÉRITO IMPERFECTO	FUTURO SIMPLE	PRETÉRITO PERFECTO COMPUESTO	PRETÉRITO PLUSCUAMPERFECTO	FUTURO COMPUESTO
yo	ponga	pusiera / pusiese	pusiere	haya puesto	hubiera / hubiese puesto	hubiere puesto
tú / vos	pongas	pusieras / pusieses	pusieres	hayas puesto	hubieras / hubieses puesto	hubieres puesto
él, ella	ponga	pusiera / pusiese	pusiere	haya puesto	hubiera / hubiese puesto	hubiere puesto
nosotros(as)	pongamos	pusiéramos / pusiésemos	pusiéremos	hayamos puesto	hubiéramos / hubiésemos puesto	hubiéremos puesto
vosotros(as)	pongáis	pusierais / pusieseis	pusiereis	hayáis puesto	hubierais / hubieseis puesto	hubiereis puesto
ellos, ellas	pongan	pusieran / pusiesen	pusieren	hayan puesto	hubieran / hubiesen puesto	hubieren puesto

MODO IMPERATIVO

AFIRMATIVO	NEGATIVO
pon tú / poné vos	no pongas tú / vos
ponga Ud.	no ponga Ud.
pongamos nosotros(as)	no pongamos nosotros(as)
poned vosotros(as)	no pongáis vosotros(as)
pongan Uds.	no pongan Uds.

PREDECIR

FORMAS NO PERSONALES

FORMAS SIMPLES	FORMAS COMPUESTAS
INFINITIVO: predecir	INFINITIVO: haber predicho
GERUNDIO: prediciendo	GERUNDIO: habiendo predicho
PARTICIPIO PASADO: predicho	———

OBSERVAÇÃO:
Conjuga-se como **decir**, exceto no *futuro de indicativo* e no *condicional*, onde coexistem as formas regulares (mais usuais atualmente) e as formas irregulares e perda do segmento **-ec-**.

MODO INDICATIVO

TIEMPOS SIMPLES

	PRESENTE	PRETÉRITO IMPERFECTO	PRETÉRITO PERFECTO SIMPLE	FUTURO SIMPLE	CONDICIONAL SIMPLE
yo	predigo	predecía	predije	predeciré / prediré	predeciría / prediría
tú / vos	predices / predecís	predecías	predijiste	predecirás / predirás	predecirías / predirías
él, ella	predice	predecía	predijo	predecirá / predirá	predeciría / prediría
nosotros(as)	predecimos	predecíamos	predijimos	predeciremos / prediremos	predeciríamos / prediríamos
vosotros(as)	predecís	predecíais	predijisteis	predeciréis / prediréis	predeciríais / prediríais
ellos, ellas	predicen	predecían	predijeron	predecirán / predirán	predecirían / predirían

TIEMPOS COMPUESTOS

	PRETÉRITO PERFECTO COMPUESTO	PRETÉRITO PLUSCUAMPERFECTO	PRETÉRITO ANTERIOR	FUTURO COMPUESTO	CONDICIONAL COMPUESTO
yo	he predicho	había predicho	hube predicho	habré predicho	habría predicho
tú / vos	has predicho	habías predicho	hubiste predicho	habrás predicho	habrías predicho
él, ella	ha predicho	había predicho	hubo predicho	habrá predicho	habría predicho
nosotros(as)	hemos predicho	habíamos predicho	hubimos predicho	habremos predicho	habríamos predicho
vosotros(as)	habéis predicho	habíais predicho	hubisteis predicho	habréis predicho	habríais predicho
ellos, ellas	han predicho	habían predicho	hubieron predicho	habrán predicho	habrían predicho

MODO SUBJUNTIVO

	TIEMPOS SIMPLES			TIEMPOS COMPUESTOS		
	PRESENTE	PRETÉRITO IMPERFECTO	FUTURO SIMPLE	PRETÉRITO PERFECTO COMPUESTO	PRETÉRITO PLUSCUAMPERFECTO	FUTURO COMPUESTO
yo	prediga	predijera / predijese	predijere	haya predicho	hubiera / hubiese predicho	hubiere predicho
tú / vos	predigas	predijeras / predijeses	predijeres	hayas predicho	hubieras / hubieses predicho	hubieres predicho
él, ella	prediga	predijera / predijese	predijere	haya predicho	hubiera / hubiese predicho	hubiere predicho
nosotros(as)	predigamos	predijéramos / predijésemos	predijéremos	hayamos predicho	hubiéramos / hubiésemos predicho	hubiéremos predicho
vosotros(as)	predigáis	predijerais / predijeseis	predijereis	hayáis predicho	hubierais / hubieseis predicho	hubiereis predicho
ellos, ellas	predigan	predijeran / predijesen	predijeren	hayan predicho	hubieran / hubiesen predicho	hubieren predicho

MODO IMPERATIVO

AFIRMATIVO	NEGATIVO
predice tú / predecí vos	no predigas tú / vos
prediga Ud.	no prediga Ud.
predigamos nosotros(as)	no predigamos nosotros(as)
predecid vosotros(as)	no predigáis vosotros(as)
predigan Uds.	no predigan Uds.

PUDRIR/PODRIR

OBSERVAÇÃO:
Há duas formas corretas para o *infinitivo* deste verbo: **pudrir** e **podrir**. O *participio pasado* só admite a forma **podrido**. Este verbo apresenta a alternância **-u-** / **-o-** da vogal radical no *infinitivo*, nas formas de raiz átona do *presente de indicativo*, nos *pretéritos de indicativo* e *de subjuntivo*, no *futuro* e *condicional de indicativo* e nas formas do *imperativo* correspondentes a **vos** e **vosotros**. No espanhol culto europeu, predominam as formas com **-u-**, com exceção do *participio*. Na norma culta americana, também preferem-se as formas com **-u-**, mas são registradas igualmente as formas com **-o-**.

FORMAS NO PERSONALES

FORMAS SIMPLES	FORMAS COMPUESTAS
INFINITIVO: pudrir / podrir	INFINITIVO: haber podrido
GERUNDIO: pudriendo	GERUNDIO: habiendo podrido
PARTICIPIO PASADO: podrido	———

MODO INDICATIVO

TIEMPOS SIMPLES

	PRESENTE	PRETÉRITO IMPERFECTO	PRETÉRITO PERFECTO SIMPLE	FUTURO SIMPLE	CONDICIONAL SIMPLE
yo	pudro	pudría / podría	pudrí / podrí	pudriré / podriré	pudriría / podriría
tú / vos	pudres / pudrís	pudrías / podría	pudriste / podriste	pudrirás / podrirás	pudrirías / podrirías
él, ella	pudre	pudría / podría	pudrió / podrió	pudrirá / podrirá	pudriría / podriría
nosotros(as)	podrimos o pudrimos	pudríamos / podríamos	pudrimos / podrimos	pudriremos / podriremos	pudriríamos / podriríamos
vosotros(as)	pudrís o podrís	pudríais / podríais	pudristeis / podristeis	pudriréis / podriréis	pudriríais / podriríais
ellos, ellas	pudren	pudrían / podrían	pudrieron / podrieron	pudrirán / podrirán	pudrirían / podrirían

TIEMPOS COMPUESTOS

	PRETÉRITO PERFECTO COMPUESTO	PRETÉRITO PLUSCUAMPERFECTO	PRETÉRITO ANTERIOR	FUTURO COMPUESTO	CONDICIONAL COMPUESTO
yo	he podrido	había podrido	hube podrido	habré podrido	habría podrido
tú / vos	has podrido	habías podrido	hubiste podrido	habrás podrido	habrías podrido
él, ella	ha podrido	había podrido	hubo podrido	habrá podrido	habría podrido
nosotros(as)	hemos podrido	habíamos podrido	hubimos podrido	habremos podrido	habríamos podrido
vosotros(as)	habéis podrido	habíais podrido	hubisteis podrido	habréis podrido	habríais podrido
ellos, ellas	han podrido	habían podrido	hubieron podrido	habrán podrido	habrían podrido

MODO SUBJUNTIVO

	TIEMPOS SIMPLES			TIEMPOS COMPUESTOS		
	PRESENTE	PRETÉRITO IMPERFECTO	FUTURO SIMPLE	PRETÉRITO PERFECTO COMPUESTO	PRETÉRITO PLUSCUAMPERFECTO	FUTURO COMPUESTO
yo	pudra	pudriera / pudriese	pudriere	haya podrido	hubiera / hubiese podrido	hubiere podrido
tú / vos	pudras	pudrieras / pudrieses	pudrieres	hayas podrido	hubieras / hubieses podrido	hubieres podrido
él, ella	pudra	pudriera / pudriese	pudriere	haya podrido	hubiera / hubiese podrido	hubiere podrido
nosotros(as)	pudramos	pudriéramos / pudriésemos	pudriéremos	hayamos podrido	hubiéramos / hubiésemos podrido	hubiéremos podrido
vosotros(as)	pudráis	pudrierais / pudrieseis	pudriereis	hayáis podrido	hubierais / hubieseis podrido	hubiereis podrido
ellos, ellas	pudran	pudrieran / pudriesen	pudrieren	hayan podrido	hubieran / hubiesen podrido	hubieren podrido

MODO IMPERATIVO

AFIRMATIVO	NEGATIVO
pudre tú / pudrí / podrí vos	no pudras tú / vos
pudra Ud.	no pudra Ud.
pudramos nosotros(as)	no pudramos nosotros(as)
pudrid / podrid vosotros(as)	no pudráis vosotros(as)
pudran Uds.	no pudran Uds.

QUERER

FORMAS NO PERSONALES

FORMAS SIMPLES	FORMAS COMPUESTAS
INFINITIVO: querer	INFINITIVO: haber querido
GERUNDIO: queriendo	GERUNDIO: habiendo querido
PARTICIPIO PASADO: querido	———

OBSERVAÇÃO:
O **-e-** da raiz transforma-se em **-ie-** nas formas do *presente de indicativo*, do *presente de subjuntivo* e de *imperativo* que têm acento prosódico na raiz. Além disso, o segmento **-er-** se transforma em **-is-** no *pretérito perfecto simple* e no *imperfecto* e *futuro de subjuntivo*. Ocorre a perda da vogal temática **-e-** no *futuro de indicativo* e no *condicional*.

MODO INDICATIVO

TIEMPOS SIMPLES

	PRESENTE	PRETÉRITO IMPERFECTO	PRETÉRITO PERFECTO SIMPLE	FUTURO SIMPLE	CONDICIONAL SIMPLE
yo	quiero	quería	quise	querré	querría
tú / vos	quieres / querés	querías	quisiste	querrás	querrías
él, ella	quiere	quería	quiso	querrá	querría
nosotros(as)	queremos	queríamos	quisimos	querremos	querríamos
vosotros(as)	queréis	queríais	quisisteis	querréis	querríais
ellos, ellas	quieren	querían	quisieron	querrán	querrían

TIEMPOS COMPUESTOS

	PRETÉRITO PERFECTO COMPUESTO	PRETÉRITO PLUSCUAMPERFECTO	PRETÉRITO ANTERIOR	FUTURO COMPUESTO	CONDICIONAL COMPUESTO
yo	he querido	había querido	hube querido	habré querido	habría querido
tú / vos	has querido	habías querido	hubiste querido	habrás querido	habrías querido
él, ella	ha querido	había querido	hubo querido	habrá querido	habría querido
nosotros(as)	hemos querido	habíamos querido	hubimos querido	habremos querido	habríamos querido
vosotros(as)	habéis querido	habíais querido	hubisteis querido	habréis querido	habríais querido
ellos, ellas	han querido	habían querido	hubieron querido	habrán querido	habrían querido

MODO SUBJUNTIVO

	TIEMPOS SIMPLES			TIEMPOS COMPUESTOS		
	PRESENTE	PRETÉRITO IMPERFECTO	FUTURO SIMPLE	PRETÉRITO PERFECTO COMPUESTO	PRETÉRITO PLUSCUAMPERFECTO	FUTURO COMPUESTO
yo	quiera	quisiera / quisiese	quisiere	haya querido	hubiera / hubiese querido	hubiere querido
tú / vos	quieras	quisieras / quisieses	quisieres	hayas querido	hubieras / hubieses querido	hubieres querido
él, ella	quiera	quisiera / quisiese	quisiere	haya querido	hubiera / hubiese querido	hubiere querido
nosotros(as)	queramos	quisiéramos / quisiésemos	quisiéremos	hayamos querido	hubiéramos / hubiésemos querido	hubiéremos querido
vosotros(as)	queráis	quisierais / quisieseis	quisiereis	hayáis querido	hubierais / hubieseis querido	hubiereis querido
ellos, ellas	quieran	quisieran / quisiesen	quisieren	hayan querido	hubieran / hubiesen querido	hubieren querido

MODO IMPERATIVO

AFIRMATIVO	NEGATIVO
quiere tú / queré vos	no quieras tú / vos
quiera Ud.	no quiera Ud.
queramos nosotros(as)	no queramos nosotros(as)
quered vosotros(as)	no queráis vosotros(as)
quieran Uds.	no quieran Uds.

SABER

OBSERVAÇÃO:
Possui forma reduzida na 1ª p. sing. do *presente de indicativo.* O segmento **-ab-** da raiz transforma-se em **-ep-** em todo o *presente de subjuntivo* e nas formas do *imperativo* dele derivadas, e passa a ser **-up-** no *pretérito perfecto simple* e no *imperfecto* e *futuro de subjuntivo.* Além disso, ocorre perda da vogal temática **-e-** no *futuro de indicativo* e no *condicional.*

FORMAS NO PERSONALES

FORMAS SIMPLES	FORMAS COMPUESTAS
INFINITIVO: saber	INFINITIVO: haber sabido
GERUNDIO: sabiendo	GERUNDIO: habiendo sabido
PARTICIPIO PASADO: sabido	———

MODO INDICATIVO

TIEMPOS SIMPLES

	PRESENTE	PRETÉRITO IMPERFECTO	PRETÉRITO PERFECTO SIMPLE	FUTURO SIMPLE	CONDICIONAL SIMPLE
yo	sé	sabía	supe	sabré	sabría
tú / vos	sabes / sabés	sabías	supiste	sabrás	sabrías
él, ella	sabe	sabía	supo	sabrá	sabría
nosotros(as)	sabemos	sabíamos	supimos	sabremos	sabríamos
vosotros(as)	sabéis	sabíais	supisteis	sabréis	sabríais
ellos, ellas	saben	sabían	supieron	sabrán	sabrían

TIEMPOS COMPUESTOS

	PRETÉRITO PERFECTO COMPUESTO	PRETÉRITO PLUSCUAMPERFECTO	PRETÉRITO ANTERIOR	FUTURO COMPUESTO	CONDICIONAL COMPUESTO
yo	he sabido	había sabido	hube sabido	habré sabido	habría sabido
tú / vos	has sabido	habías sabido	hubiste sabido	habrás sabido	habrías sabido
él, ella	ha sabido	había sabido	hubo sabido	habrá sabido	habría sabido
nosotros(as)	hemos sabido	habíamos sabido	hubimos sabido	habremos sabido	habríamos sabido
vosotros(as)	habéis sabido	habíais sabido	hubisteis sabido	habréis sabido	habríais sabido
ellos, ellas	han sabido	habían sabido	hubieron sabido	habrán sabido	habrían sabido

MODO SUBJUNTIVO

	TIEMPOS SIMPLES			TIEMPOS COMPUESTOS		
	PRESENTE	PRETÉRITO IMPERFECTO	FUTURO SIMPLE	PRETÉRITO PERFECTO COMPUESTO	PRETÉRITO PLUSCUAMPERFECTO	FUTURO COMPUESTO
yo	sepa	supiera / supiese	supiere	haya sabido	hubiera / hubiese sabido	hubiere sabido
tú / vos	sepas	supieras / supieses	supieres	hayas sabido	hubieras / hubieses sabido	hubieres sabido
él, ella	sepa	supiera / supiese	supiere	haya sabido	hubiera / hubiese sabido	hubiere sabido
nosotros(as)	sepamos	supiéramos / supiésemos	supiéremos	hayamos sabido	hubiéramos / hubiésemos sabido	hubiéremos sabido
vosotros(as)	sepáis	supierais / supieseis	supiereis	hayáis sabido	hubierais / hubieseis sabido	hubiereis sabido
ellos, ellas	sepan	supieran / supiesen	supieren	hayan sabido	hubieran / hubiesen sabido	hubieren sabido

MODO IMPERATIVO

AFIRMATIVO	NEGATIVO
sabe tú / sabé vos	no sepas tú / vos
sepa Ud.	no sepa Ud.
sepamos nosotros(as)	no sepamos nosotros(as)
sabed vosotros(as)	no sepáis vosotros(as)
sepan Uds.	no sepan Uds.

SATISFACER

FORMAS NO PERSONALES

FORMAS SIMPLES	FORMAS COMPUESTAS
INFINITIVO: satisfacer	INFINITIVO: haber satisfecho
GERUNDIO: satisfaciendo	GERUNDIO: habiendo satisfecho
PARTICIPIO PASADO: satisfecho	————

OBSERVAÇÃO:
Conjuga-se como **hacer**, mas possui duas formas para a 2ª p. sing., não voseante, do *imperativo afirmativo* (**satisfaz** tú / satisface tú).

MODO INDICATIVO

TIEMPOS SIMPLES

	PRESENTE	PRETÉRITO IMPERFECTO	PRETÉRITO PERFECTO SIMPLE	FUTURO SIMPLE	CONDICIONAL SIMPLE
yo	satisfago	satisfacía	satisfice	satisfaré	satisfaría
tú / vos	satisfaces / satisfacés	satisfacías	satisficiste	satisfarás	satisfarías
él, ella	satisface	satisfacía	satisfizo	satisfará	satisfaría
nosotros(as)	satisfacemos	satisfacíamos	satisficimos	satisfaremos	satisfaríamos
vosotros(as)	satisfacéis	satisfacíais	satisficisteis	satisfaréis	satisfaríais
ellos, ellas	satisfacen	satisfacían	satisficieron	satisfarán	satisfarían

TIEMPOS COMPUESTOS

	PRETÉRITO PERFECTO COMPUESTO	PRETÉRITO PLUSCUAMPERFECTO	PRETÉRITO ANTERIOR	FUTURO COMPUESTO	CONDICIONAL COMPUESTO
yo	he satisfecho	había satisfecho	hube satisfecho	habré satisfecho	habría satisfecho
tú / vos	has satisfecho	habías satisfecho	hubiste satisfecho	habrás satisfecho	habrías satisfecho
él, ella	ha satisfecho	había satisfecho	hubo satisfecho	habrá satisfecho	habría satisfecho
nosotros(as)	hemos satisfecho	habíamos satisfecho	hubimos satisfecho	habremos satisfecho	habríamos satisfecho
vosotros(as)	habéis satisfecho	habíais satisfecho	hubisteis satisfecho	habréis satisfecho	habríais satisfecho
ellos, ellas	han satisfecho	habían satisfecho	hubieron satisfecho	habrán satisfecho	habrían satisfecho

MODO SUBJUNTIVO

	TIEMPOS SIMPLES			TIEMPOS COMPUESTOS		
	PRESENTE	PRETÉRITO IMPERFECTO	FUTURO SIMPLE	PRETÉRITO PERFECTO COMPUESTO	PRETÉRITO PLUSCUAMPERFECTO	FUTURO COMPUESTO
yo	satisfaga	satisficiera / satisficiese	satisficiere	haya satisfecho	hubiera / hubiese satisfecho	hubiere satisfecho
tú / vos	satisfagas	satisficieras / satisficieses	satisficieres	hayas satisfecho	hubieras / hubieses satisfecho	hubieres satisfecho
él, ella	satisfagas	satisficiera / satisficiese	satisficiere	haya satisfecho	hubiera / hubiese satisfecho	hubiere satisfecho
nosotros(as)	satisfagamos	satisficiéramos / satisficiésemos	satisficiéremos	hayamos satisfecho	hubiéramos / hubiésemos satisfecho	hubiéremos satisfecho
vosotros(as)	satisfagáis	satisficierais / satisficieseis	satisficiereis	hayáis satisfecho	hubierais / hubieseis satisfecho	hubiereis satisfecho
ellos, ellas	satisfagan	satisficieran / satisficiesen	satisficieren	hayan satisfecho	hubieran / hubiesen satisfecho	hubieren satisfecho

MODO IMPERATIVO

AFIRMATIVO	NEGATIVO
satisface o satisfaz tú / satisfacé vos	no satisfagas tú / vos
satisfaga Ud.	no satisfaga Ud.
satisfagamos nosotros(as)	no satisfagamos nosotros(as)
satisfaced vosotros(as)	no satisfagáis vosotros(as)
satisfagan Uds.	no satisfagan Uds.

OBSERVAÇÃO:
As formas do *futuro* e *condicional* são regulares. As outras procedem de dois verbos latinos diferentes de onde surgem as diferentes irregularidades observadas nos demais tempos.

FORMAS NO PERSONALES

FORMAS SIMPLES	FORMAS COMPUESTAS
INFINITIVO: ser	INFINITIVO: haber sido
GERUNDIO: siendo	GERUNDIO: habiendo sido
PARTICIPIO PASADO: sido	————

MODO INDICATIVO

TIEMPOS SIMPLES

	PRESENTE	PRETÉRITO IMPERFECTO	PRETÉRITO PERFECTO SIMPLE	FUTURO SIMPLE	CONDICIONAL SIMPLE
yo	soy	era	fui	seré	sería
tú / vos	eres / sos	eras	fuiste	serás	serías
él, ella	es	era	fue	será	sería
nosotros(as)	somos	éramos	fuimos	seremos	seríamos
vosotros(as)	sois	erais	fuisteis	seréis	seríais
ellos, ellas	son	eran	fueron	serán	serían

TIEMPOS COMPUESTOS

	PRETÉRITO PERFECTO COMPUESTO	PRETÉRITO PLUSCUAMPERFECTO	PRETÉRITO ANTERIOR	FUTURO COMPUESTO	CONDICIONAL COMPUESTO
yo	he sido	había sido	hube sido	habré sido	habría sido
tú / vos	has sido	habías sido	hubiste sido	habrás sido	habrías sido
él, ella	ha sido	había sido	hubo sido	habrá sido	habría sido
nosotros(as)	hemos sido	habíamos sido	hubimos sido	habremos sido	habríamos sido
vosotros(as)	habéis sido	habíais sido	hubisteis sido	habréis sido	habríais sido
ellos, ellas	han sido	habían sido	hubieron sido	habrán sido	habrían sido

MODO SUBJUNTIVO

	TIEMPOS SIMPLES			TIEMPOS COMPUESTOS		
	PRESENTE	PRETÉRITO IMPERFECTO	FUTURO SIMPLE	PRETÉRITO PERFECTO COMPUESTO	PRETÉRITO PLUSCUAMPERFECTO	FUTURO COMPUESTO
yo	sea	fuera / fuese	fuere	haya sido	hubiera / hubiese sido	hubiere sido
tú / vos	seas	fueras / fueses	fueres	hayas sido	hubieras / hubieses sido	hubieres sido
él, ella	sea	fuera / fuese	fuere	haya sido	hubiera / hubiese sido	hubiere sido
nosotros(as)	seamos	fuéramos / fuésemos	fuéremos	hayamos sido	hubiéramos / hubiésemos sido	hubiéremos sido
vosotros(as)	seáis	fuerais / fueseis	fuereis	hayáis sido	hubierais / hubieseis sido	hubiereis sido
ellos, ellas	sean	fueran / fuesen	fueren	hayan sido	hubieran / hubiesen sido	hubieren sido

MODO IMPERATIVO

AFIRMATIVO	NEGATIVO
sé tú / vos	no seas tú / vos
sea Ud.	no sea Ud.
seamos nosotros(as)	no seamos nosotros(as)
sed vosotros(as)	no seáis vosotros(as)
sean Uds.	no sean Uds.

TENER

FORMAS NO PERSONALES

FORMAS SIMPLES	FORMAS COMPUESTAS
INFINITIVO: tener	INFINITIVO: haber tenido
GERUNDIO: teniendo	GERUNDIO: habiendo tenido
PARTICIPIO PASADO: tenido	————

OBSERVAÇÃO:
Adiciona-se um **-g-** à raiz da 1ª p. sing. do *presente de indicativo*, em todo o *presente de subjuntivo* e nas formas do *imperativo* deles derivadas. O **-e-** da raiz transforma-se em **-ie-** nas formas do *presente de indicativo* que possuem acento prosódico na raiz e o segmento radical **-en-** passa para **-uv-** no *pretérito perfecto simple*, assim como no *imperfecto* e *futuro de subjuntivo*. Além disso, ocorre a perda da vogal temática **-e-** com intercalação de um **-d-** no *futuro de indicativo* e no *condicional* e perda do **-e** final na forma da 2ª p. sing., não voseante (**ten** tú), do *imperativo afirmativo*.

MODO INDICATIVO

TIEMPOS SIMPLES

	PRESENTE	PRETÉRITO IMPERFECTO	PRETÉRITO PERFECTO SIMPLE	FUTURO SIMPLE	CONDICIONAL SIMPLE
yo	tengo	tenía	tuve	tendré	tendría
tú / vos	tienes / tenés	tenías	tuviste	tendrás	tendrías
él, ella	tiene	tenía	tuvo	tendrá	tendría
nosotros(as)	tenemos	teníamos	tuvimos	tendremos	tendríamos
vosotros(as)	tenéis	teníais	tuvisteis	tendréis	tendríais
ellos, ellas	tienen	tenían	tuvieron	tendrán	tendrían

TIEMPOS COMPUESTOS

	PRETÉRITO PERFECTO COMPUESTO	PRETÉRITO PLUSCUAMPERFECTO	PRETÉRITO ANTERIOR	FUTURO COMPUESTO	CONDICIONAL COMPUESTO
yo	he tenido	había tenido	hube tenido	habré tenido	habría tenido
tú / vos	has tenido	habías tenido	hubiste tenido	habrás tenido	habrías tenido
él, ella	ha tenido	había tenido	hubo tenido	habrá tenido	habría tenido
nosotros(as)	hemos tenido	habíamos tenido	hubimos tenido	habremos tenido	habríamos tenido
vosotros(as)	habéis tenido	habíais tenido	hubisteis tenido	habréis tenido	habríais tenido
ellos, ellas	han tenido	habían tenido	hubieron tenido	habrán tenido	habrían tenido

MODO SUBJUNTIVO

	TIEMPOS SIMPLES			TIEMPOS COMPUESTOS		
	PRESENTE	PRETÉRITO IMPERFECTO	FUTURO SIMPLE	PRETÉRITO PERFECTO COMPUESTO	PRETÉRITO PLUSCUAMPERFECTO	FUTURO COMPUESTO
yo	tenga	tuviera / tuviese	tuviere	haya tenido	hubiera / hubiese tenido	hubiere tenido
tú / vos	tengas	tuvieras / tuvieses	tuvieres	hayas tenido	hubieras / hubieses tenido	hubieres tenido
él, ella	tenga	tuviera / tuviese	tuviere	haya tenido	hubiera / hubiese tenido	hubiere tenido
nosotros(as)	tengamos	tuviéramos / tuviésemos	tuviéremos	hayamos tenido	hubiéramos / hubiésemos tenido	hubiéremos tenido
vosotros(as)	tengáis	tuvierais / tuvieseis	tuviereis	hayáis tenido	hubierais / hubieseis tenido	hubiereis tenido
ellos, ellas	tengan	tuvieran / tuviesen	tuvieren	hayan tenido	hubieran / hubiesen tenido	hubieren tenido

MODO IMPERATIVO

AFIRMATIVO	NEGATIVO
ten tú / tené vos	no tengas tú / vos
tenga Ud.	no tenga Ud.
tengamos nosotros(as)	no tengamos nosotros(as)
tened vosotros(as)	no tengáis vosotros(as)
tengan Uds.	no tengan Uds.

TRAER

OBSERVAÇÃO:
Adiciona-se **-ig-** à raiz da 1ª p. sing. do *presente de indicativo*, em todo o *presente de subjuntivo* e nas formas do *imperativo* deles derivadas. Acrescenta-se um **-j-** no *pretérito perfecto simple* e no *imperfecto* e *futuro de subjuntivo*. Além disso, a vogal temática é **-e-** e não **-ie-** na 3ª p. pl. do *pretérito perfecto simple* e no *imperfecto* e *futuro de subjuntivo*, o **/i/** da desinência se palatiza e é representado graficamente por **-y-** no *gerundio* (**trayendo**).

FORMAS NO PERSONALES

FORMAS SIMPLES	FORMAS COMPUESTAS
INFINITIVO: traer	INFINITIVO: haber traído
GERUNDIO: trayendo	GERUNDIO: habiendo traído
PARTICIPIO PASADO: traído	———

MODO INDICATIVO

TIEMPOS SIMPLES

	PRESENTE	PRETÉRITO IMPERFECTO	PRETÉRITO PERFECTO SIMPLE	FUTURO SIMPLE	CONDICIONAL SIMPLE
yo	traigo	traía	traje	traeré	traería
tú / vos	traes / traés	traías	trajiste	traerás	traerías
él, ella	trae	traía	trajo	traerá	traería
nosotros(as)	traemos	traíamos	trajimos	traeremos	traeríamos
vosotros(as)	traéis	traíais	trajisteis	traeréis	traeríais
ellos, ellas	traen	traían	trajeron	traerán	traerían

TIEMPOS COMPUESTOS

	PRETÉRITO PERFECTO COMPUESTO	PRETÉRITO PLUSCUAMPERFECTO	PRETÉRITO ANTERIOR	FUTURO COMPUESTO	CONDICIONAL COMPUESTO
yo	he traído	había traído	hube traído	habré traído	habría traído
tú / vos	has traído	habías traído	hubiste traído	habrás traído	habrías traído
él, ella	ha traído	había traído	hubo traído	habrá traído	habría traído
nosotros(as)	hemos traído	habíamos traído	hubimos traído	habremos traído	habríamos traído
vosotros(as)	habéis traído	habíais traído	hubisteis traído	habréis traído	habríais traído
ellos, ellas	han traído	habían traído	hubieron traído	habrán traído	habrían traído

MODO SUBJUNTIVO

	TIEMPOS SIMPLES			TIEMPOS COMPUESTOS		
	PRESENTE	PRETÉRITO IMPERFECTO	FUTURO SIMPLE	PRETÉRITO PERFECTO COMPUESTO	PRETÉRITO PLUSCUAMPERFECTO	FUTURO COMPUESTO
yo	traiga	trajera / trajese	trajere	haya traído	hubiera / hubiese traído	hubiere traído
tú / vos	traigas	trajeras / trajeses	trajeres	hayas traído	hubieras / hubieses traído	hubieres traído
él, ella	traiga	trajera / trajese	trajere	haya traído	hubiera / hubiese traído	hubiere traído
nosotros(as)	traigamos	trajéramos / trajésemos	trajéremos	hayamos traído	hubiéramos / hubiésemos traído	hubiéremos traído
vosotros(as)	traigáis	trajerais / trajeseis	trajereis	hayáis traído	hubierais / hubieseis traído	hubiereis traído
ellos, ellas	traigan	trajeran / trajesen	trajeren	hayan traído	hubieran / hubiesen traído	hubieren traído

MODO IMPERATIVO

AFIRMATIVO	NEGATIVO
trae tú / traé vos	no traigas tú / vos
traiga Ud.	no traiga Ud.
traigamos nosotros(as)	no traigamos nosotros(as)
traed vosotros(as)	no traigáis vosotros(as)
traigan Uds.	no traigan Uds.

VENIR

FORMAS NO PERSONALES

FORMAS SIMPLES	FORMAS COMPUESTAS
INFINITIVO: venir	INFINITIVO: haber venido
GERUNDIO: viniendo	GERUNDIO: habiendo venido
PARTICIPIO PASADO: venido	___________

OBSERVAÇÃO:
Adiciona-se um **-g-** à raiz da 1ª p. sing. do *presente de indicativo*, em todo o *presente de subjuntivo* e nas formas do *imperativo* deles derivadas. O **-e-** da raiz transforma-se em **-ie-** nas formas do *presente de indicativo* que possuem acento prosódico na raiz e fecha-se em **-i-** em todas as formas do *pretérito perfecto simple de indicativo*, do *imperfecto simple* e *futuro simple de subjuntivo* e no *gerundio*. Além disso, ocorre a perda da vogal temática **-e-** com intercalação de um **-d-** no *futuro* e no *condicional simple de indicativo* e perda do **-e** final na forma da 2ª p. sing., não voseante (**ven** tú), do *imperativo afirmativo*.

MODO INDICATIVO

TIEMPOS SIMPLES

	PRESENTE	PRETÉRITO IMPERFECTO	PRETÉRITO PERFECTO SIMPLE	FUTURO SIMPLE	CONDICIONAL SIMPLE
yo	vengo	venía	vine	vendré	vendría
tú / vos	vienes / venís	venías	viniste	vendrás	vendrías
él, ella	viene	venía	vino	vendrá	vendría
nosotros(as)	venimos	veníamos	vinimos	vendremos	vendríamos
vosotros(as)	venís	veníais	vinisteis	vendréis	vendríais
ellos, ellas	vienen	venían	vinieron	vendrán	vendrían

TIEMPOS COMPUESTOS

	PRETÉRITO PERFECTO COMPUESTO	PRETÉRITO PLUSCUAMPERFECTO	PRETÉRITO ANTERIOR	FUTURO COMPUESTO	CONDICIONAL COMPUESTO
yo	he venido	había venido	hube venido	habré venido	habría venido
tú / vos	has venido	habías venido	hubiste venido	habrás venido	habrías venido
él, ella	ha venido	había venido	hubo venido	habrá venido	habría venido
nosotros(as)	hemos venido	habíamos venido	hubimos venido	habremos venido	habríamos venido
vosotros(as)	habéis venido	habíais venido	hubisteis venido	habréis venido	habríais venido
ellos, ellas	han venido	habían venido	hubieron venido	habrán venido	habrían venido

MODO SUBJUNTIVO

	TIEMPOS SIMPLES			TIEMPOS COMPUESTOS		
	PRESENTE	PRETÉRITO IMPERFECTO	FUTURO SIMPLE	PRETÉRITO PERFECTO COMPUESTO	PRETÉRITO PLUSCUAMPERFECTO	FUTURO COMPUESTO
yo	venga	viniera / viniese	viniere	haya venido	hubiera / hubiese venido	hubiere venido
tú / vos	vengas	vinieras / vinieses	vinieres	hayas venido	hubieras / hubieses venido	hubieres venido
él, ella	venga	viniera / viniese	viniere	haya venido	hubiera / hubiese venido	hubiere venido
nosotros(as)	vengamos	viniéramos / viniésemos	viniéremos	hayamos venido	hubiéramos / hubiésemos venido	hubiéremos venido
vosotros(as)	vengáis	vinierais / vinieseis	viniereis	hayáis venido	hubierais / hubieseis venido	hubiereis venido
ellos, ellas	vengan	vinieran / viniesen	vinieren	hayan venido	hubieran / hubiesen venido	hubieren venido

MODO IMPERATIVO

AFIRMATIVO	NEGATIVO
ven tú /vení vos	no vengas tú / vos
venga Ud.	no venga Ud.
vengamos nosotros(as)	no vengamos nosotros(as)
venid vosotros(as)	no vengáis vosotros(as)
vengan Uds.	no vengan Uds.

VER

OBSERVAÇÃO:
O **-e-** da raiz **ve-** e o **-e-** da desinência fundem-se num só nas formas nas quais coincidem ambas. Perde-se o **-e-** da raiz no *pretérito perfecto simple de indicativo*, no *imperfecto* e *futuro simple de subjuntivo* e no *gerundio*. O *participio* é irregular (**visto**).

FORMAS NO PERSONALES

FORMAS SIMPLES	FORMAS COMPUESTAS
INFINITIVO: ver	INFINITIVO: haber visto
GERUNDIO: viendo	GERUNDIO: habiendo visto
PARTICIPIO PASADO: visto	————

MODO INDICATIVO

TIEMPOS SIMPLES

	PRESENTE	PRETÉRITO IMPERFECTO	PRETÉRITO PERFECTO SIMPLE	FUTURO SIMPLE	CONDICIONAL SIMPLE
yo	veo	veía	vi	veré	vería
tú / vos	ves	veías	viste	verás	verías
él, ella	ve	veía	vio	verá	vería
nosotros(as)	vemos	veíamos	vimos	veremos	veríamos
vosotros(as)	veis	veíais	visteis	veréis	veríais
ellos, ellas	ven	veían	vieron	verán	verían

TIEMPOS COMPUESTOS

	PRETÉRITO PERFECTO COMPUESTO	PRETÉRITO PLUSCUAMPERFECTO	PRETÉRITO ANTERIOR	FUTURO COMPUESTO	CONDICIONAL COMPUESTO
yo	he visto	había visto	hube visto	habré visto	habría visto
tú / vos	has visto	habías visto	hubiste visto	habrás visto	habrías visto
él, ella	ha visto	había visto	hubo visto	habrá visto	habría visto
nosotros(as)	hemos visto	habíamos visto	hubimos visto	habremos visto	habríamos visto
vosotros(as)	habéis visto	habíais visto	hubisteis visto	habréis visto	habríais visto
ellos, ellas	han visto	habían visto	hubieron visto	habrán visto	habrían visto

MODO SUBJUNTIVO

	TIEMPOS SIMPLES			TIEMPOS COMPUESTOS		
	PRESENTE	PRETÉRITO IMPERFECTO	FUTURO SIMPLE	PRETÉRITO PERFECTO COMPUESTO	PRETÉRITO PLUSCUAMPERFECTO	FUTURO COMPUESTO
yo	vea	viera / viese	viere	haya visto	hubiera / hubiese visto	hubiere visto
tú / vos	veas	vieras / vieses	vieres	hayas visto	hubieras / hubieses visto	hubieres visto
él, ella	vea	viera / viese	viere	haya visto	hubiera / hubiese visto	hubiere visto
nosotros(as)	veamos	viéramos / viésemos	viéremos	hayamos visto	hubiéramos / hubiésemos visto	hubiéremos visto
vosotros(as)	veáis	vierais / vieseis	viereis	hayáis visto	hubierais / hubieseis visto	hubiereis visto
ellos, ellas	vean	vieran / viesen	vieren	hayan visto	hubieran / hubiesen visto	hubieren visto

MODO IMPERATIVO

AFIRMATIVO	NEGATIVO
ve tú / vos	no veas tú / vos
vea Ud.	no vea Ud.
veamos nosotros(as)	no veamos nosotros(as)
ved vosotros(as)	no veáis vosotros(as)
vean Uds.	no vean Uds.

YACER

FORMAS NO PERSONALES

FORMAS SIMPLES	FORMAS COMPUESTAS
INFINITIVO: yacer	INFINITIVO: haber yacido
GERUNDIO: yaciendo	GERUNDIO: habiendo yacido
PARTICIPIO PASADO: yacido	————

OBSERVAÇÃO:
Possui três formas válidas na 1ª p. sing., do *presente de indicativo*, em todo o *presente de subjuntivo* e nas formas do *imperativo* deles derivadas (**yazco** / **yazgo** / **yago**). Na 2ª p. sing., não voseante (tú) possui duas formas: uma regular (**yace**) e outra irregular (**yaz**).

MODO INDICATIVO

TIEMPOS SIMPLES

	PRESENTE	PRETÉRITO IMPERFECTO	PRETÉRITO PERFECTO SIMPLE	FUTURO SIMPLE	CONDICIONAL SIMPLE
yo	yazco / yazgo / yago	yacía	yací	yaceré	yacería
tú / vos	yaces / yacés	yacías	yaciste	yacerás	yacerías
él, ella	yace	yacía	yació	yacerá	yacería
nosotros(as)	yacemos	yacíamos	yacimos	yaceremos	yaceríamos
vosotros(as)	yacéis	yacíais	yacisteis	yaceréis	yaceríais
ellos, ellas	yacen	yacían	yacieron	yacerán	yacerían

TIEMPOS COMPUESTOS

	PRETÉRITO PERFECTO COMPUESTO	PRETÉRITO PLUSCUAMPERFECTO	PRETÉRITO ANTERIOR	FUTURO COMPUESTO	CONDICIONAL COMPUESTO
yo	he yacido	había yacido	hube yacido	habré yacido	habría yacido
tú / vos	has yacido	habías yacido	hubiste yacido	habrás yacido	habrías yacido
él, ella	ha yacido	había yacido	hubo yacido	habrá yacido	habría yacido
nosotros(as)	hemos yacido	habíamos yacido	hubimos yacido	habremos yacido	habríamos yacido
vosotros(as)	habéis yacido	habíais yacido	hubisteis yacido	habréis yacido	habríais yacido
ellos, ellas	han yacido	habían yacido	hubieron yacido	habrán yacido	habrían yacido

MODO SUBJUNTIVO

	TIEMPOS SIMPLES			TIEMPOS COMPUESTOS		
	PRESENTE	PRETÉRITO IMPERFECTO	FUTURO SIMPLE	PRETÉRITO PERFECTO COMPUESTO	PRETÉRITO PLUSCUAMPERFECTO	FUTURO COMPUESTO
yo	yazca / yazga / yaga	yaciera / yaciese	yaciere	haya yacido	hubiera / hubiese yacido	hubiere yacido
tú / vos	yazcas / yazgas / yaga	yacieras / yacieses	yacieres	hayas yacido	hubieras / hubieses yacido	hubieres yacido
él, ella	yazca / yazgas / yaga	yaciera / yaciese	yaciere	haya yacido	hubiera / hubiese yacido	hubiere yacido
nosotros(as)	yazcamos / yazgamos / yagamos	yaciéramos / yaciésemos	yaciéremos	hayamos yacido	hubiéramos / hubiésemos yacido	hubiéremos yacido
vosotros(as)	yazcáis / yazgáis / yagáis	yacierais / yacieseis	yaciereis	hayáis yacido	hubierais / hubieseis yacido	hubiereis yacido
ellos, ellas	yazcan / yazgan / yagan	yacieran / yaciesen	yacieren	hayan yacido	hubieran / hubiesen yacido	hubieren yacido

MODO IMPERATIVO

AFIRMATIVO	NEGATIVO
yace o yaz tú / yacé vos	no yazcas / yazgas / yagas tú / vos
yazca / yazga / yaga Ud.	no yazca / yazga / yaga Ud.
yazcamos / yazgamos / yagamos nosotros(as)	no yazcamos / yazgamos / yagamos nosotros(as)
yaced vosotros(as)	no yazcáis / yazgáis / yagáis vosotros(as)
yazcan / yazgan / yagan Uds.	no yazcan / yazgan / yagan Uds.

OBSERVAÇÃO:
O **-i-** da desinência se palatiza e é representado graficamente como **-y-** quando é átono e seguido de vogal. O *participio pasado* é sempre acentuado graficamente, já que forma um hiato com o **-e-** da raiz. Da mesma forma, comportam-se outros verbos terminados em **-eer** (**creer**, **proveer**).

FORMAS NO PERSONALES

FORMAS SIMPLES	FORMAS COMPUESTAS
INFINITIVO: leer	INFINITIVO: haber leído
GERUNDIO: leyendo	GERUNDIO: habiendo leído
PARTICIPIO PASADO: leído	———

MODO INDICATIVO

TIEMPOS SIMPLES

	PRESENTE	PRETÉRITO IMPERFECTO	PRETÉRITO PERFECTO SIMPLE	FUTURO SIMPLE	CONDICIONAL SIMPLE
yo	leo	leía	leí	leeré	leería
tú / vos	lees / leés	leías	leíste	leerás	leerías
él, ella	lee	leía	leyó	leerá	leería
nosotros(as)	leemos	leíamos	leímos	leeremos	leeríamos
vosotros(as)	leéis	leíais	leísteis	leeréis	leeríais
ellos, ellas	leen	leían	leyeron	leerán	leerían

TIEMPOS COMPUESTOS

	PRETÉRITO PERFECTO COMPUESTO	PRETÉRITO PLUSCUAMPERFECTO	PRETÉRITO ANTERIOR	FUTURO COMPUESTO	CONDICIONAL COMPUESTO
yo	he leído	había leído	hube leído	habré leído	habría leído
tú / vos	has leído	habías leído	hubiste leído	habrás leído	habrías leído
él, ella	ha leído	había leído	hubo leído	habrá leído	habría leído
nosotros(as)	hemos leído	habíamos leído	hubimos leído	habremos leído	habríamos leído
vosotros(as)	habéis leído	habíais leído	hubisteis leído	habréis leído	habríais leído
ellos, ellas	han leído	habían leído	hubieron leído	habrán leído	habrían leído

MODO SUBJUNTIVO

	TIEMPOS SIMPLES			TIEMPOS COMPUESTOS		
	PRESENTE	PRETÉRITO IMPERFECTO	FUTURO SIMPLE	PRETÉRITO PERFECTO COMPUESTO	PRETÉRITO PLUSCUAMPERFECTO	FUTURO COMPUESTO
yo	lea	leyera / leyese	leyere	haya leído	hubiera / hubiese leído	hubiere leído
tú / vos	leas	leyeras / leyeses	leyeres	hayas leído	hubieras / hubieses leído	hubieres leído
él, ella	lea	leyera / leyese	leyere	haya leído	hubiera / hubiese leído	hubiere leído
nosotros(as)	leamos	leyéramos / leyésemos	leyéremos	hayamos leído	hubiéramos / hubiésemos leído	hubiéremos leído
vosotros(as)	leáis	leyerais / leyeseis	leyereis	hayáis leído	hubierais / hubieseis leído	hubiereis leído
ellos, ellas	lean	leyeran / leyesen	leyeren	hayan leído	hubieran / hubiesen leído	hubieren leído

MODO IMPERATIVO

AFIRMATIVO	NEGATIVO
lee tú / leé vos	no leas tú / vos
lea Ud.	no lea Ud.
leamos nosotros(as)	no leamos nosotros(as)
leed vosotros(as)	no leáis vosotros(as)
lean Uds.	no lean Uds.

CONSTRUIR

FORMAS NO PERSONALES

FORMAS SIMPLES	FORMAS COMPUESTAS
INFINITIVO: construir	INFINITIVO: haber construido
GERUNDIO: construyendo	GERUNDIO: habiendo construido
PARTICIPIO PASADO: construido	———

OBSERVAÇÃO:
Ocorre uma intercalação do **-y-** nas formas do *presente de indicativo* e do *imperativo* que levam acento prosódico na raiz, assim como em todo o *presente de subjuntivo*. Além disso, o **/i/** da desinência se palatiza e, graficamente, é representado por **-y-**, quando é átono e seguido de vogal.

MODO INDICATIVO

TIEMPOS SIMPLES

	PRESENTE	PRETÉRITO IMPERFECTO	PRETÉRITO PERFECTO SIMPLE	FUTURO SIMPLE	CONDICIONAL SIMPLE
yo	construyo	construía	construí	construiré	construiría
tú / vos	construyes	construías	construiste	construirás	construirías
él, ella	construye	construía	construyó	construirá	construiría
nosotros(as)	construimos	construíamos	construimos	construiremos	construiríamos
vosotros(as)	construís	construíais	construisteis	construiréis	construiríais
ellos, ellas	construyen	construían	construyeron	construirán	construirían

TIEMPOS COMPUESTOS

	PRETÉRITO PERFECTO COMPUESTO	PRETÉRITO PLUSCUAMPERFECTO	PRETÉRITO ANTERIOR	FUTURO COMPUESTO	CONDICIONAL COMPUESTO
yo	he construido	había construido	hube construido	habré construido	habría construido
tú / vos	has construido	habías construido	hubiste construido	habrás construido	habrías construido
él, ella	ha construido	había construido	hubo construido	habrá construido	habría construido
nosotros(as)	hemos construido	habíamos construido	hubimos construido	habremos construido	habríamos construido
vosotros(as)	habéis construido	habíais construido	hubisteis construido	habréis construido	habríais construido
ellos, ellas	han construido	habían construido	hubieron construido	habrán construido	habrían construido

MODO SUBJUNTIVO

	TIEMPOS SIMPLES			TIEMPOS COMPUESTOS		
	PRESENTE	PRETÉRITO IMPERFECTO	FUTURO SIMPLE	PRETÉRITO PERFECTO COMPUESTO	PRETÉRITO PLUSCUAMPERFECTO	FUTURO COMPUESTO
yo	construya	construyera / construyese	construyere	haya construido	hubiera / hubiese construido	hubiere construido
tú / vos	construyas	construyeras / construyeses	construyeres	hayas construido	hubieras / hubieses construido	hubieres construido
él, ella	construya	construyera / construyese	construyere	haya construido	hubiera / hubiese construido	hubiere construido
nosotros(as)	construyamos	construyéramos / construyésemos	construyéremos	hayamos construido	hubiéramos / hubiésemos construido	hubiéremos construido
vosotros(as)	construyáis	construyerais / construyeseis	construyereis	hayáis construido	hubierais / hubieseis construido	hubiereis construido
ellos, ellas	construyan	construyeran / construyesen	construyeren	hayan construido	hubieran / hubiesen construido	hubieren construido

MODO IMPERATIVO

AFIRMATIVO	NEGATIVO
construye tú / construí vos	no construyas tú / vos
construya Ud.	no construya Ud.
construyamos nosotros(as)	no construyamos nosotros(as)
construid vosotros(as)	no construyáis vosotros(as)
construyan Uds.	no construyan Uds.

REHUIR

OBSERVAÇÃO:
Ocorre uma intercalação do **-y-** nas formas do *presente de indicativo* e do *imperativo* que levam acento prosódico na raiz, assim como em todo o *presente de subjuntivo*. Além disso, o **/i/** da desinência se palatiza e, graficamente, é representado por **-y-**, quando é átono e seguido de vogal. A presença do **-h-** não impede a formação do hiato, que deve ser acentuado.

FORMAS NO PERSONALES

FORMAS SIMPLES	FORMAS COMPUESTAS
INFINITIVO: rehuir	INFINITIVO: haber rehuido
GERUNDIO: rehuyendo	GERUNDIO: habiendo rehuido
PARTICIPIO PASADO: rehuido	

MODO INDICATIVO

TIEMPOS SIMPLES

	PRESENTE	PRETÉRITO IMPERFECTO	PRETÉRITO PERFECTO SIMPLE	FUTURO SIMPLE	CONDICIONAL SIMPLE
yo	rehúyo	rehuía	rehuí	rehuiré	rehuiría
tú / vos	rehúyes / rehuís	rehuías	rehuiste	rehuirás	rehuirías
él, ella	rehúye	rehuía	rehuyó	rehuirá	rehuiría
nosotros(as)	rehuimos	rehuíamos	rehuimos	rehuiremos	rehuiríamos
vosotros(as)	rehuís	rehuíais	rehuisteis	rehuiréis	rehuiríais
ellos, ellas	rehúyen	rehuían	rehuyeron	rehuirán	rehuirían

TIEMPOS COMPUESTOS

	PRETÉRITO PERFECTO COMPUESTO	PRETÉRITO PLUSCUAMPERFECTO	PRETÉRITO ANTERIOR	FUTURO COMPUESTO	CONDICIONAL COMPUESTO
yo	he rehuido	había rehuido	hube rehuido	habré rehuido	habría rehuido
tú / vos	has rehuido	habías rehuido	hubiste rehuido	habrás rehuido	habrías rehuido
él, ella	ha rehuido	había rehuido	hubo rehuido	habrá rehuido	habría rehuido
nosotros(as)	hemos rehuido	habíamos rehuido	hubimos rehuido	habremos rehuido	habríamos rehuido
vosotros(as)	habéis rehuido	habíais rehuido	hubisteis rehuido	habréis rehuido	habríais rehuido
ellos, ellas	han rehuido	habían rehuido	hubieron rehuido	habrán rehuido	habrían rehuido

MODO SUBJUNTIVO

	TIEMPOS SIMPLES			TIEMPOS COMPUESTOS		
	PRESENTE	PRETÉRITO IMPERFECTO	FUTURO SIMPLE	PRETÉRITO PERFECTO COMPUESTO	PRETÉRITO PLUSCUAMPERFECTO	FUTURO COMPUESTO
yo	rehúya	rehuyera / rehuyese	rehuyere	haya rehuido	hubiera / hubiese rehuido	hubiere rehuido
tú / vos	rehúyas	rehuyeras / rehuyeses	rehuyeres	hayas rehuido	hubieras / hubieses rehuido	hubieres rehuido
él, ella	rehúya	rehuyera / rehuyese	rehuyere	haya rehuido	hubiera / hubiese rehuido	hubiere rehuido
nosotros(as)	rehuyamos	rehuyéramos / rehuyésemos	rehuyéremos	hayamos rehuido	hubiéramos / hubiésemos rehuido	hubiéremos rehuido
vosotros(as)	rehuyáis	rehuyerais / rehuyeseis	rehuyereis	hayáis rehuido	hubierais / hubieseis rehuido	hubiereis rehuido
ellos, ellas	rehúyan	rehuyeran / rehuyesen	rehuyeren	hayan rehuido	hubieran / hubiesen rehuido	hubieren rehuido

MODO IMPERATIVO

AFIRMATIVO	NEGATIVO
rehúye tú / rehuí vos	no rehúyas tú / vos
rehúya Ud.	no rehúya Ud.
rehuyamos nosotros(as)	no rehuyamos nosotros(as)
rehuid vosotros(as)	no rehuyáis vosotros(as)
rehúyan Uds.	no rehúyan Uds.

TAÑER

FORMAS NO PERSONALES

FORMAS SIMPLES	FORMAS COMPUESTAS
INFINITIVO: tañer	INFINITIVO: haber tañido
GERUNDIO: tañendo	GERUNDIO: habiendo tañido
PARTICIPIO PASADO: tañido	———

OBSERVAÇÃO:
O **-i-** da desinência desaparece quando é átono e seguido de vogal, pois se articula com a consoante palatal que o precede.

MODO INDICATIVO

TIEMPOS SIMPLES

	PRESENTE	PRETÉRITO IMPERFECTO	PRETÉRITO PERFECTO SIMPLE	FUTURO SIMPLE	CONDICIONAL SIMPLE
yo	taño	tañía	tañí	tañeré	tañería
tú / vos	tañes / tañés	tañías	tañiste	tañerás	tañerías
él, ella	tañe	tañía	tañó	tañerá	tañería
nosotros(as)	tañemos	tañíamos	tañimos	tañeremos	tañeríamos
vosotros(as)	tañéis	tañíais	tañisteis	tañeréis	tañeríais
ellos, ellas	tañen	tañían	tañeron	tañerán	tañerían

TIEMPOS COMPUESTOS

	PRETÉRITO PERFECTO COMPUESTO	PRETÉRITO PLUSCUAMPERFECTO	PRETÉRITO ANTERIOR	FUTURO COMPUESTO	CONDICIONAL COMPUESTO
yo	he tañido	había tañido	hube tañido	habré tañido	habría tañido
tú / vos	has tañido	habías tañido	hubiste tañido	habrás tañido	habrías tañido
él, ella	ha tañido	había tañido	hubo tañido	habrá tañido	habría tañido
nosotros(as)	hemos tañido	habíamos tañido	hubimos tañido	habremos tañido	habríamos tañido
vosotros(as)	habéis tañido	habíais tañido	hubisteis tañido	habréis tañido	habríais tañido
ellos, ellas	han tañido	habían tañido	hubieron tañido	habrán tañido	habrían tañido

MODO SUBJUNTIVO

	TIEMPOS SIMPLES			TIEMPOS COMPUESTOS		
	PRESENTE	PRETÉRITO IMPERFECTO	FUTURO SIMPLE	PRETÉRITO PERFECTO COMPUESTO	PRETÉRITO PLUSCUAMPERFECTO	FUTURO COMPUESTO
yo	taña	tañera / tañese	tañere	haya tañido	hubiera / hubiese tañido	hubiere tañido
tú / vos	tañas	tañeras / tañeses	tañeres	hayas tañido	hubieras / hubieses tañido	hubieres tañido
él, ella	taña	tañera / tañese	tañere	haya tañido	hubiera / hubiese tañido	hubiere tañido
nosotros(as)	tañamos	tañéramos / tañésemos	tañéremos	hayamos tañido	hubiéramos / hubiésemos tañido	hubiéremos tañido
vosotros(as)	tañáis	tañerais / tañeseis	tañereis	hayáis tañido	hubierais / hubieseis tañido	hubiereis tañido
ellos, ellas	tañan	tañeran / tañesen	tañeren	hayan tañido	hubieran / hubiesen tañido	hubieren tañido

MODO IMPERATIVO

AFIRMATIVO	NEGATIVO
tañe tú / tañé vos	no tañas tú / vos
taña Ud.	no taña Ud.
tañamos nosotros(as)	no tañamos nosotros(as)
tañed vosotros(as)	no tañáis vosotros(as)
tañan Uds.	no tañan Uds.

GRUÑIR

OBSERVAÇÃO:
O **-i-** da desinência desaparece quando é átono e seguido de vogal, pois se articula com a consoante palatal que o precede.

FORMAS NO PERSONALES

FORMAS SIMPLES	FORMAS COMPUESTAS
INFINITIVO: gruñir	INFINITIVO: haber gruñido
GERUNDIO: gruñendo	GERUNDIO: habiendo gruñido
PARTICIPIO PASADO: gruñido	———

MODO INDICATIVO

TIEMPOS SIMPLES

	PRESENTE	PRETÉRITO IMPERFECTO	PRETÉRITO PERFECTO SIMPLE	FUTURO SIMPLE	CONDICIONAL SIMPLE
yo	gruño	gruñía	gruñí	gruñiré	gruñiría
tú / vos	gruñes / gruñís	gruñías	gruñiste	gruñirás	gruñirías
él, ella	gruñe	gruñía	gruñó	gruñirá	gruñiría
nosotros(as)	gruñimos	gruñíamos	gruñimos	gruñiremos	gruñiríamos
vosotros(as)	gruñís	gruñíais	gruñisteis	gruñiréis	gruñiríais
ellos, ellas	gruñen	gruñían	gruñeron	gruñirán	gruñirían

TIEMPOS COMPUESTOS

	PRETÉRITO PERFECTO COMPUESTO	PRETÉRITO PLUSCUAMPERFECTO	PRETÉRITO ANTERIOR	FUTURO COMPUESTO	CONDICIONAL COMPUESTO
yo	he gruñido	había gruñido	hube gruñido	habré gruñido	habría gruñido
tú / vos	has gruñido	habías gruñido	hubiste gruñido	habrás gruñido	habrías gruñido
él, ella	ha gruñido	había gruñido	hubo gruñido	habrá gruñido	habría gruñido
nosotros(as)	hemos gruñido	habíamos gruñido	hubimos gruñido	habremos gruñido	habríamos gruñido
vosotros(as)	habéis gruñido	habíais gruñido	hubisteis gruñido	habréis gruñido	habríais gruñido
ellos, ellas	han gruñido	habían gruñido	hubieron gruñido	habrán gruñido	habrían gruñido

MODO SUBJUNTIVO

	TIEMPOS SIMPLES			TIEMPOS COMPUESTOS		
	PRESENTE	PRETÉRITO IMPERFECTO	FUTURO SIMPLE	PRETÉRITO PERFECTO COMPUESTO	PRETÉRITO PLUSCUAMPERFECTO	FUTURO COMPUESTO
yo	gruña	gruñera / gruñese	gruñere	haya gruñido	hubiera / hubiese gruñido	hubiere gruñido
tú / vos	gruñas	gruñeras / gruñeses	gruñeres	hayas gruñido	hubieras / hubieses gruñido	hubieres gruñido
él, ella	gruña	gruñera / gruñese	gruñere	haya gruñido	hubiera / hubiese gruñido	hubiere gruñido
nosotros(as)	gruñamos	gruñéramos / gruñésemos	gruñéremos	hayamos gruñido	hubiéramos / hubiésemos gruñido	hubiéremos gruñido
vosotros(as)	gruñáis	gruñerais / gruñeseis	gruñereis	hayáis gruñido	hubierais / hubieseis gruñido	hubiereis gruñido
ellos, ellas	gruñan	gruñeran / gruñesen	gruñeren	hayan gruñido	hubieran / hubiesen gruñido	hubieren gruñido

MODO IMPERATIVO

AFIRMATIVO	NEGATIVO
gruñe tú / gruñí vos	no gruñas tú / vos
gruña Ud.	no gruña Ud.
gruñamos nosotros(as)	no gruñamos nosotros(as)
gruñid vosotros(as)	no gruñáis vosotros(as)
gruñan Uds.	no gruñan Uds.

MULLIR

FORMAS NO PERSONALES

FORMAS SIMPLES	FORMAS COMPUESTAS
INFINITIVO: mullir	INFINITIVO: haber mullido
GERUNDIO: mullendo	GERUNDIO: habiendo mullido
PARTICIPIO PASADO: mullido	———

OBSERVAÇÃO:
O **-i-** da desinência desaparece quando é átono e seguido de vogal, pois se articula com a consoante palatal que o precede.

MODO INDICATIVO

TIEMPOS SIMPLES

	PRESENTE	PRETÉRITO IMPERFECTO	PRETÉRITO PERFECTO SIMPLE	FUTURO SIMPLE	CONDICIONAL SIMPLE
yo	mullo	mullía	mullí	mulliré	mulliría
tú / vos	mulles / mullís	mullías	mulliste	mullirás	mullirías
él, ella	mulle	mullía	mulló	mullirá	mulliría
nosotros(as)	mullimos	mullíamos	mullimos	mulliremos	mulliríamos
vosotros(as)	mullís	mullíais	mullisteis	mulliréis	mulliríais
ellos, ellas	mullen	mullían	mulleron	mullirán	mullirían

TIEMPOS COMPUESTOS

	PRETÉRITO PERFECTO COMPUESTO	PRETÉRITO PLUSCUAMPERFECTO	PRETÉRITO ANTERIOR	FUTURO COMPUESTO	CONDICIONAL COMPUESTO
yo	he mullido	había mullido	hube mullido	habré mullido	habría mullido
tú / vos	has mullido	habías mullido	hubiste mullido	habrás mullido	habrías mullido
él, ella	ha mullido	había mullido	hubo mullido	habrá mullido	habría mullido
nosotros(as)	hemos mullido	habíamos mullido	hubimos mullido	habremos mullido	habríamos mullido
vosotros(as)	habéis mullido	habíais mullido	hubisteis mullido	habréis mullido	habríais mullido
ellos, ellas	han mullido	habían mullido	hubieron mullido	habrán mullido	habrían mullido

MODO SUBJUNTIVO

	TIEMPOS SIMPLES			TIEMPOS COMPUESTOS		
	PRESENTE	PRETÉRITO IMPERFECTO	FUTURO SIMPLE	PRETÉRITO PERFECTO COMPUESTO	PRETÉRITO PLUSCUAMPERFECTO	FUTURO COMPUESTO
yo	mulla	mullera / mullese	mullere	haya mullido	hubiera / hubiese mullido	hubiere mullido
tú / vos	mullas	mulleras / mulleses	mulleres	hayas mullido	hubieras / hubieses mullido	hubieres mullido
él, ella	mulla	mullera / mullese	mullere	haya mullido	hubiera / hubiese mullido	hubiere mullido
nosotros(as)	mullamos	mulléramos / mullésemos	mulléremos	hayamos mullido	hubiéramos / hubiésemos mullido	hubiéremos mullido
vosotros(as)	mulláis	mullerais / mulleseis	mullereis	hayáis mullido	hubierais / hubieseis mullido	hubiereis mullido
ellos, ellas	mullan	mulleran / mullesen	mulleren	hayan mullido	hubieran / hubiesen mullido	hubieren mullido

MODO IMPERATIVO

AFIRMATIVO	NEGATIVO
mulle tú / mullí vos	no mullas tú / vos
mulla Ud.	no mulla Ud.
mullamos nosotros(as)	no mullamos nosotros(as)
mullid vosotros(as)	no mulláis vosotros(as)
mullan Uds.	no mullan Uds.

TEÑIR

OBSERVAÇÃO:
O **-e-** da raiz passa a ser **-i-** em todas as formas que levam o acento prosódico na raiz, na 3ª p. sing. e 3ª p. pl. do *pretérito perfecto simple de indicativo*, em todos os tempos e pessoas do *subjuntivo* e no *gerundio*. Além disso, o **/i/** da desinência desaparece quando é átono e seguido de vogal, pois se articula com a consoante palatal que o precede.

FORMAS NO PERSONALES

FORMAS SIMPLES	FORMAS COMPUESTAS
INFINITIVO: teñir	INFINITIVO: haber teñido
GERUNDIO: tiñendo	GERUNDIO: habiendo teñido
PARTICIPIO PASADO: teñido	———

MODO INDICATIVO

TIEMPOS SIMPLES

	PRESENTE	PRETÉRITO IMPERFECTO	PRETÉRITO PERFECTO SIMPLE	FUTURO SIMPLE	CONDICIONAL SIMPLE
yo	tiño	teñía	teñí	teñiré	teñiría
tú / vos	tiñes / teñís	teñías	teñiste	teñirás	teñirías
él, ella	tiñe	teñía	tiñó	teñirá	teñiría
nosotros(as)	teñimos	teñíamos	teñimos	teñiremos	teñiríamos
vosotros(as)	teñís	teñíais	teñisteis	teñiréis	teñiríais
ellos, ellas	tiñen	teñían	tiñeron	teñirán	teñirían

TIEMPOS COMPUESTOS

	PRETÉRITO PERFECTO COMPUESTO	PRETÉRITO PLUSCUAMPERFECTO	PRETÉRITO ANTERIOR	FUTURO COMPUESTO	CONDICIONAL COMPUESTO
yo	he teñido	había teñido	hube teñido	habré teñido	habría teñido
tú / vos	has teñido	habías teñido	hubiste teñido	habrás teñido	habrías teñido
él, ella	ha teñido	había teñido	hubo teñido	habrá teñido	habría teñido
nosotros(as)	hemos teñido	habíamos teñido	hubimos teñido	habremos teñido	habríamos teñido
vosotros(as)	habéis teñido	habíais teñido	hubisteis teñido	habréis teñido	habríais teñido
ellos, ellas	han teñido	habían teñido	hubieron teñido	habrán teñido	habrían teñido

MODO SUBJUNTIVO

	TIEMPOS SIMPLES			TIEMPOS COMPUESTOS		
	PRESENTE	PRETÉRITO IMPERFECTO	FUTURO SIMPLE	PRETERITO PERFECTO COMPUESTO	PRETÉRITO PLUSCUAMPERFECTO	FUTURO COMPUESTO
yo	tiña	tiñera / tiñese	tiñere	haya teñido	hubiera / hubiese teñido	hubiere teñido
tú / vos	tiñas	tiñeras / tiñeses	tiñeres	hayas teñido	hubieras / hubieses teñido	hubieres teñido
él, ella	tiña	tiñera / tiñese	tiñere	haya teñido	hubiera / hubiese teñido	hubiere teñido
nosotros(as)	tiñamos	tiñéramos / tiñésemos	tiñéremos	hayamos teñido	hubiéramos / hubiésemos teñido	hubiéremos teñido
vosotros(as)	tiñáis	tiñerais / tiñeseis	tiñereis	hayáis teñido	hubierais / hubieseis teñido	hubiereis teñido
ellos, ellas	tiñan	tiñeran / tiñesen	tiñeren	hayan teñido	hubieran / hubiesen teñido	hubieren teñido

MODO IMPERATIVO

AFIRMATIVO	NEGATIVO
tiñe tú / teñí vos	no tiñas tú / vos
tiña Ud.	no tiña Ud.
tiñamos nosotros(as)	no tiñamos nosotros(as)
teñid vosotros(as)	no tiñáis vosotros(as)
tiñan Uds.	no tiñan Uds.

REÍR

FORMAS NO PERSONALES

FORMAS SIMPLES	FORMAS COMPUESTAS
INFINITIVO: reír	INFINITIVO: haber reído
GERUNDIO: riendo	GERUNDIO: habiendo reído
PARTICIPIO PASADO: reído	———

OBSERVAÇÃO:
O **-e-** da raiz passa a ser **-i-** em todas as formas que levam o acento prosódico na raiz, na 3ª p. do sing. e 3ª p. pl. do *pretérito perfecto simple de indicativo*, na 1ª e 2ª p. pl. do *presente de subjuntivo*, em todas as pessoas do *imperativo* e *futuro de subjuntivo* e no *gerundio*. Além disso, o **-i-** da desinência desaparece quando é átono e seguido de vogal.

MODO INDICATIVO

TIEMPOS SIMPLES

	PRESENTE	PRETÉRITO IMPERFECTO	PRETÉRITO PERFECTO SIMPLE	FUTURO SIMPLE	CONDICIONAL SIMPLE
yo	río	reía	reí	reiré	reiría
tú / vos	ríes / reís	reías	reíste	reirás	reirías
él, ella	ríe	reía	rio	reirá	reiría
nosotros(as)	reímos	reíamos	reímos	reiremos	reiríamos
vosotros(as)	reís	reíais	reísteis	reiréis	reiríais
ellos, ellas	ríen	reían	rieron	reirán	reirían

TIEMPOS COMPUESTOS

	PRETÉRITO PERFECTO COMPUESTO	PRETÉRITO PLUSCUAMPERFECTO	PRETÉRITO ANTERIOR	FUTURO COMPUESTO	CONDICIONAL COMPUESTO
yo	he reído	había reído	hube reído	habré reído	habría reído
tú / vos	has reído	habías reído	hubiste reído	habrás reído	habrías reído
él, ella	ha reído	había reído	hubo reído	habrá reído	habría reído
nosotros(as)	hemos reído	habíamos reído	hubimos reído	habremos reído	habríamos reído
vosotros(as)	habéis reído	habíais reído	hubisteis reído	habréis reído	habríais reído
ellos, ellas	han reído	habían reído	hubieron reído	habrán reído	habrían reído

MODO SUBJUNTIVO

	TIEMPOS SIMPLES			TIEMPOS COMPUESTOS		
	PRESENTE	PRETÉRITO IMPERFECTO	FUTURO SIMPLE	PRETÉRITO PERFECTO COMPUESTO	PRETÉRITO PLUSCUAMPERFECTO	FUTURO COMPUESTO
yo	ría	riera / riese	riere	haya reído	hubiera / hubiese reído	hubiere reído
tú / vos	rías	rieras / rieses	rieres	hayas reído	hubieras / hubieses reído	hubieres reído
él, ella	ría	riera / riese	riere	haya reído	hubiera / hubiese reído	hubiere reído
nosotros(as)	riamos	riéramos / riésemos	riéremos	hayamos reído	hubiéramos / hubiésemos reído	hubiéremos reído
vosotros(as)	riáis	rierais / rieseis	riereis	hayáis reído	hubierais / hubieseis reído	hubiereis reído
ellos, ellas	rían	rieran / riesen	rieren	hayan reído	hubieran / hubiesen reído	hubieren reído

MODO IMPERATIVO

AFIRMATIVO	NEGATIVO
ríe tú / reí vos	no rías tú / vos
ría Ud.	no ría Ud.
riamos nosotros(as)	no riamos nosotros(as)
reíd vosotros(as)	no riáis vosotros(as)
rían Uds.	no rían Uds.

VALER

OBSERVAÇÃO:
Adiciona-se um **-g-** à raiz na 1ª p. sing. do *presente de indicativo*, em todo o *presente de subjuntivo* e nas formas do *imperativo* derivadas destes tempos. Além disso, ocorre a perda da vogal temática **-e-** com intercalação de um **-d-** no *futuro* e *condicional simple de indicativo*.

FORMAS NO PERSONALES

FORMAS SIMPLES	FORMAS COMPUESTAS
INFINITIVO: valer	INFINITIVO: haber valido
GERUNDIO: valiendo	GERUNDIO: habiendo valido
PARTICIPIO PASADO: valido	———

MODO INDICATIVO

TIEMPOS SIMPLES

	PRESENTE	PRETÉRITO IMPERFECTO	PRETÉRITO PERFECTO SIMPLE	FUTURO SIMPLE	CONDICIONAL SIMPLE
yo	valgo	valía	valí	valdré	valdría
tú / vos	vales / valés	valías	valiste	valdrás	valdrías
él, ella	vale	valía	valió	valdrá	valdría
nosotros(as)	valemos	valíamos	valimos	valdremos	valdríamos
vosotros(as)	valéis	valíais	valisteis	valdréis	valdríais
ellos, ellas	valen	valían	valieron	valdrán	valdrían

TIEMPOS COMPUESTOS

	PRETÉRITO PERFECTO COMPUESTO	PRETÉRITO PLUSCUAMPERFECTO	PRETÉRITO ANTERIOR	FUTURO COMPUESTO	CONDICIONAL COMPUESTO
yo	he valido	había valido	hube valido	habré valido	habría valido
tú / vos	has valido	habías valido	hubiste valido	habrás valido	habrías valido
él, ella	ha valido	había valido	hubo valido	habrá valido	habría valido
nosotros(as)	hemos valido	habíamos valido	hubimos valido	habremos valido	habríamos valido
vosotros(as)	habéis valido	habíais valido	hubisteis valido	habréis valido	habríais valido
ellos, ellas	han valido	habían valido	hubieron valido	habrán valido	habrían valido

MODO SUBJUNTIVO

	TIEMPOS SIMPLES			TIEMPOS COMPUESTOS		
	PRESENTE	PRETÉRITO IMPERFECTO	FUTURO SIMPLE	PRETÉRITO PERFECTO COMPUESTO	PRETÉRITO PLUSCUAMPERFECTO	FUTURO COMPUESTO
yo	valga	valiera / valiese	valiere	haya valido	hubiera / hubiese valido	hubiere valido
tú / vos	valgas	valieras / valieses	valieres	hayas valido	hubieras / hubieses valido	hubieres valido
él, ella	valga	valiera / valiese	valiere	haya valido	hubiera / hubiese valido	hubiere valido
nosotros(as)	valgamos	valiéramos / valiésemos	valiéremos	hayamos valido	hubiéramos / hubiésemos valido	hubiéremos valido
vosotros(as)	valgáis	valierais / valieseis	valiereis	hayáis valido	hubierais / hubieseis valido	hubiereis valido
ellos, ellas	valgan	valieran / valiesen	valieren	hayan valido	hubieran / hubiesen valido	hubieren valido

MODO IMPERATIVO

AFIRMATIVO	NEGATIVO
vale tú / valé vos	no valgas tú / vos
valga Ud.	no valga Ud.
valgamos nosotros(as)	no valgamos nosotros(as)
valed vosotros(as)	no valgáis vosotros(as)
valgan Uds.	no valgan Uds.

SALIR

FORMAS NO PERSONALES

FORMAS SIMPLES	FORMAS COMPUESTAS
INFINITIVO: salir	INFINITIVO: haber salido
GERUNDIO: saliendo	GERUNDIO: habiendo salido
PARTICIPIO PASADO: salido	———

OBSERVAÇÃO:
Adiciona-se um **-g-** à raiz na 1ª p. sing. do *presente de indicativo*, em todo o *presente de subjuntivo* e nas formas do *imperativo* derivadas desses tempos. Além disso, ocorre a perda da vogal temática **-e-** com intercalação de um **-d-** no *futuro de indicativo* e no *condicional* e perda do **-e** final na 2ª p. sing. não voseante do *imperativo afirmativo* (**sal** tú).

MODO INDICATIVO

TIEMPOS SIMPLES

	PRESENTE	PRETÉRITO IMPERFECTO	PRETÉRITO PERFECTO SIMPLE	FUTURO SIMPLE	CONDICIONAL SIMPLE
yo	salgo	salía	salí	saldré	saldría
tú / vos	sales / salís	salías	saliste	saldrás	saldrías
él, ella	sale	salía	salió	saldrá	saldría
nosotros(as)	salimos	salíamos	salimos	saldremos	saldríamos
vosotros(as)	salís	salíais	salisteis	saldréis	saldríais
ellos, ellas	salen	salían	salieron	saldrán	saldrían

TIEMPOS COMPUESTOS

	PRETÉRITO PERFECTO COMPUESTO	PRETÉRITO PLUSCUAMPERFECTO	PRETÉRITO ANTERIOR	FUTURO COMPUESTO	CONDICIONAL COMPUESTO
yo	he salido	había salido	hube salido	habré salido	habría salido
tú / vos	has salido	habías salido	hubiste salido	habrás salido	habrías salido
él, ella	ha salido	había salido	hubo salido	habrá salido	habría salido
nosotros(as)	hemos salido	habíamos salido	hubimos salido	habremos salido	habríamos salido
vosotros(as)	habéis salido	habíais salido	hubisteis salido	habréis salido	habríais salido
ellos, ellas	han salido	habían salido	hubieron salido	habrán salido	habrían salido

MODO SUBJUNTIVO

	TIEMPOS SIMPLES			TIEMPOS COMPUESTOS		
	PRESENTE	PRETÉRITO IMPERFECTO	FUTURO SIMPLE	PRETÉRITO PERFECTO COMPUESTO	PRETÉRITO PLUSCUAMPERFECTO	FUTURO COMPUESTO
yo	salga	saliera / saliese	saliere	haya salido	hubiera / hubiese salido	hubiere salido
tú / vos	salgas	salieras / salieses	salieres	hayas salido	hubieras / hubieses salido	hubieres salido
él, ella	salga	saliera / saliese	saliere	haya salido	hubiera / hubiese salido	hubiere salido
nosotros(as)	salgamos	saliéramos / saliésemos	saliéremos	hayamos salido	hubiéramos / hubiésemos salido	hubiéremos salido
vosotros(as)	salgáis	salierais / salieseis	saliereis	hayáis salido	hubierais / hubieseis salido	hubiereis salido
ellos, ellas	salgan	salieran / saliesen	salieren	hayan salido	hubieran / hubiesen salido	hubieren salido

MODO IMPERATIVO

AFIRMATIVO	NEGATIVO
sal tú / salí vos	no salgas tú / vos
salga Ud.	no salga Ud.
salgamos nosotros(as)	no salgamos nosotros(as)
salid vosotros(as)	no salgáis vosotros(as)
salgan Uds.	no salgan Uds.

ROER

OBSERVAÇÃO:
Este verbo apresenta três formas válidas para a 1ª p. sing. do *presente de indicativo*, todas as pessoas do *presente de subjuntivo* e as formas do *imperativo* derivadas destas, uma regular (e preferível - **roo**, **roa** etc.) e duas irregulares [com **-ig-** (**roigo**, **roiga** etc.) e **-y-** (**royo**, **roya** etc.)]. Além disso, o **/i/** da desinência se palatiza e é representado graficamente por **-y-** quando é átono e seguido de vogal.

FORMAS NO PERSONALES

FORMAS SIMPLES	FORMAS COMPUESTAS
INFINITIVO: roer	INFINITIVO: haber roído
GERUNDIO: royendo	GERUNDIO: habiendo roído
PARTICIPIO PASADO: roído	————

MODO INDICATIVO

TIEMPOS SIMPLES

	PRESENTE	PRETÉRITO IMPERFECTO	PRETÉRITO PERFECTO SIMPLE	FUTURO SIMPLE	CONDICIONAL SIMPLE
yo	roo / roigo / royo	roía	roí	roeré	roería
tú / vos	roes / roés	roías	roíste	roerás	roerías
él, ella	roe	roía	royó	roerá	roería
nosotros(as)	roemos	roíamos	roímos	roeremos	roeríamos
vosotros(as)	roéis	roíais	roísteis	roeréis	roeríais
ellos, ellas	roen	roían	royeron	roerán	roerían

TIEMPOS COMPUESTOS

	PRETÉRITO PERFECTO COMPUESTO	PRETÉRITO PLUSCUAMPERFECTO	PRETÉRITO ANTERIOR	FUTURO COMPUESTO	CONDICIONAL COMPUESTO
yo	he roído	había roído	hube roído	habré roído	habría roído
tú / vos	has roído	habías roído	hubiste roído	habrás roído	habrías roído
él, ella	ha roído	había roído	hubo roído	habrá roído	habría roído
nosotros(as)	hemos roído	habíamos roído	hubimos roído	habremos roído	habríamos roído
vosotros(as)	habéis roído	habíais roído	hubisteis roído	habréis roído	habríais roído
ellos, ellas	han roído	habían roído	hubieron roído	habrán roído	habrían roído

MODO SUBJUNTIVO

	TIEMPOS SIMPLES			TIEMPOS COMPUESTOS		
	PRESENTE	PRETÉRITO IMPERFECTO	FUTURO SIMPLE	PRETÉRITO PERFECTO COMPUESTO	PRETÉRITO PLUSCUAMPERFECTO	FUTURO COMPUESTO
yo	roa / roiga / roya	royera / royese	royere	haya roído	hubiera / hubiese roído	hubiere roído
tú / vos	roas / roigas / royas	royeras / royeses	royeres	hayas roído	hubieras / hubieses roído	hubieres roído
él, ella	roa / roiga / roya	royera / royese	royere	haya roído	hubiera / hubiese roído	hubiere roído
nosotros(as)	roamos / roigamos / royamos	royéramos / royésemos	royéremos	hayamos roído	hubiéramos / hubiésemos roído	hubiéremos roído
vosotros(as)	roáis / roigáis / royáis	royerais / royeseis	royereis	hayáis roído	hubierais / hubieseis roído	hubiereis roído
ellos, ellas	roan / roigan / royan	royeran / royesen	royeren	hayan roído	hubieran / hubiesen roído	hubieren roído

MODO IMPERATIVO

AFIRMATIVO	NEGATIVO
roe tú / roé vos	no roas / roigas / royas tú / vos
roa / roiga / roya Ud.	no roa / roiga / roya Ud.
roamos / roigamos / royamos nosotros(as)	no roamos / roigamos / royamos nosotros(as)
roed vosotros(as)	no roáis / roigáis / royáis vosotros(as)
roan / roigan / royan Uds.	no roan / roigan / royan Uds.

ABOLIR

FORMAS NO PERSONALES

FORMAS SIMPLES	FORMAS COMPUESTAS
INFINITIVO: abolir	INFINITIVO: haber abolido
GERUNDIO: aboliendo	GERUNDIO: habiendo abolido
PARTICIPIO PASADO: abolido	————

OBSERVAÇÃO:
Não se conjuga em todos os tempos e pessoas. No entanto, nas formas conjugáveis, segue o paradigma de **vivir** (p. 56).

MODO INDICATIVO

TIEMPOS SIMPLES

	PRESENTE	PRETÉRITO IMPERFECTO	PRETÉRITO PERFECTO SIMPLE	FUTURO SIMPLE	CONDICIONAL SIMPLE
yo	————	abolía	abolí	aboliré	aboliría
tú / vos	————	abolías	aboliste	abolirás	abolirías
él, ella	————	abolía	abolió	abolirá	aboliría
nosotros(as)	abolimos	abolíamos	abolimos	aboliremos	aboliríamos
vosotros(as)	abolís	abolíais	abolisteis	aboliréis	aboliríais
ellos, ellas	————	abolían	abolieron	abolirán	abolirían

TIEMPOS COMPUESTOS

	PRETÉRITO PERFECTO COMPUESTO	PRETÉRITO PLUSCUAMPERFECTO	PRETÉRITO ANTERIOR	FUTURO COMPUESTO	CONDICIONAL COMPUESTO
yo	he abolido	había abolido	hube abolido	habré abolido	habría abolido
tú / vos	has abolido	habías abolido	hubiste abolido	habrás abolido	habrías abolido
él, ella	ha abolido	había abolido	hubo abolido	habrá abolido	habría abolido
nosotros(as)	hemos abolido	habíamos abolido	hubimos abolido	habremos abolido	habríamos abolido
vosotros(as)	habéis abolido	habíais abolido	hubisteis abolido	habréis abolido	habríais abolido
ellos, ellas	han abolido	habían abolido	hubieron abolido	habrán abolido	habrían abolido

MODO SUBJUNTIVO

	TIEMPOS SIMPLES			TIEMPOS COMPUESTOS		
	PRESENTE	PRETÉRITO IMPERFECTO	FUTURO SIMPLE	PRETÉRITO PERFECTO COMPUESTO	PRETÉRITO PLUSCUAMPERFECTO	FUTURO COMPUESTO
yo	————	aboliera / aboliese	aboliere	haya abolido	hubiera / hubiese abolido	hubiere abolido
tú / vos	————	abolieras / abolieses	abolieres	hayas abolido	hubieras / hubieses abolido	hubieres abolido
él, ella	————	aboliera / aboliese	aboliere	haya abolido	hubiera / hubiese abolido	hubiere abolido
nosotros(as)	————	aboliéramos / aboliésemos	aboliéremos	hayamos abolido	hubiéramos / hubiésemos abolido	hubiéremos abolido
vosotros(as)	————	abolierais / abolieseis	aboliereis	hayáis abolido	hubierais / hubieseis abolido	hubiereis abolido
ellos, ellas	————	abolieran / aboliesen	abolieren	hayan abolido	hubieran / hubiesen abolido	hubieren abolido

MODO IMPERATIVO

AFIRMATIVO	NEGATIVO
————	————
————	————
————	————
abolid vosotros (as)	————
————	————

NEVAR

OBSERVAÇÃO:
É um verbo defectivo unipessoal e só se conjuga na 3ª p. sing. quando significa *caer nieve*. Nas formas conjugáveis, segue o paradigma de **acertar** (p. 75).

FORMAS NO PERSONALES

FORMAS SIMPLES	FORMAS COMPUESTAS
INFINITIVO: nevar	INFINITIVO: haber nevado
GERUNDIO: nevando	GERUNDIO: habiendo nevado
PARTICIPIO PASADO: nevado	—

MODO INDICATIVO

TIEMPOS SIMPLES

	PRESENTE	PRETÉRITO IMPERFECTO	PRETÉRITO PERFECTO SIMPLE	FUTURO SIMPLE	CONDICIONAL SIMPLE
yo	—	—	—	—	—
tú / vos	—	—	—	—	—
él, ella	nieva	nevaba	nevó	nevará	nevaría
nosotros(as)	—	—	—	—	—
vosotros(as)	—	—	—	—	—
ellos, ellas	—	—	—	—	—

TIEMPOS COMPUESTOS

	PRETÉRITO PERFECTO COMPUESTO	PRETÉRITO PLUSCUAMPERFECTO	PRETÉRITO ANTERIOR	FUTURO COMPUESTO	CONDICIONAL COMPUESTO
yo	—	—	—	—	—
tú / vos	—	—	—	—	—
él, ella	ha nevado	había nevado	hubo nevado	habrá nevado	habría nevado
nosotros(as)	—	—	—	—	—
vosotros(as)	—	—	—	—	—
ellos, ellas	—	—	—	—	—

MODO SUBJUNTIVO

	TIEMPOS SIMPLES			TIEMPOS COMPUESTOS		
	PRESENTE	PRETÉRITO IMPERFECTO	FUTURO SIMPLE	PRETÉRITO PERFECTO COMPUESTO	PRETÉRITO PLUSCUAMPERFECTO	FUTURO COMPUESTO
yo	—	—	—	—	—	—
tú / vos	—	—	—	—	—	—
él, ella	nieve	nevara / nevase	nevare	haya nevado	hubiera / hubiese nevado	hubiere nevado
nosotros(as)	—	—	—	—	—	—
vosotros(as)	—	—	—	—	—	—
ellos, ellas	—	—	—	—	—	—

MODO IMPERATIVO

AFIRMATIVO	NEGATIVO
—	—
—	—
—	—
—	—
—	—

SOLER

FORMAS NO PERSONALES

FORMAS SIMPLES	FORMAS COMPUESTAS
INFINITIVO: soler	INFINITIVO: haber solido
GERUNDIO: soliendo	GERUNDIO: habiendo solido
PARTICIPIO PASADO: solido	———

OBSERVAÇÃO:
Não se conjuga em todos os tempos e pessoas. Nas formas conjugáveis, segue o paradigma de **mover** (p. 83).

MODO INDICATIVO

TIEMPOS SIMPLES

	PRESENTE	PRETÉRITO IMPERFECTO	PRETÉRITO PERFECTO SIMPLE	FUTURO SIMPLE	CONDICIONAL SIMPLE
yo	suelo	solía	solí	———	———
tú / vos	sueles / solés	solías	soliste	———	———
él, ella	suele	solía	solió	———	———
nosotros(as)	solemos	solíamos	solimos	———	———
vosotros(as)	soléis	solíais	solisteis	———	———
ellos, ellas	suelen	solían	solieron	———	———

TIEMPOS COMPUESTOS

	PRETÉRITO PERFECTO COMPUESTO	PRETÉRITO PLUSCUAMPERFECTO	PRETÉRITO ANTERIOR	FUTURO COMPUESTO	CONDICIONAL COMPUESTO
yo	———	———	———	———	———
tú / vos	———	———	———	———	———
él, ella	———	———	———	———	———
nosotros(as)	———	———	———	———	———
vosotros(as)	———	———	———	———	———
ellos, ellas	———	———	———	———	———

MODO SUBJUNTIVO

	TIEMPOS SIMPLES			TIEMPOS COMPUESTOS		
	PRESENTE	PRETÉRITO IMPERFECTO	FUTURO SIMPLE	PRETÉRITO PERFECTO COMPUESTO	PRETÉRITO PLUSCUAMPERFECTO	FUTURO COMPUESTO
yo	suela	soliera / soliese	———	———	———	———
tú / vos	suelas	solieras / solieses	———	———	———	———
él, ella	suela	soliera / soliese	———	———	———	———
nosotros(as)	solamos	soliéramos / soliésemos	———	———	———	———
vosotros(as)	soláis	solierais / solieseis	———	———	———	———
ellos, ellas	suelan	solieran / soliesen	———	———	———	———

MODO IMPERATIVO

AFIRMATIVO	NEGATIVO
———	———
———	———
———	———
———	———
———	———

BAÑARSE

OBSERVAÇÃO:
Os verbos pronominais caracterizam-se por conjugar-se com pronomes átonos. Com exceção do *gerundio*, *infinitivo compuesto* e *imperativo afirmativo*, tempos em que os pronomes átonos vêm pospostos ao verbo (enclíticos), nos demais tempos e pessoas, os pronomes átonos aparecem sempre proclíticos em relação ao verbo. Há que se notar que na 1ª e 2ª p. pl. do *imperativo afirmativo* ocorre metaplasmo (supressão do **-s** e do **-d** final, respectivamente), exceção feita à conjugação do verbo irse [**id**os vosotros(as)], que mantém a letra **-d**.

FORMAS NO PERSONALES

FORMAS SIMPLES	FORMAS COMPUESTAS
INFINITIVO: bañar*se*	INFINITIVO: haber*se* bañado
GERUNDIO: bañándo*se*	GERUNDIO: habiéndo*se* bañado
PARTICIPIO PASADO: ———	———

MODO INDICATIVO

TIEMPOS SIMPLES

	PRESENTE	PRETÉRITO IMPERFECTO	PRETÉRITO PERFECTO SIMPLE	FUTURO SIMPLE	CONDICIONAL SIMPLE
yo	*me* baño	*me* bañaba	*me* bañé	*me* bañaré	*me* bañaría
tú / vos	*te* bañas / *te* bañás	*te* bañabas	*te* bañaste	*te* bañarás	*te* bañarías
él, ella	*se* baña	*se* bañaba	*se* bañó	*se* bañará	*se* bañaría
nosotros(as)	*nos* bañamos	*nos* bañábamos	*nos* bañamos	*nos* bañaremos	*nos* bañaríamos
vosotros(as)	*os* bañáis	*os* bañabais	*os* bañasteis	*os* bañaréis	*os* bañaríais
ellos, ellas	*se* bañan	*se* bañaban	*se* bañaron	*se* bañarán	*se* bañarían

TIEMPOS COMPUESTOS

	PRETÉRITO PERFECTO COMPUESTO	PRETÉRITO PLUSCUAMPERFECTO	PRETÉRITO ANTERIOR	FUTURO COMPUESTO	CONDICIONAL COMPUESTO
yo	*me* he bañado	*me* había bañado	*me* hube bañado	*me* habré bañado	*me* habría bañado
tú / vos	*te* has bañado	*te* habías bañado	*te* hubiste bañado	*te* habrás bañado	*te* habrías bañado
él, ella	*se* ha bañado	*se* había bañado	*se* hubo bañado	*se* habrá bañado	*se* habría bañado
nosotros(as)	*nos* hemos bañado	*nos* habíamos bañado	*nos* hubimos bañado	*nos* habremos bañado	*nos* habríamos bañado
vosotros(as)	*os* habéis bañado	*os* habíais bañado	*os* hubisteis bañado	*os* habréis bañado	*os* habríais bañado
ellos, ellas	*se* han bañado	*se* habían bañado	*se* hubieron bañado	*se* habrán bañado	*se* habrían bañado

MODO SUBJUNTIVO

	TIEMPOS SIMPLES			TIEMPOS COMPUESTOS		
	PRESENTE	PRETÉRITO IMPERFECTO	FUTURO SIMPLE	PRETÉRITO PERFECTO COMPUESTO	PRETÉRITO PLUSCUAMPERFECTO	FUTURO COMPUESTO
yo	*me* bañe	*me* bañara / *me* bañase	*me* bañare	*me* haya bañado	*me* hubiera / hubiese bañado	*me* hubiere bañado
tú / vos	*te* bañes	*te* bañaras / *te* bañases	*te* bañares	*te* hayas bañado	*te* hubieras / hubieses bañado	*te* hubieres bañado
él, ella	*se* bañe	*se* bañara / *se* bañase	*se* bañare	*se* haya bañado	*se* hubiera / hubiese bañado	*se* hubiere bañado
nosotros(as)	*nos* bañemos	*nos* bañáramos / *nos* bañásemos	*nos* bañáremos	*nos* hayamos bañado	*nos* hubiéramos / hubiésemos bañado	*nos* hubiéremos bañado
vosotros(as)	*os* bañéis	*os* bañarais / *os* bañaseis	*os* bañareis	*os* hayáis bañado	*os* hubierais / hubieseis bañado	*os* hubiereis bañado
ellos, ellas	*se* bañen	*se* bañaran / *se* bañasen	*se* bañaren	*se* hayan bañado	*se* hubieran / hubiesen bañado	*se* hubieren bañado

MODO IMPERATIVO

AFIRMATIVO	NEGATIVO
báñate tú / bañate vos	no *te* bañes tú / vos
báñese Ud.	no *se* bañe Ud.
bañémonos nosotros(as)	no *nos* bañemos nosotros(as)
bañaos vosotros(as)	no *os* bañéis vosotros(as)
báñense Uds.	no *se* bañen Uds.

LISTA DE VERBOS COM PARTICÍPIOS PASSADOS IRREGULARES

Infinitivo	Participio irregular
abrir	abierto
absolver	absuelto
adscribir	adscrito
anteponer	antepuesto
antever	antevisto
circunscribir	circunscrito
componer	compuesto
cubrir	cubierto
decir	dicho
deponer	depuesto
descomponer	descompuesto
describir	descrito
descubrir	descubierto
desenvolver	desenvuelto
deshacer	deshecho
devolver	devuelto
disolver	disuelto
disponer	dispuesto
encubrir	encubierto
entreabrir	entreabierto
envolver	envuelto
escribir	escrito
exponer	expuesto
hacer	hecho
imponer	impuesto
indisponer	indispuesto
inscribir	inscrito
inserir	inserto
interponer	interpuesto
licuefacer	licuefacto
manuscribir	manuscrito
morir	muerto
oponer	opuesto
poner	puesto
posponer	pospuesto
predecir	predicho
prescribir	prescrito
presuponer	presupuesto
prever	previsto
proponer	propuesto
proscribir	proscrito
pudrir / podrir	podrido

Infinitivo	Participio irregular
reabrir	reabierto
recomponer	recompuesto
recubrir	recubierto
reescribir	reescrito
rehacer	rehecho
reinscribir	reinscrito
resolver	resuelto
rever	revisto
revolver	revuelto
romper	roto
satisfacer	satisfecho
sobreponer	sobrepuesto
sobrescribir	sobrescrito
superponer	superpuesto
suponer	supuesto
suscribir	suscrito
transcribir	transcrito
transponer	transpuesto
ver	visto
volver	vuelto
yuxtaponer	yuxtapuesto

LISTA DE VERBOS COM DOIS PARTICÍPIOS PASSADOS

Atenção: conforme dito nas p. 24-25, quando um verbo possui dois particípios, um regular e outro irregular, normalmente, a forma regular é usada na conjugação dos tempos compostos e a forma irregular é usada como adjetivo. No entanto, a nova gramática da RAE cita que este uso não ocorre de igual maneira em todas as regiões em que se fala espanhol e, portanto, a alternância no uso dessas formas pode não ser tão incomum. Isso ocorre com alguns verbos como: *elegir*, *reelegir*, *freír*, *imprimir*, *prender* (com sentido de *arrestar*, *detener*), *proveer* etc. Recomenda-se usar as formas regulares para a conjugação dos tempos compostos e as irregulares como adjetivo.

Infinitivo	Participio regular	Participio irregular
absorber	absorbido	absorto
abstraer	abstraído	abstracto
atender	atendido	atento
bendecir	bendecido	bendito
circuncidar	circuncidado	circunciso
comprimir	comprimido	compreso
concluir	concluido	concluso
confesar	confesado	confeso

Infinitivo	Participio regular	Participio irregular
confundir	confundido	confuso
contentar	contentado	contento
convencer	convencido	convicto
convertir	convertido	converso
corregir	corregido	correcto
corromper	corrompido	corrupto
desatender	desatendido	desatento
descalzar	descalzado	descalzo
descontentar	descontentado	descontento
despertar	despertado	despierto
desproveer	desproveído	desprovisto
difundir	difundido	difuso
elegir	elegido	electo
eximir	eximido	exento
expeler	expelido	expulso
expresar	expresado	expreso
expulsar	expulsado	expulso
extender	extendido	extenso
extinguir	extinguido	extinto
fijar	fijado	fijo
freír	freído	frito
hartar	hartado	harto
imprimir	imprimido	impreso
incluir	incluido	incluso
infundir	infundido	infuso
insertar	insertado	inserto
invertir	invertido	inverso
juntar	juntado	junto
maldecir	maldecido	maldito
manifestar	manifestado	manifiesto
matar	matado	muerto*
nacer	nacido	nato
omitir	omitido	omiso
poseer	poseído	poseso
preelegir	preelegido	preelecto
prefijar	prefijado	prefijo
prender	prendido	preso**
presumir	presumido	presunto
pretender	pretendido	pretenso
propender	propendido	propenso
proveer	proveído	provisto
querer	querido	quisto
recluir	recluido	recluso
reelegir	reelegido	reelecto
refreír	refreído	refrito

* ver nota 46 – p. 207.
** ver nota 56 – p . 208.

Infinitivo	Participio regular	Participio irregular
reimprimir	reimprimido	reimpreso
restringir	restringido	restricto
salvar	salvado	salvo
sepultar	sepultado	sepulto
sofreír	sofreído	sofrito
soltar	soltado	suelto
sujetar	sujetado	sujeto
suspender	suspendido	suspenso
sustituir	sustituido	sustituto
teñir	teñido	tinto
torcer	torcido	tuerto

ÍNDICE REMISSIVO DE VERBOS

VERBO	paradigma	página
A		
ABALANZAR	utilizar	59
ABALANZARSE **PR.**	utilizar	59
ABALIZAR	utilizar	59
ABALIZARSE **PR.**	utilizar	59
ABANDERAR	cantar	54
ABANDONAR	cantar	54
ABANICAR	buscar	57
ABARATAR	cantar	54
ABARCAR	buscar	57
ABARQUILLAR	cantar	54
ABARROTAR	cantar	54
ABASTECER	merecer	95
ABATIR	vivir	56
ABDICAR	buscar	57
ABDUCIR	producir	98
ABETUNAR	cantar	54
ABIGARRAR	cantar	54
ABISMAR	cantar	54
ABJURAR	cantar	54
ABLANDAR	cantar	54
ABLANDARSE **PR.**	cantar	54
ABNEGAR	pagar	58
ABOBAR	cantar	54
ABOCAR	buscar	57
ABOCARSE **PR.**	buscar	57
ABOCETAR	cantar	54
ABOCHORNAR	cantar	54
ABOCINAR	cantar	54
ABOFETEAR	cantar	54
ABOGAR	pagar	58
ABOLIR DEF. (nota 1)		**136**
ABOLLAR	cantar	54
ABOMBAR	cantar	54
ABOMINAR	cantar	54
ABONANZAR **(nota 2)**	utilizar	59
ABONAR	cantar	54
ABORDAR	cantar	54
ABORRECER	merecer	96
ABORREGARSE **(nota 3) PR.**	pagar	58
ABORTAR	cantar	54
ABOTARGARSE **PR.**	pagar	58
ABOTONAR	cantar	54
ABOVEDAR	cantar	54
ABRASAR	cantar	54
ABRAZAR	utilizar	59
ABREVAR	cantar	54
ABREVIAR	copiar	66
ABRIGAR	pagar	58
ABRILLANTAR	cantar	54
ABRIR **P.I.**	vivir	56
ABROCHAR	cantar	54
ABROGAR	pagar	58
ABRUMAR	cantar	54
ABRUMARSE **PR. (nota 4)**	cantar	54
ABSOLVER **P.I.**	mover	83
ABSORBER **P.D.**	comer	55
ABSTENERSE **PR.**	tener	120
ABSTRAER **P.D.**	traer	121
ABUCHEAR	cantar	54
ABULTAR	cantar	54
ABUNDAR	cantar	54
ABURGUESARSE **PR.**	cantar	54
ABURRIR	vivir	56
ABUSAR	cantar	54
ACABAR	cantar	54
ACAECER **DEF. (nota 5)**	merecer	95
ACALLAR	cantar	54
ACALAMBRARSE **PR.**	cantar	54
ACALORAR	cantar	54
ACALORARSE **PR.**	cantar	54
ACAMPAR	cantar	54
ACANALAR	cantar	54
ACANTONAR	cantar	54
ACAPARAR	cantar	54
ACARAMELAR	cantar	54
ACAREAR	cantar	54
ACARICIAR	copiar	66
ACARREAR	cantar	54
ACARTONARSE **PR.**	cantar	54
ACATAR	cantar	54
ACATARRARSE **PR.**	cantar	54
ACAUDALAR	cantar	54
ACAUDILLAR	cantar	54
ACAUTELARSE **PR.**	cantar	54
ACCEDER	comer	55
ACCIDENTARSE **PR.**	cantar	54

VERBO	paradigma	página
A		
ACCIONAR	cantar	54
ACECHAR	cantar	54
ACECINAR	cantar	54
ACEITAR	cantar	54
ACELERAR	cantar	54
ACENDRAR	cantar	54
ACENTUAR	actuar	69
ACEPTAR	cantar	54
ACERAR	cantar	54
ACERCAR	buscar	57
ACERTAR		**75**
ACHABACANARSE **PR.**	cantar	54
ACHACAR	buscar	57
ACHANTAR	cantar	54
ACHAPARRARSE **PR.**	cantar	54
ACHAROLAR	cantar	54
ACHATAR	cantar	54
ACHICAR	buscar	57
ACHICHARRAR	cantar	54
ACHINAR	cantar	54
ACHISPAR	cantar	54
ACHUCHAR	cantar	54
ACHULARSE **PR.**	cantar	54
ACICALAR	cantar	54
ACICALARSE **PR.**	cantar	54
ACIDIFICAR	buscar	57
ACIDULAR	cantar	54
ACLAMAR	cantar	54
ACLARAR	cantar	54
ACLIMATAR	cantar	54
ACOBARDAR	cantar	54
ACODAR	cantar	54
ACODARSE **PR.**	cantar	54
ACOGER	proteger	62
ACOGOTAR	cantar	54
ACOJONAR	cantar	54
ACOLCHAR	cantar	54
ACOMETER	comer	55
ACOMODAR	cantar	54
ACOMPAÑAR	cantar	54
ACOMPASAR	cantar	54
ACOMPLEJAR	cantar	54
ACONDICIONAR	cantar	54

VERBO	paradigma	página
A		
ACONGOJAR	cantar	54
ACONSEJAR	cantar	54
ACONTECER **DEF. (nota 5)**	merecer	95
ACOPLAR	cantar	54
ACOQUINAR	cantar	54
ACORAZAR	utilizar	59
ACORCHARSE **PR.**	cantar	54
ACORDAR	contar	82
ACORDONAR	cantar	54
ACORRALAR	cantar	54
ACORRER	comer	55
ACORTAR	cantar	54
ACOSAR	cantar	54
ACOSTAR	contar	82
ACOSTUMBRAR	cantar	54
ACOTAR	cantar	54
ACRECENTAR	acertar	75
ACREDITAR	cantar	54
ACRIBILLAR	cantar	54
ACRISOLAR	cantar	54
ACRISTALAR	cantar	54
ACTIVAR	cantar	54
ACTUALIZAR	utilizar	59
ACTUAR		**69**
ACUARTELAR	cantar	54
ACUCHILLAR	cantar	54
ACUCIAR	copiar	66
ACUCLILLARSE **PR.**	cantar	54
ACUDIR	vivir	56
ACUMULAR	cantar	54
ACUNAR	cantar	54
ACUÑAR	cantar	54
ACURRUCARSE **PR.**	buscar	57
ACUSAR	cantar	54
ADAPTAR	cantar	54
ADECENTAR	cantar	54
ADECUAR **(nota 6)**	averiguar / actuar	68/69
ADELANTAR	cantar	54
ADELGAZAR	utilizar	59
ADENSAR	cantar	54
ADENSARSE **PR.**	cantar	54
ADENTRARSE **PR.**	cantar	54
ADEREZAR	utilizar	59

VERBO	paradigma	página
A		
AGRADECER	merecer	95
AGRANDAR	cantar	54
AGRAVAR	cantar	54
AGRAVIAR	copiar	66
AGREDIR	abolir	136
AGREGAR	pagar	58
AGREMIAR	copiar	66
AGRIAR	desviar	67
AGRIETAR	cantar	54
AGRISAR	cantar	54
AGRISARSE **PR.**	cantar	54
AGRUPAR	cantar	54
AGUANTAR	cantar	54
AGUAR	averiguar	68
AGUARDAR	cantar	54
AGUDIZAR	utilizar	59
AGUIJONEAR	cantar	54
AGUJEREAR	cantar	54
AGUSANARSE **PR.**	cantar	54
AGUZAR	utilizar	59
AHERROJAR	cantar	54
AHIJAR	aislar	70
AHIJARSE **PR.**	aislar	70
AHOGAR	pagar	58
AHONDAR	cantar	54
AHORCAR	buscar	57
AHORMAR	cantar	54
AHORRAR	cantar	54
AHUECAR	buscar	57
AHUEVAR	cantar	54
AHUMAR	aunar	71
AHUYENTAR	cantar	54
AIREAR	cantar	54
AISLAR		**70**
AJAMONARSE **PR.**	cantar	54
AJAR	cantar	54
AJARDINAR	cantar	54
AJETREAR	cantar	54
AJUNTAR	cantar	54
AJUSTAR	cantar	54
AJUSTICIAR	copiar	66
ALABAR	cantar	54
ALABEAR	cantar	54

VERBO	paradigma	página
A		
ALAMBICAR	buscar	57
ALAMBRAR **(nota 7)**	cantar	54
ALARDEAR	cantar	54
ALARGAR	pagar	58
ALARMAR	cantar	54
ALBARDAR	cantar	54
ALBERGAR	pagar	58
ALBOREAR **(nota 8)**	cantar	54
ALBOROTAR	cantar	54
ALBOROZAR	utilizar	59
ALCAHUETEAR	cantar	54
ALCALINIZAR	utilizar	59
ALCANTARILLAR	cantar	54
ALCANZAR	utilizar	59
ALCOHOLIZAR	utilizar	59
ALECCIONAR	cantar	54
ALEGAR	pagar	58
ALEGRAR	cantar	54
ALEJAR	cantar	54
ALELAR	cantar	54
ALELARSE **PR.**	cantar	54
ALENTAR	acertar	75
ALERTAR	cantar	54
ALETARGAR	pagar	58
ALETEAR	cantar	54
ALFABETIZAR	utilizar	59
ALFOMBRAR	cantar	54
ALGODONAR	cantar	54
ALHAJAR	cantar	54
ALIAR	desviar	67
ALIARSE **PR.**	desviar	67
ALICATAR	cantar	54
ALICORTAR	cantar	54
ALIENAR	cantar	54
ALIGERAR	cantar	54
ALIMENTAR	cantar	54
ALINEAR	cantar	54
ALIÑAR	cantar	54
ALISAR	cantar	54
ALISTAR	cantar	54
ALIVIAR	cantar	54
ALLANAR	cantar	54
ALLEGAR	pagar	58

VERBO	paradigma	página
A		
ALLEGARSE **PR.**	pagar	58
ALMACENAR	cantar	54
ALMENDRAR	cantar	54
ALMIBARAR	cantar	54
ALMIDONAR	cantar	54
ALMOHADILLAR	cantar	54
ALMOHAZAR	utilizar	59
ALMORZAR		**87**
ALOCARSE **PR.**	buscar	57
ALOJAR	cantar	54
ALQUILAR	cantar	54
ALTERAR	cantar	54
ALTERCAR	cantar	54
ALTERNAR	cantar	54
ALUCINAR	cantar	54
ALUDIR	vivir	56
ALUMBRAR	cantar	54
ALUNIZAR	utilizar	59
ALZAR	utilizar	59
AMADRINAR	cantar	54
AMAESTRAR	cantar	54
AMAGAR	pagar	58
AMAINAR	cantar	54
AMALGAMAR	cantar	54
AMAMANTAR	cantar	54
AMANCEBARSE **PR.**	cantar	54
AMANECER **(nota 9)**	merecer	95
AMANERARSE **PR.**	cantar	54
AMANSAR	cantar	54
AMAÑAR	cantar	54
AMAR	cantar	54
AMARAR	cantar	54
AMARGAR	pagar	58
AMARILLEAR	cantar	54
AMARRAR	cantar	54
AMARTELAR	cantar	54
AMARTILLAR	cantar	54
AMASAR	cantar	54
AMBICIONAR	cantar	54
AMBIENTAR	cantar	54
AMEDRENTAR	cantar	54
AMENAZAR	utilizar	59
AMENIZAR	utilizar	59

VERBO	paradigma	página
A		
AMERICANIZAR	utilizar	59
AMERIZAR	utilizar	59
AMETRALLAR	cantar	54
AMIGAR	pagar	58
AMILANAR	cantar	54
AMINORAR	cantar	54
AMNISTIAR	desviar	67
AMODORRARSE **PR.**	cantar	54
AMOJAMAR	cantar	54
AMOLDAR	cantar	54
AMONARSE **PR.**	cantar	54
AMONESTAR	cantar	54
AMONTONAR	cantar	54
AMORATARSE **PR.**	cantar	54
AMORDAZAR	utilizar	59
AMORRIÑARSE **PR.**	cantar	54
AMORTAJAR	cantar	54
AMORTIGUAR	averiguar	68
AMORTIZAR	utilizar	59
AMORUGAR	pagar	58
AMORUGARSE **PR.**	pagar	58
AMOSTAZAR	utilizar	59
AMOTINAR	cantar	54
AMPARAR	cantar	54
AMPLIAR	desviar	67
AMPLIFICAR	buscar	57
AMPUTAR	cantar	54
AMUEBLAR	cantar	54
AMUERMAR	cantar	54
AMURALLAR	cantar	54
ANALIZAR	utilizar	59
ANARQUIZAR	utilizar	59
ANATEMATIZAR	utilizar	59
ANATOMIZAR	utilizar	59
ANCLAR	cantar	54
ANDAR		**99**
ANEGAR	pagar	58
ANESTESIAR	copiar	66
ANEXIONAR	cantar	54
ANGELIZAR	utilizar	59
ANGOSTAR	cantar	54
ANGUSTIAR	copiar	66
ANGUSTIARSE **PR.**	copiar	66

VERBO	paradigma	página
A		
APOSTAR **(nota 13)**	cantar – contar	54/82
APOSTARSE **PR.**	cantar – contar	54/82
APOSTATAR	cantar	54
APOSTILLAR	cantar	54
APOSTROFAR	cantar	54
APOYAR	cantar	54
APRECIAR	copiar	66
APREHENDER	comer	55
APREMIAR	copiar	66
APRENDER	comer	55
APRESAR	cantar	54
APRESTAR	cantar	54
APRESTARSE **PR.**	cantar	54
APRESURAR	cantar	54
APRETAR	acertar	75
APRETUJAR	cantar	54
APRISIONAR	cantar	54
APROBAR	contar	82
APROPIAR	copiar	66
APROVECHAR	cantar	54
APROVISIONAR	cantar	54
APROXIMAR	cantar	54
APUNTALAR	cantar	54
APUNTAR	cantar	54
APUNTILLAR	cantar	54
APUÑALAR	cantar	54
APURAR	cantar	54
AQUEJAR	cantar	54
AQUIETAR	cantar	54
AQUILATAR	cantar	54
ARAÑAR	cantar	54
ARAR	cantar	54
ARBITRAR	cantar	54
ARBOLAR	cantar	54
ARCHIVAR	cantar	54
ARDER	comer	55
ARGÜIR **(nota 14)**	construir	126
ARGUMENTAR	cantar	54
ARMAR	cantar	54
ARMONIZAR	utilizar	59
AROMATIZAR	utilizar	59
ARPONEAR	cantar	54
ARQUEAR	cantar	54

VERBO	paradigma	página
A		
ARRACIMARSE **PR.**	cantar	54
ARRAIGAR	pagar	58
ARRAMBLAR	cantar	54
ARRAMPLAR	cantar	54
ARRANCAR	buscar	57
ARRASAR	cantar	54
ARRASTRAR	cantar	54
ARREAR	cantar	54
ARREBATAR	cantar	54
ARREBOLARSE **PR.**	cantar	54
ARREBUJAR	cantar	54
ARRECIAR	copiar	66
ARREDRAR	cantar	54
ARREGLAR	cantar	54
ARRELLANAR	cantar	54
ARRELLANARSE **PR.**	cantar	54
ARREMANGAR	pagar	58
ARREMETER	comer	55
ARREMOLINARSE **PR.**	cantar	54
ARRENDAR	acertar	75
ARREPENTIRSE **PR.**	sentir	92
ARRESTAR	cantar	54
ARRIAR	desviar	67
ARRIBAR	cantar	54
ARRIESGAR	pagar	58
ARRIESGARSE **PR.**	pagar	58
ARRIMAR	cantar	54
ARRINCONAR	cantar	54
ARROBAR	cantar	54
ARRODILLAR	cantar	54
ARRODILLARSE **PR.**	cantar	54
ARROGAR	pagar	58
ARROGARSE **PR.**	pagar	58
ARROJAR	cantar	54
ARROJARSE **PR.**	cantar	54
ARROLLAR	cantar	54
ARROPAR	cantar	54
ARROSTRAR	cantar	54
ARRUGAR	pagar	58
ARRUINAR	cantar	54
ARRULLAR	cantar	54
ARRUMBAR	cantar	54
ARTICULAR	cantar	54

VERBO	paradigma	página
A		
ASAETEAR	cantar	54
ASALARIAR	copiar	66
ASALTAR	cantar	54
ASAR	cantar	54
ASCENDER	entender	76
ASEAR	cantar	54
ASEDIAR	copiar	66
ASEGURAR	cantar	54
ASEMEJARSE **PR.**	cantar	54
ASENTAR	acertar	75
ASENTIR	sentir	92
ASERRAR	acertar	75
ASESINAR	cantar	54
ASESORAR	cantar	54
ASESTAR	acertar	75
ASEVERAR	cantar	54
ASFALTAR	cantar	54
ASFIXIAR	copiar	66
ASFIXIARSE **PR.**	copiar	66
ASIGNAR	cantar	54
ASILAR	cantar	54
ASIMILAR	cantar	54
ASIR		**100**
ASISTIR	vivir	56
ASOCIAR	copiar	66
ASOLAR **(nota 15)**	cantar/contar	54/82
ASOMAR	cantar	54
ASOMBRAR	cantar	54
ASPAR	cantar	54
ASPERJAR	cantar	54
ASPIRAR	cantar	54
ASQUEAR	cantar	54
ASTILLAR	cantar	54
ASUMIR	vivir	56
ASUSTAR	cantar	54
ATACAR	buscar	57
ATAJAR	cantar	54
ATAÑER	tañer	128
ATAR	cantar	54
ATARDECER **(nota 16)**	merecer	95
ATARUGAR	pagar	58
ATASCAR	buscar	57
ATAVIAR	desviar	67

VERBO	paradigma	página
A		
ATEMORIZAR	utilizar	59
ATEMPERAR	cantar	54
ATENAZAR	utilizar	59
ATENDER **P.D.**	entender	76
ATENER	tener	120
ATENERSE **PR.**	tener	120
ATENTAR **(nota 17)**	cantar – acertar	54/75
ATENTARSE **PR.**	acertar	75
ATENUAR	actuar	69
ATERRAR **(nota 18)**	cantar – acertar	54/75
ATERRIZAR	utilizar	59
ATERRORIZAR	utilizar	59
ATESORAR	cantar	54
ATESTAR	cantar	54
ATESTIGUAR	averiguar	68
ATIBORRAR	cantar	54
ATIESAR	cantar	54
ATILDAR	cantar	54
ATINAR	cantar	54
ATIPLAR	cantar	54
ATIRANTAR	cantar	54
ATISBAR	cantar	54
ATISBARSE **PR.**	cantar	54
ATIZAR	utilizar	59
ATOCINAR	cantar	54
ATOLONDRAR	cantar	54
ATOMIZAR	utilizar	59
ATONTAR	cantar	54
ATONTOLINAR	cantar	54
ATORAR **(nota 19)**	cantar / contar	54/82
ATORARSE **PR.**	cantar	54
ATORMENTAR	cantar	54
ATORMENTARSE **PR.**	cantar	54
ATORNILLAR	cantar	54
ATOSIGAR	pagar	58
ATRACAR	buscar	57
ATRAER	traer	121
ATRAGANTAR	cantar	54
ATRANCAR	buscar	57
ATRAPAR	cantar	54
ATRASAR	cantar	54
ATRAVESAR	acertar	75
ATREVERSE **PR.**	comer	55

VERBO	paradigma	página
A		
ATRIBUIR	construir	126
ATRIBULAR	cantar	54
ATRINCHERAR	cantar	54
ATROFIAR	copiar	66
ATRONAR	contar	82
ATROPELLAR	cantar	54
ATUFAR	cantar	54
ATURDIR	vivir	56
ATURULLAR	cantar	54
ATUSAR	cantar	54
AUDITAR	cantar	54
AUGURAR	cantar	54
AULLAR	aunar	71
AUMENTAR	cantar	54
AUNAR		**71**
AUPAR	aunar	71
AUREOLAR	cantar	54
AUSCULTAR	cantar	54
AUSENTAR	cantar	54
AUSPICIAR	copiar	66
AUTENTICAR	buscar	57
AUTOASIGNARSE **PR.**	cantar	54
AUTOCALIFICARSE **PR.**	buscar	57
AUTOCENSURARSE **PR.**	cantar	54
AUTOCORREGIRSE **PR.**	corregir	89
AUTODESTRUIRSE **PR.**	construir	126
AUTOMATIZAR	utilizar	59
AUTOPRESENTARSE **PR.**	cantar	54
AUTORIZAR	utilizar	59
AUTORREGULARSE **PR.**	cantar	54
AUTOSUGESTIONARSE **PR.**	cantar	54
AUXILIAR	copiar	66
AVALAR	cantar	54
AVANZAR	utilizar	59
AVASALLAR	cantar	54
AVECINARSE **PR.**	cantar	54
AVECINDAR	cantar	54
AVEJENTAR	cantar	54
AVENIR **(nota 20)**	venir	122
AVENIRSE **PR.**	venir	122
AVENTAJAR	cantar	54
AVENTAR	acertar	75
AVENTURAR	cantar	54

VERBO	paradigma	página
A		
AVERGONZAR	contar	82
AVERGONZARSE **PR.**	contar	82
AVERIAR	desviar	67
AVERIARSE **PR.**	desviar	67
AVERIGUAR		**68**
AVEZAR	utilizar	59
AVEZARSE **PR.**	utilizar	59
AVIAR	desviar	67
AVIEJAR	cantar	54
AVINAGRAR	cantar	54
AVISAR	cantar	54
AVISPARSE **PR.**	cantar	54
AVISTAR	cantar	54
AVITUALLAR	cantar	54
AVIVAR	cantar	54
AVIZORAR	cantar	54
AVOCAR	buscar	57
AYUDAR	cantar	54
AYUNAR	cantar	54
AZARAR	cantar	54
AZARARSE **PR.**	cantar	54
AZOGAR	pagar	58
AZORAR	cantar	54
AZOTAR	cantar	54
AZUCARAR	cantar	54
AZUFRAR	cantar	54
AZULEAR	cantar	54
AZULEJAR	cantar	54
AZUZAR	utilizar	59
B		
BABEAR	cantar	54
BABOSEAR	cantar	54
BAILAR	cantar	54
BAILOTEAR	cantar	54
BAJAR	cantar	54
BALANCEAR	cantar	54
BALAR	cantar	54
BALBUCEAR	cantar	54
BALBUCIR **(nota 21)**	vivir	56
BALDAR	cantar	54
BALDEAR	cantar	54
BAMBOLEAR	cantar	54
BANDEAR	cantar	54

VERBO	paradigma	página
B		
BANDERILLEAR	cantar	54
BAÑAR	cantar	54
BAÑARSE PR.		**139**
BAQUETEAR	cantar	54
BARAJAR	cantar	54
BARATEAR	cantar	54
BARBARIZAR	cantar	54
BARNIZAR	utilizar	59
BARRAR	cantar	54
BARRENAR	cantar	54
BARRER	comer	55
BARRITAR	cantar	54
BARRUNTAR	cantar	54
BASAR	cantar	54
BASCULAR	cantar	54
BASTAR	cantar	54
BATALLAR	cantar	54
BATEAR	cantar	54
BATIR	vivir	56
BAUCAR	cantar	54
BAUTIZAR	utilizar	59
BEATIFICAR	buscar	57
BEBER	comer	55
BECAR	buscar	57
BENDECIR P.D.		**101**
BENEFICIAR	copiar	66
BERREAR	cantar	54
BESAR	cantar	54
BESTIALIZARSE **PR.**	utilizar	59
BESUQUEAR	cantar	54
BIFURCARSE **PR.**	buscar	57
BIOGRAFIAR	desviar	67
BIRLAR	cantar	54
BISAR	cantar	54
BISBISEAR	cantar	54
BISELAR	cantar	54
BIZQUEAR	cantar	54
BLANDIR	vivir	56
BLANQUEAR	cantar	54
BLASFEMAR	cantar	54
BLASONAR	cantar	54
BLINDAR	cantar	54
BLOQUEAR	cantar	54

VERBO	paradigma	página
B		
BOBEAR	cantar	54
BOCINAR	cantar	54
BOGAR	pagar	58
BOICOTEAR	cantar	54
BOMBARDEAR	cantar	54
BOMBEAR	cantar	54
BONIFICAR	buscar	57
BORDAR	cantar	54
BORDEAR	cantar	54
BORRAR	cantar	54
BOSQUEJAR	cantar	54
BOSTEZAR	utilizar	59
BOTAR	cantar	54
BOXEAR	cantar	54
BRACEAR	cantar	54
BRAMAR	cantar	54
BRASEAR	cantar	54
BREAR	cantar	54
BREGAR	pagar	58
BRIBONEAR	cantar	54
BRICOLAR	cantar	54
BRILLAR	cantar	54
BRINCAR	buscar	57
BRINDAR	cantar	54
BROMEAR	cantar	54
BRONCEAR	cantar	54
BROTAR	cantar	54
BRUJULEAR	cantar	54
BRUTALIZARSE **PR.**	utilizar	59
BUCEAR	cantar	54
BUFAR	cantar	54
BULLIR	mullir	130
BURBUJEAR	cantar	54
BURILAR	cantar	54
BURLAR	cantar	54
BUSCAR		**57**
BUZONEAR	cantar	54
C		
CABALGAR	pagar	58
CABECEAR	cantar	54
CABER		**102**
CABLEAR	cantar	54
CABLEGRAFIAR	desviar	67

VERBO	paradigma	página
C		
CABREAR	cantar	54
CABRILLEAR	cantar	54
CACAREAR	cantar	54
CACHAR	cantar	54
CACHEAR	cantar	54
CACHONDEARSE **PR.**	cantar	54
CADUCAR	buscar	57
CAER		**103**
CAGAR	pagar	58
CALAFATEAR	cantar	54
CALAR	cantar	54
CALCAR	buscar	57
CALCETAR	cantar	54
CALCIFICAR	buscar	57
CALCINAR	cantar	54
CALCOGRAFIAR	desviar	67
CALCULAR	cantar	54
CALDEAR	cantar	54
CALENTAR	acertar	75
CALIBRAR	cantar	54
CALIFICAR	buscar	57
CALIGRAFIAR	desviar	67
CALLAR	cantar	54
CALLEJEAR	cantar	54
CALMAR	cantar	54
CALUMNIAR	copiar	66
CALZAR	utilizar	59
CAMBIAR	copiar	66
CAMELAR	cantar	54
CAMINAR	cantar	54
CAMPAR	cantar	54
CAMPEAR	cantar	54
CAMUFLAR	cantar	54
CANALIZAR	utilizar	59
CANCELAR	cantar	54
CANJEAR	cantar	54
CANONIZAR	utilizar	59
CANSAR	cantar	54
CANTAR		**54**
CANTURREAR	cantar	54
CAÑONEAR	cantar	54
CAPACITAR	cantar	54
CAPAR	cantar	54

VERBO	paradigma	página
C		
CAPEAR	cantar	54
CAPITALIZAR	utilizar	59
CAPITANEAR	cantar	54
CAPITULAR	cantar	54
CAPOTAR	cantar	54
CAPOTEAR	cantar	54
CAPTAR	cantar	54
CAPTURAR	cantar	54
CARACOLEAR	cantar	54
CARACTERIZAR	utilizar	59
CARAMELIZAR	utilizar	59
CARBONATAR	cantar	54
CARBONIZAR	utilizar	59
CARBURAR	cantar	54
CARCAJEAR	cantar	54
CARCOMER	comer	55
CARDAR	cantar	54
CAREAR	cantar	54
CARECER	merecer	95
CARGAR	pagar	58
CARIARSE **PR.**	copiar	66
CARICATURIZAR	utilizar	59
CARNEAR	cantar	54
CARPIR	vivir	56
CARPIRSE **PR.**	vivir	56
CARRASPEAR	cantar	54
CARTEAR	cantar	54
CARTEARSE **PR.**	cantar	54
CARTOGRAFIAR	desviar	67
CASAR	cantar	54
CASARSE **PR.**	cantar	54
CASCABELEAR	cantar	54
CASCAR	buscar	57
CASTAÑETEAR	cantar	54
CASTELLANIZAR	utilizar	59
CASTIGAR	pagar	58
CASTRAR	cantar	54
CATALIZAR	utilizar	59
CATALOGAR	pagar	58
CATAPULTAR	cantar	54
CATAR	cantar	54
CATEAR	cantar	54
CATEQUIZAR	utilizar	59

VERBO	paradigma	página
C		
CIRCULAR	cantar	54
CIRCUNCIDAR **P.D.**	cantar	54
CIRCUNNAVEGAR	pagar	58
CIRCUNSCRIBIR **P.I.**	vivir	56
CIRCUNVALAR	cantar	54
CISCAR	buscar	57
CITAR	cantar	54
CIVILIZAR	utilizar	59
CIZAÑAR	cantar	54
CLAMAR	cantar	54
CLAMOREAR	cantar	54
CLAREAR (**nota 24)**	cantar	54
CLARIFICAR	buscar	57
CLASIFICAR	buscar	57
CLAUDICAR	buscar	57
CLAUSURAR	cantar	54
CLAVAR	cantar	54
CLAVARSE **PR.**	cantar	54
CLAVETEAR	cantar	54
CLIMATIZAR	utilizar	59
CLONAR	cantar	54
CLOQUEAR	cantar	54
CLOROFORMIZAR	cantar	54
COACCIONAR	cantar	54
COADYUVAR	cantar	54
COAGULAR	cantar	54
COALIGARSE **PR.**	pagar	58
COARTAR	cantar	54
COBIJAR	cantar	54
COBRAR	cantar	54
COCEAR	cantar	54
COCER		**88**
COCINAR	cantar	54
CODEAR	cantar	54
CODICIAR	copiar	66
CODIFICAR	buscar	57
COEXISTIR	vivir	56
COGER	proteger	62
COHABITAR	cantar	54
COHEREDAR	cantar	54
COHIBIR	prohibir	73
COHONESTAR	cantar	54
COINCIDIR	vivir	56

VERBO	paradigma	página
C		
COJEAR	cantar	54
COLABORAR	cantar	54
COLACIONAR	cantar	54
COLAPSAR	cantar	54
COLAR	contar	82
COLEAR	cantar	54
COLECCIONAR	cantar	54
COLECTAR	cantar	54
COLECTIVIZAR	utilizar	59
COLEGIARSE **PR.**	copiar	66
COLEGIR	corregir	89
COLGAR	rogar	86
COLIGAR	pagar	58
COLIGARSE **PR.**	pagar	58
COLINDAR	cantar	54
COLISIONAR	cantar	54
COLMAR	cantar	54
COLOCAR	buscar	57
COLONIZAR	utilizar	59
COLOREAR	cantar	54
COLUMBRAR	cantar	54
COLUMPIAR	copiar	66
COMADREAR	cantar	54
COMANDAR	cantar	54
COMBAR	cantar	54
COMBATIR	vivir	56
COMBINAR	cantar	54
COMENTAR	cantar	54
COMENZAR	acertar	75
COMER		**55**
COMERCIALIZAR	utilizar	59
COMERCIAR	copiar	66
COMETER	comer	55
COMISIONAR	cantar	54
COMPACTAR	cantar	54
COMPADECER	merecer	95
COMPAGINAR	cantar	54
COMPARAR	cantar	54
COMPARECER	merecer	95
COMPARTIMENTAR	cantar	54
COMPARTIR	vivir	56
COMPATIBILIZAR	utilizar	59
COMPELER	comer	55

VERBO	paradigma	página
C		
COMPENDIAR	copiar	66
COMPENETRARSE **PR.**	cantar	54
COMPENSAR	cantar	54
COMPETER	comer	55
COMPETIR	pedir	90
COMPILAR	cantar	54
COMPLACER	nacer	94
COMPLEMENTAR	cantar	54
COMPLETAR	cantar	54
COMPLETARSE **PR.**	cantar	54
COMPLICAR	buscar	57
COMPONER **P.I.**	poner	113
COMPORTAR	cantar	54
COMPRAR	cantar	54
COMPRENDER	comer	55
COMPRIMIR **P.D.**	vivir	56
COMPROBAR	contar	82
COMPROMETER	comer	55
COMPULSAR	cantar	54
COMPUNGIR **(nota 1)**	abolir	136
COMPUNGIRSE **PR.**	abolir	136
COMPUTAR	cantar	54
COMPUTARIZAR	utilizar	59
COMULGAR	pagar	58
COMUNICAR	buscar	57
CONCATENAR	cantar	54
CONCEBIR	pedir	90
CONCEDER	comer	55
CONCELEBRAR	cantar	54
CONCENTRAR	cantar	54
CONCEPTUAR	actuar	69
CONCERNIR **(nota 5)**	discernir	77
CONCERTAR	acertar	75
CONCHABAR	cantar	54
CONCHABARSE **PR.**	cantar	54
CONCIENCIAR	copiar	66
CONCILIAR	copiar	66
CONCITAR	cantar	54
CONCLUIR **P.D.**	construir	126
CONCORDAR	contar	82
CONCRETAR	cantar	54
CONCRETIZAR	utilizar	59
CONCULCAR	buscar	57
CONCURRIR	vivir	56
CONCURSAR	cantar	54
CONDECORAR	cantar	54
CONDENAR	cantar	54
CONDENSAR	cantar	54
CONDESCENDER	entender	76
CONDICIONAR	cantar	54
CONDIMENTAR	cantar	54
CONDOLERSE **PR.**	mover	83
CONDONAR	cantar	54
CONDUCIR	producir	98
CONECTAR	cantar	54
CONEXIONARSE **PR.**	cantar	54
CONFABULAR	cantar	54
CONFECCIONAR	cantar	54
CONFEDERAR	cantar	54
CONFERENCIAR	copiar	66
CONFERIR	sentir	92
CONFESAR **P.D.**	acertar	75
CONFIAR	desviar	67
CONFIGURAR	cantar	54
CONFINAR	cantar	54
CONFIRMAR	cantar	54
CONFISCAR	buscar	57
CONFITAR	cantar	54
CONFLAGRAR	cantar	54
CONFLUIR	construir	126
CONFORMAR	cantar	54
CONFORTAR	cantar	54
CONFRATERNIZAR	utilizar	59
CONFRONTAR	cantar	54
CONFUNDIR **P.D.**	vivir	56
CONGELAR	cantar	54
CONGENIAR	copiar	66
CONGESTIONAR	cantar	54
CONGLOMERAR	cantar	54
CONGRACIAR	copiar	66
CONGRATULAR	cantar	54
CONGREGAR	pagar	58
CONJETURAR	cantar	54
CONJUGAR	pagar	58
CONJUNTAR	cantar	54
CONJURAR	cantar	54

VERBO	paradigma	página
C		
CONLLEVAR	cantar	54
CONMEMORAR	cantar	54
CONMENSURAR	cantar	54
CONMINAR	cantar	54
CONMOCIONAR	cantar	54
CONMOVER	mover	83
CONMUTAR	cantar	54
CONNOTAR	cantar	54
CONOCER		**96**
CONQUISTAR	cantar	54
CONSAGRAR	cantar	54
CONSEGUIR	seguir	91
CONSENSUAR	actuar	69
CONSENTIR	sentir	92
CONSERVAR	cantar	54
CONSIDERAR	cantar	54
CONSIGNAR	cantar	54
CONSISTIR	vivir	56
CONSOLAR	contar	82
CONSOLIDAR	cantar	54
CONSONANTIZAR	utilizar	59
CONSPIRAR	cantar	54
CONSTAR	cantar	54
CONSTATAR	cantar	54
CONSTERNAR	cantar	54
CONSTIPAR	cantar	54
CONSTITUCIONALIZAR	utilizar	59
CONSTITUIR	construir	126
CONSTREÑIR	teñir	131
CONSTRUIR		**126**
CONSULTAR	cantar	54
CONSUMAR	cantar	54
CONSUMIR	vivir	56
CONTABILIZAR	utilizar	59
CONTACTAR	cantar	54
CONTAGIAR	copiar	66
CONTAMINAR	cantar	54
CONTAR		**82**
CONTEMPLAR	cantar	54
CONTEMPORIZAR	utilizar	59
CONTENDER	entender	76
CONTENER	tener	120
CONTENTAR **P.D.**	cantar	54
CONTESTAR	cantar	54
CONTEXTUALIZAR	utilizar	59
CONTINUAR	actuar	69
CONTONEARSE **PR.**	cantar	54
CONTORNEAR	cantar	54
CONTORSIONARSE **PR.**	cantar	54
CONTRAATACAR	buscar	57
CONTRADECIR **(nota 25) P.I.**	decir	105
CONTRAER	traer	121
CONTRAERSE **PR.**	traer	121
CONTRAINDICAR	buscar	57
CONTRAPEAR	cantar	54
CONTRAPESAR	cantar	54
CONTRAPONER	poner	113
CONTRARIAR	desviar	67
CONTRARRESTAR	cantar	54
CONTRASTAR	cantar	54
CONTRAVENIR	venir	122
CONTRIBUIR	construir	126
CONTRISTAR	cantar	54
CONTROLAR	cantar	54
CONTUNDIR	vivir	56
CONTUNDIRSE **PR.**	vivir	56
CONTURBAR	cantar	54
CONTUSIONAR	cantar	54
CONVALECER	merecer	95
CONVALIDAR	cantar	54
CONVENCER **P.D.**	vencer	60
CONVENIR	venir	122
CONVERGER	proteger	62
CONVERGIR	dirigir	63
CONVERSAR	cantar	54
CONVERTIR **P.D.**	sentir	92
CONVIDAR	cantar	54
CONVIVIR	vivir	56
CONVOCAR	buscar	57
CONVULSIONAR	cantar	54
COÑEARSE **PR.**	cantar	54
COOPERAR	cantar	54
COORDINAR	cantar	54
COPAR	cantar	54
COPEAR	cantar	54
COPIAR		**66**

VERBO	paradigma	página
D		
DECEPCIONAR	cantar	54
DECIDIR	vivir	56
DECIR P.I.		**105**
DECLAMAR	cantar	54
DECLARAR	cantar	54
DECLINAR	cantar	54
DECODIFICAR	buscar	57
DECOLORAR	cantar	54
DECOMISAR	cantar	54
DECORAR	cantar	54
DECORTICAR	buscar	57
DECRECER	merecer	95
DECRETAR	cantar	54
DEDICAR	buscar	57
DEDUCIR	producir	98
DEFECAR	buscar	57
DEFENDER	entender	76
DEFENESTRAR	cantar	54
DEFERIR	sentir	76
DEFINIR	vivir	56
DEFLAGRAR	cantar	54
DEFORESTAR	cantar	54
DEFORMAR	cantar	54
DEFRAUDAR	cantar	54
DEGENERAR	cantar	54
DEGLUTIR	vivir	56
DEGOLLAR	contar	82
DEGRADAR	cantar	54
DEGUSTAR	cantar	54
DEIFICAR	buscar	57
DEJAR	cantar	54
DELATAR	cantar	54
DELEGAR	pagar	58
DELEITAR	cantar	54
DELETREAR	cantar	54
DELIBERAR	cantar	54
DELIMITAR	cantar	54
DELINEAR	cantar	54
DELINQUIR		**65**
DELIRAR	cantar	54
DEMACRARSE **PR.**	cantar	54
DEMANDAR	cantar	54
DEMARCAR	buscar	57

VERBO	paradigma	página
D		
DEMOCRATIZAR	utilizar	59
DEMOLER	mover	83
DEMORAR	cantar	54
DEMOSTRAR	contar	82
DEMUDARSE **PR.**	cantar	54
DENEGAR	fregar	79
DENIGRAR	cantar	54
DENEGRIR	vivir	56
DENOMINAR	cantar	54
DENOSTAR	contar	82
DENOTAR	cantar	54
DENUNCIAR	copiar	66
DEPARAR	cantar	54
DEPARTIR	vivir	56
DEPAUPERAR	cantar	54
DEPENDER	comer	55
DEPILAR	cantar	54
DEPLORAR	cantar	54
DEPONER **P.I.**	poner	113
DEPORTAR	cantar	54
DEPOSITAR	cantar	54
DEPRAVAR	cantar	54
DEPRECIAR	copiar	66
DEPREDAR	cantar	54
DEPRIMIR	vivir	56
DEPURAR	cantar	54
DERIVAR	cantar	54
DEROGAR	pagar	58
DERRAMAR	cantar	54
DERRAPAR	cantar	54
DERRENGAR	pagar	58
DERRETIR	pedir	90
DERRIBAR	cantar	54
DERROCAR	buscar	57
DERROCHAR	cantar	54
DERROTAR	cantar	54
DERRUIR	construir	126
DERRUMBAR	cantar	54
DESABASTECER	merecer	95
DESABRIR **(nota 1)**	vivir	56
DESABRIRSE **PR.**	vivir	56
DESABOLLAR	cantar	54
DESABOTONAR	cantar	54

VERBO	paradigma	página
D		
DESABRIGAR	pagar	58
DESABROCHAR	cantar	54
DESACATAR	cantar	54
DESACELERAR	cantar	54
DESACERTAR	acertar	75
DESACOMODAR	cantar	54
DESACONSEJAR	cantar	54
DESACOPLAR	cantar	54
DESACOSTUMBRAR	cantar	54
DESACREDITAR	cantar	54
DESACTIVAR	cantar	54
DESACUARTELAR	cantar	54
DESAFIAR	desviar	67
DESAFINAR	cantar	54
DESAFORAR	contar	82
DESAFORARSE **PR.**	contar	82
DESAGRADAR	cantar	54
DESAGRAVIAR	copiar	66
DESAGUAR	averiguar	68
DESAHOGAR	pagar	58
DESAHUCIAR	copiar	66
DESAHUCIARSE **PR.**	copiar	66
DESAIRAR	cantar	54
DESAJUSTAR	cantar	54
DESALAR	cantar	54
DESALARSE **PR.**	cantar	54
DESALENTAR	acertar	75
DESALINEAR	cantar	54
DESALIÑAR	cantar	54
DESALOJAR	cantar	54
DESALQUILAR	cantar	54
DESAMORTIZAR	utilizar	59
DESAMPARAR	cantar	54
DESAMUEBLAR	cantar	54
DESANCLAR	cantar	54
DESANDAR	andar	99
DESANGRAR	cantar	54
DESANIMAR	cantar	54
DESANUDAR	cantar	54
DESAPARECER	merecer	95
DESAPASIONARSE **PR.**	cantar	54
DESAPEGAR	pagar	58
DESAPRENDER	comer	55

VERBO	paradigma	página
D		
DESAPRETAR	acertar	75
DESAPROBAR	contar	82
DESAPROVECHAR	cantar	54
DESARBOLAR	cantar	54
DESARMAR	cantar	54
DESARRAIGAR	pagar	58
DESARREGLAR	cantar	54
DESARRENDAR	acertar	75
DESARRIMAR	cantar	54
DESARROLLAR	cantar	54
DESARROPAR	cantar	54
DESARRUGAR	pagar	58
DESARTICULAR	cantar	54
DESASIR	asir	100
DESASIRSE **PR.**	asir	100
DESASISTIR	vivir	56
DESASNAR	cantar	54
DESASOSEGAR	fregar	79
DESATAR	cantar	54
DESATASCAR	buscar	57
DESATAVIARSE **PR.**	desviar	67
DESATENDER **P.D.**	entender	76
DESATINAR	cantar	54
DESATORNILLAR	cantar	54
DESATRANCAR	buscar	57
DESAUTORIZAR	utilizar	59
DESAYUNAR **(nota 26)**	cantar	54
DESAYUNARSE **PR.**	cantar	54
DESAZONAR	cantar	54
DESBANCAR	buscar	57
DESBARAJUSTAR	cantar	54
DESBARATAR	cantar	54
DESBARBAR	cantar	54
DESBARRAR	cantar	54
DESBASTAR	cantar	54
DESBLOQUEAR	cantar	54
DESBOCAR	buscar	57
DESBORDAR	cantar	54
DESBRAVAR	cantar	54
DESBROZAR	utilizar	59
DESCABALAR	cantar	54
DESCABALGAR	pagar	58
DESCABELLAR	cantar	54

VERBO	paradigma	página
D		
DESCABEZAR	utilizar	59
DESCACHARRAR	cantar	54
DESCAFEINAR	aislar	70
DESCALABRAR	cantar	54
DESCALCIFICAR	buscar	57
DESCALIFICAR	buscar	57
DESCALZAR **P.D.**	utilizar	59
DESCAMAR	cantar	54
DESCAMBIAR	copiar	66
DESCANSAR	cantar	54
DESCAPERUZAR	utilizar	59
DESCAPOTAR	cantar	54
DESCARGAR	pagar	58
DESCARNAR	cantar	54
DESCAROZAR	utilizar	59
DESCARRIAR	desviar	67
DESCARRILAR	cantar	54
DESCARTAR	cantar	54
DESCASAR	cantar	54
DESCASCARILLAR	cantar	54
DESCASTAR	cantar	54
DESCENDER	entender	76
DESCENTRALIZAR	utilizar	59
DESCENTRAR	cantar	54
DESCEPAR	cantar	54
DESCEREBRAR	cantar	54
DESCERRAJAR	cantar	54
DESCERRAR	acertar	75
DESCIFRAR	cantar	54
DESCLASIFICAR	buscar	57
DESCLAVAR	cantar	54
DESCOCARSE **PR.**	buscar	57
DESCODIFICAR	buscar	57
DESCOLGAR	rogar	86
DESCOLLAR	contar	82
DESCOLOCAR	buscar	57
DESCOLONIZAR	utilizar	59
DESCOLORARSE **PR.**	cantar	54
DESCOMPAGINAR	cantar	54
DESCOMPASARSE **PR.**	cantar	54
DESCOMPENSAR	cantar	54
DESCOMPONER **P.I.**	poner	113
DESCOMPRIMIR	vivir	56

VERBO	paradigma	página
D		
DESCONCERTAR	acertar	75
DESCONCHAR	cantar	54
DESCONECTAR	cantar	54
DESCONFIAR	desviar	67
DESCONGELAR	cantar	54
DESCONGESTIONAR	cantar	54
DESCONOCER	conocer	96
DESCONSIDERAR	cantar	54
DESCONSOLAR	contar	82
DESCONTAMINAR	cantar	54
DESCONTAR	contar	82
DESCONTENTAR **P.D.**	cantar	54
DESCONTROLAR	cantar	54
DESCONVOCAR	buscar	57
DESCONYUNTARSE **PR.**	cantar	54
DESCORAZONAR	cantar	54
DESCORCHAR	cantar	54
DESCORRER	comer	55
DESCOSER	comer	55
DESCOYUNTAR	cantar	54
DESCREMAR	cantar	54
DESCRIBIR **P.I.**	vivir	56
DESCUADRAR	cantar	54
DESCUAJAR	cantar	54
DESCUARTIZAR	utilizar	59
DESCUBRIR **P.I.**	vivir	56
DESCUIDAR	cantar	54
DESCUMPLIR	vivir	56
DESDECIR **P.I. (nota 27)**	decir	105
DESDIBUJAR	cantar	54
DESDEÑAR	cantar	54
DESDOBLAR	cantar	54
DESEAR	cantar	54
DESECAR	buscar	57
DESECHAR	cantar	54
DESEMBALAR	cantar	54
DESEMBARAZAR	utilizar	59
DESEMBARCAR	buscar	57
DESEMBARGAR	pagar	58
DESEMBARRANCAR	cantar	54
DESEMBARRAR	cantar	54
DESEMBOCAR	buscar	57
DESEMBOLSAR	cantar	54

VERBO	paradigma	página
D		
DESEMBRAGAR	pagar	58
DESEMBRUJAR	cantar	54
DESEMBUCHAR	cantar	54
DESEMPACAR	buscar	57
DESEMPACARSE **PR.**	buscar	57
DESEMPAÑAR	cantar	54
DESEMPAPELAR	cantar	54
DESEMPAQUETAR	cantar	54
DESEMPAREJAR	cantar	54
DESEMPATAR	cantar	54
DESEMPEDRAR	acertar	75
DESEMPEÑAR	cantar	54
DESEMPEÑARSE **PR.**	cantar	54
DESEMPOLVAR	cantar	54
DESEMPOTRAR	cantar	54
DESENAMORAR	cantar	54
DESENCADENAR	cantar	54
DESENCAJAR **PR.**	cantar	54
DESENCAJARSE **PR.**	cantar	54
DESENCAJONAR	cantar	54
DESENCALLAR	cantar	54
DESENCAMINAR	cantar	54
DESENCANTAR	cantar	54
DESENCAPOTAR	cantar	54
DESENCAPOTARSE **PR.**	cantar **(nota 28)**	54
DESENCARCELAR	cantar	54
DESENCARGAR	pagar	58
DESENCARNAR	cantar	54
DESENCHUFAR	cantar	54
DESENCLAVAR	cantar	54
DESENCORVAR	cantar	54
DESENCUADERNAR	cantar	54
DESENFADARSE **PR.**	cantar	54
DESENFOCAR	buscar	57
DESENFRENAR	cantar	54
DESENFUNDAR	cantar	54
DESENFURRUÑAR	cantar	54
DESENGANCHAR	cantar	54
DESENGAÑAR	cantar	54
DESENGRASAR	cantar	54
DESENHEBRAR	cantar	54
DESENJAULAR	cantar	54
DESENLADRILLAR	cantar	54

VERBO	paradigma	página
D		
DESENLAZAR	utilizar	59
DESENMARAÑAR	cantar	54
DESENMASCARAR	cantar	54
DESENRAIZAR	aislar	70
DESENREDAR	cantar	54
DESENROLLAR	cantar	54
DESENROSCAR	buscar	57
DESENSILLAR	cantar	54
DESENTENDERSE **PR.**	entender	76
DESENTERRAR	acertar	75
DESENTOLDAR	cantar	54
DESENTONAR	cantar	54
DESENTORPECER	merecer	95
DESENTRAÑAR	cantar	54
DESENTRENAR	cantar	54
DESENTUMECER	merecer	95
DESENVAINAR	cantar	54
DESENVOLVER **P.I.**	mover	83
DESEQUILIBRAR	cantar	54
DESERTAR	cantar	54
DESERTIZAR	utilizar	59
DESESCOMBRAR	cantar	54
DESESPERAR	cantar	54
DESESTABILIZAR	utilizar	59
DESESTIMAR	cantar	54
DESFALCAR	buscar	57
DESFALLECER	merecer	95
DESFASAR	cantar	54
DESFAVORECER	merecer	95
DESFIGURAR	cantar	54
DESFILAR	cantar	54
DESFLECAR	buscar	57
DESFLORAR	cantar	54
DESFOGAR	pagar	58
DESFONDAR	cantar	54
DESFRUNCIR	fruncir	61
DESGAJAR	cantar	54
DESGAÑITARSE **PR.**	cantar	54
DESGARRAR	cantar	54
DESGASTAR	cantar	54
DESGLOSAR	cantar	54
DESGOBERNAR	contar	82
DESGRACIAR	copiar	66

VERBO	paradigma	página
D		
DESGRANAR	cantar	54
DESGRAVAR	cantar	54
DESGREÑAR	cantar	54
DESGREÑARSE **PR.**	cantar	54
DESGUARNECER	merecer	95
DESGUAZAR	utilizar	59
DESHABITAR	cantar	54
DESHACER **P.I.**	hacer	109
DESHELAR	acertar	75
DESHEREDAR	cantar	54
DESHIDRATAR	cantar	54
DESHILACHAR	cantar	54
DESHILAR	cantar	54
DESHILVANAR	cantar	54
DESHINCHAR	cantar	54
DESHOJAR	cantar	54
DESHOLLINAR	cantar	54
DESHONRAR	cantar	54
DESHUESAR	cantar	54
DESHUMANIZAR	utilizar	59
DESIGNAR	cantar	54
DESIGUALAR	cantar	54
DESILUSIONAR	cantar	54
DESIMANTAR	cantar	54
DESINCORPORAR	cantar	54
DESINCORPORARSE **PR.**	cantar	54
DESINCRUSTAR	cantar	54
DESINFECTAR	cantar	54
DESINFLAMAR	cantar	54
DESINFLAR	cantar	54
DESINFORMAR	cantar	54
DESINHIBIR	vivir	56
DESINSECTAR	cantar	54
DESINTEGRAR	cantar	54
DESINTERESARSE **PR.**	cantar	54
DESINTOXICAR	buscar	57
DESISTIR	vivir	56
DESLAVAR	cantar	54
DESLEGALIZAR	utilizar	59
DESLEÍR	reír	132
DESLEÍRSE **PR.**	reír	132
DESLIAR	desviar	67
DESLIGAR	pagar	58

VERBO	paradigma	página
D		
DESLINDAR	cantar	54
DESLIZAR	utilizar	59
DESLOMAR	cantar	54
DESLUCIR	lucir	97
DESLUMBRAR	cantar	54
DESMADEJAR	cantar	54
DESMADEJARSE **PR.**	cantar	54
DESMADRAR	cantar	54
DESMADRARSE **PR.**	cantar	54
DESMALLAR	cantar	54
DESMAMAR	cantar	54
DESMANDAR	cantar	54
DESMANDARSE **PR.**	cantar	54
DESMANTELAR	cantar	54
DESMAQUILLAR	cantar	54
DESMARCARSE **PR.**	buscar	57
DESMAYAR	cantar	54
DESMAYARSE **PR.**	cantar	54
DESMEDIRSE **PR.**	pedir	90
DESMEJORAR	cantar	54
DESMEJORARSE **PR.**	cantar	54
DESMELENAR	cantar	54
DESMEMBRAR	acertar	75
DESMEMORIARSE **PR.**	copiar	66
DESMENTIR	sentir	92
DESMENUZAR	utilizar	59
DESMERECER	merecer	95
DESMIGAJAR	cantar	54
DESMIGAR	pagar	58
DESMILITARIZAR	utilizar	59
DESMISTIFICAR	buscar	57
DESMOCHAR	cantar	54
DESMONTAR	cantar	54
DESMORALIZAR	utilizar	59
DESMORONAR	cantar	54
DESMOTIVAR	cantar	54
DESMOVILIZAR	utilizar	59
DESNACIONALIZAR	utilizar	59
DESNATAR	cantar	54
DESNATURALIZAR	utilizar	59
DESNIVELAR	cantar	54
DESNORTARSE	cantar	54
DESNUCAR	buscar	57

VERBO	paradigma	página
D		
DESTEJER	comer	55
DESTELLAR	cantar	54
DESTEMPLAR	cantar	54
DESTENSAR	cantar	54
DESTEÑIR	teñir	131
DESTERNILLARSE **PR.**	cantar	54
DESTERRAR	acertar	75
DESTETAR	cantar	54
DESTILAR	cantar	54
DESTINAR	cantar	54
DESTITUIR	construir	126
DESTORNILLAR	cantar	54
DESTRABAR	cantar	54
DESTRENZAR	utilizar	59
DESTRIPAR	cantar	54
DESTRONAR	cantar	54
DESTROZAR	utilizar	59
DESTRUIR	construir	126
DESUBICAR	buscar	57
DESUNIR	vivir	56
DESUSAR	cantar	54
DESVALIJAR	cantar	54
DESVALORIZAR	utilizar	59
DESVANECER	merecer	95
DESVARIAR	desviar	67
DESVELAR	cantar	54
DESVENCIJAR	cantar	54
DESVENDAR	cantar	54
DESVESTIR	pedir	90
DESVIAR		**67**
DESVINCULAR	cantar	54
DESVIRGAR	pagar	58
DESVIRTUAR	actuar	69
DESVIRTUARSE **PR.**	actuar	69
DESVIVIRSE **PR.**	vivir	56
DETALLAR	cantar	54
DETECTAR	cantar	54
DETENER	tener	120
DETENTAR	cantar	54
DETERIORAR	cantar	54
DETERMINAR	cantar	54
DETESTAR	cantar	54
DETONAR	cantar	54

VERBO	paradigma	página
D		
DEVALUAR	actuar	69
DEVANAR	cantar	54
DEVASTAR	cantar	54
DEVENGAR	pagar	58
DEVENIR	venir	122
DEVOLVER	mover	83
DEVORAR	cantar	54
DIAGNOSTICAR	buscar	57
DIAGRAMAR	cantar	54
DIALIZAR	utilizar	59
DIALOGAR	pagar	58
DIBUJAR	cantar	54
DICTAMINAR	cantar	54
DICTAR	cantar	54
DIEZMAR	cantar	54
DIFAMAR	cantar	54
DIFERENCIAR	copiar	66
DIFERIR	sentir	92
DIFICULTAR	cantar	54
DIFUMINAR	cantar	54
DIFUNDIR **P.D.**	vivir	56
DIGERIR	sentir	92
DIGITALIZAR	utilizar	59
DIGNARSE **PR.**	cantar	54
DIGNIFICAR	buscar	57
DILACERAR	cantar	54
DILAPIDAR	cantar	54
DILATAR	cantar	54
DILIGENCIAR	copiar	66
DILUCIDAR	cantar	54
DILUIR	construir	126
DIMANAR	cantar	54
DIMITIR	vivir	56
DINAMITAR	cantar	54
DINAMIZAR	utilizar	59
DIPLOMAR	cantar	54
DIPTONGAR	pagar	58
DIRIGIR		**63**
DIRIMIR	vivir	56
DISCERNIR		**77**
DISCIPLINAR	cantar	54
DISCORDAR	contar	82
DISCREPAR	cantar	54

VERBO	paradigma	página
D		
DISCRIMINAR	cantar	54
DISCULPAR	cantar	54
DISCULPARSE **PR.**	cantar	54
DISCURRIR	vivir	56
DISCUTIR	vivir	56
DISECAR	buscar	57
DISEMINAR	cantar	54
DISENTIR	sentir	92
DISEÑAR	cantar	54
DISERTAR	cantar	54
DISFRAZAR	utilizar	59
DISFRUTAR	cantar	54
DISGREGAR	pagar	58
DISGUSTAR	cantar	54
DISIMILAR	cantar	54
DISIMULAR	cantar	54
DISIPAR	cantar	54
DISLOCAR	buscar	57
DISMINUIR	construir	126
DISOCIAR	copiar	66
DISOLVER **P.I.**	mover	83
DISPARAR	cantar	54
DISPARATAR	cantar	54
DISPENSAR	cantar	54
DISPERSAR	cantar	54
DISPONER **P.I.**	poner	113
DISPUTAR	cantar	54
DISTANCIAR	copiar	66
DISTANCIARSE **PR.**	copiar	66
DISTAR	cantar	54
DISTENDER	entender	76
DISTINGUIR		**64**
DISTORSIONAR	cantar	54
DISTRAER	traer	121
DISTRIBUIR	construir	126
DISUADIR	vivir	56
DIVAGAR	pagar	58
DIVERGIR	dirigir	63
DIVERSIFICAR	buscar	57
DIVERTIR	sentir	92
DIVIDIR	vivir	56
DIVINIZAR	utilizar	59
DIVISAR	cantar	54

VERBO	paradigma	página
D		
DIVORCIARSE **PR.**	cantar	54
DIVULGAR	pagar	58
DOBLAR	cantar	54
DOBLEGAR	pagar	58
DOCTORAR	cantar	54
DOCTRINAR	cantar	54
DOCUMENTAR	cantar	54
DOGMATIZAR	utilizar	59
DOLER	mover	83
DOLERSE **PR.**	mover	83
DOMAR	cantar	54
DOMEÑAR	cantar	54
DOMESTICAR	buscar	57
DOMICILIAR	copiar	82
DOMINAR	cantar	54
DOMINAR	cantar	54
DONAR	cantar	54
DOPAR	cantar	54
DOPARSE **PR.**	cantar	54
DORAR	cantar	54
DORMIR		**93**
DORMITAR	cantar	54
DOSIFICAR	buscar	57
DOTAR	cantar	54
DRAGAR	pagar	58
DRAMATIZAR	utilizar	59
DRENAR	cantar	54
DRIBLAR	cantar	54
DROGAR	pagar	58
DROGARSE **PR.**	pagar	58
DUCHAR	cantar	54
DUCHARSE **PR.**	cantar	54
DUDAR	cantar	54
DULCIFICAR	buscar	57
DUPLICAR	buscar	57
DURAR	cantar	54
E		
ECHAR	cantar	54
ECLIPSAR	cantar	54
ECONOMIZAR	utilizar	59
EDIFICAR	buscar	57
EDITAR	cantar	54
EDUCAR	buscar	57

VERBO	paradigma	página
E		
EDULCORAR	cantar	54
EFECTUAR	actuar	69
EGRESAR	cantar	54
EJECUTAR	cantar	54
EJEMPLARIZAR	utilizar	59
EJEMPLIFICAR	buscar	57
EJERCER	vencer	60
EJERCITAR	cantar	54
ELABORAR	cantar	54
ELECTRIFICAR	buscar	57
ELECTRIZAR	utilizar	59
ELECTROCUTAR	cantar	54
ELECTROLIZAR	utilizar	59
ELEGIR **P.D.**	corregir	89
ELEVAR	cantar	54
ELIDIR	vivir	56
ELIMINAR	cantar	54
ELOGIAR	copiar	66
ELUCIDAR	cantar	54
ELUCUBRAR	cantar	54
ELUDIR	vivir	56
EMANAR	cantar	54
EMANCIPAR	cantar	54
EMASCULAR	cantar	54
EMBADURNAR	cantar	54
EMBALAR	cantar	54
EMBALDOSAR	cantar	54
EMBALSAMAR	cantar	54
EMBALSAR	cantar	54
EMBARAZAR	utilizar	59
EMBARAZARSE **PR.**	utilizar	59
EMBARCAR	buscar	57
EMBARGAR	pagar	58
EMBARRANCAR	buscar	57
EMBARRAR	cantar	54
EMBARULLAR	cantar	54
EMBARRAR	cantar	54
EMBAUCAR	buscar	57
EMBAZARSE **PR.**	utilizar	59
EMBEBER	comer	55
EMBELESAR	cantar	54
EMBELLECER	merecer	95
EMBERRINCHARSE **PR.**	cantar	54

VERBO	paradigma	página
E		
EMBESTIR	pedir	90
EMBETUNAR	cantar	54
EMBLANQUECER	merecer	95
EMBOBAR	cantar	54
EMBOLSAR	cantar	54
EMBORRACHAR	cantar	54
EMBORRACHARSE **PR.**	cantar	54
EMBORRASCARSE **PR.**	buscar **(nota 30)**	57
EMBORRONAR	cantar	54
EMBOSCAR	buscar	57
EMBOTAR	cantar	54
EMBOTARSE **PR.**	cantar	54
EMBOTELLAR	cantar	54
EMBOTIJAR	cantar	54
EMBOZAR	utilizar	59
EMBRAGAR	pagar	58
EMBRAVECER	merecer	95
EMBREAR	cantar	54
EMBRIAGAR	pagar	58
EMBRIDAR	cantar	54
EMBROLLAR	cantar	54
EMBROMAR	cantar	54
EMBRUJAR	cantar	54
EMBRUTECER	merecer	95
EMBUCHAR	cantar	54
EMBUTIR	vivir	56
EMERGER	proteger	62
EMIGRAR	cantar	54
EMITIR	vivir	56
EMOCIONAR	cantar	54
EMOCIONARSE **PR.**	cantar	54
EMPACAR	buscar	57
EMPACHAR	cantar	54
EMPADRONAR	cantar	54
EMPALAGAR	pagar	58
EMPALAR	cantar	54
EMPALIDECER	merecer	95
EMPALMAR	cantar	54
EMPANAR	cantar	54
EMPANTANAR	cantar	54
EMPAÑAR	cantar	54
EMPAPAR	cantar	54
EMPAPELAR	cantar	54

VERBO	paradigma	página
E		
EMPAPUZAR	utilizar	59
EMPAQUETAR	cantar	54
EMPAREJAR	cantar	54
EMPAREJARSE **PR.**	cantar	54
EMPARENTAR **(nota 6)**	cantar / acertar	54/75
EMPASTAR	cantar	54
EMPATAR	cantar	54
EMPAVONAR	cantar	54
EMPECER **DEF. (nota 31)**	merecer	95
EMPECINAR	cantar	54
EMPECINARSE **PR.**	cantar	54
EMPEDERNIR **DEF. (nota 32)**	vivir	56
EMPEDERNIRSE **PR.**	vivir	56
EMPEDRAR	acertar	75
EMPEÑAR	cantar	54
EMPEORAR	cantar	54
EMPEQUEÑECER	merecer	95
EMPEREJILAR	cantar	54
EMPEREJILARSE **PR.**	cantar	54
EMPERIFOLLAR	cantar	54
EMPERRARSE **PR.**	cantar	54
EMPEZAR	acertar	75
EMPINAR	cantar	54
EMPITONAR	cantar	54
EMPLASTECER	merecer	95
EMPLAZAR	utilizar	59
EMPLEAR	cantar	54
EMPLOMAR	cantar	54
EMPLUMAR	cantar	54
EMPOBRECER	merecer	95
EMPOLLAR	cantar	54
EMPOLVAR	cantar	54
EMPONZOÑAR	cantar	54
EMPORCAR	trocar	85
EMPOTRAR	cantar	54
EMPRENDER	comer	55
EMPUJAR	cantar	54
EMPUÑAR	cantar	54
EMULAR	cantar	54
EMULSIONAR	cantar	54
ENAJENAR	cantar	54
ENALTECER	merecer	95
ENAMORAR	cantar	54

VERBO	paradigma	página
E		
ENAMORARSE **PR.**	cantar	54
ENAMORISCARSE **PR.**	buscar	57
ENARBOLAR	cantar	54
ENARCAR	buscar	57
ENARDECER	merecer	95
ENARENAR	cantar	54
ENCABALGAR	pagar	58
ENCABESTRAR	cantar	54
ENCABEZAR	utilizar	59
ENCABEZONARSE **PR.**	cantar	54
ENCABRITARSE **PR.**	cantar	54
ENCABRONAR	cantar	54
ENCADENAR	cantar	54
ENCAJAR	cantar	54
ENCAJONAR	cantar	54
ENCALAR	cantar	54
ENCALLAR	cantar	54
ENCALLARSE **PR.**	cantar	54
ENCALLECER	merecer	95
ENCALLEJONAR	cantar	54
ENCAMAR	cantar	54
ENCAMINAR	cantar	54
ENCANARSE **PR.**	cantar	54
ENCANDECER	merecer	95
ENCANDECERSE **PR.**	merecer	95
ENCANDILAR	cantar	54
ENCANECER	merecer	95
ENCANIJAR	cantar	54
ENCANIJARSE **PR.**	cantar	54
ENCANTAR	cantar	54
ENCANUTAR	cantar	54
ENCAÑONAR	cantar	54
ENCAPOTAR	cantar	54
ENCAPOTARSE **PR.**	cantar **(nota 33)**	54
ENCAPRICHARSE **PR.**	cantar	54
ENCAPSULAR	cantar	54
ENCAPUCHAR	cantar	54
ENCARAMAR	cantar	54
ENCARAR	cantar	54
ENCARCELAR	cantar	54
ENCARECER	merecer	95
ENCARGAR	pagar	58
ENCARIÑAR	cantar	54

VERBO	paradigma	página
E		
ENCARNAR	cantar	54
ENCARNIZAR	utilizar	59
ENCARPETAR	cantar	54
ENCARRILAR	cantar	54
ENCARTAR	cantar	54
ENCARTONAR	cantar	54
ENCASILLAR	cantar	54
ENCASQUETAR	cantar	54
ENCASQUILLAR	cantar	54
ENCASTRAR	cantar	54
ENCAUSAR	cantar	54
ENCAUZAR	utilizar	59
ENCEBOLLAR	cantar	54
ENCEGUECER	merecer	95
ENCELAR	cantar	54
ENCELDAR	cantar	54
ENCENAGARSE **PR.**	pagar	58
ENCENDER	entender	76
ENCERAR	cantar	54
ENCERRAR	acertar	75
ENCESTAR	cantar	54
ENCHARCAR	buscar	57
ENCHUFAR	cantar	54
ENCIMAR	cantar	54
ENCINTAR	cantar	54
ENCIZAÑAR	cantar	54
ENCLAUSTRAR	cantar	54
ENCLAVAR	cantar	54
ENCOCORAR	cantar	54
ENCOFRAR	cantar	54
ENCOGER	proteger	62
ENCOLAR	cantar	54
ENCOLERIZAR	utilizar	59
ENCOMENDAR	acertar	75
ENCOMIAR	copiar	66
ENCONAR	cantar	54
ENCONTRAR	contar	82
ENCOPETAR	cantar	54
ENCORAJINAR	cantar	54
ENCORAZAR	utilizar	59
ENCORCHAR	cantar	54
ENCORDAR	contar	82
ENCORSETAR	cantar	54

VERBO	paradigma	página
E		
ENCORVAR	cantar	54
ENCRESPAR	cantar	54
ENCUADERNAR	cantar	54
ENCUADRAR	cantar	54
ENCUBRIR **P.I.**	vivir	56
ENCUESTAR	cantar	54
ENCUMBRAR	cantar	54
ENCURDARSE **PR.**	cantar	54
ENCURTIR	vivir	56
ENDEMONIAR	copiar	66
ENDEREZAR	utilizar	59
ENDEUDARSE **PR.**	cantar	54
ENDILGAR	pagar	58
ENDIOSAR	cantar	54
ENDOMINGARSE **PR.**	pagar	58
ENDOSAR	cantar	54
ENDULZAR	utilizar	59
ENDURECER	merecer	95
ENEMISTAR	cantar	54
ENERGIZAR	utilizar	59
ENERVAR	cantar	54
ENFADAR	cantar	54
ENFAJAR	cantar	54
ENFANGAR	pagar	58
ENFATIZAR	utilizar	59
ENFERMAR	cantar	54
ENFERVORIZAR	utilizar	59
ENFILAR	cantar	54
ENFLAQUECER	merecer	95
ENFOCAR	buscar	57
ENFOSCAR	buscar	57
ENFRASCARSE **PR.**	buscar	57
ENFRENTAR	cantar	54
ENFRIAR	desviar	67
ENFUNDAR	cantar	54
ENFURECER	merecer	95
ENFURRUÑARSE **PR.**	cantar	54
ENGALANAR	cantar	54
ENGANCHAR	cantar	54
ENGAÑAR	cantar	54
ENGARABITAR	cantar	54
ENGARZAR	utilizar	59
ENGASTAR	cantar	54

VERBO	paradigma	página
E		
ENGATUSAR	cantar	54
ENGAZAR	utilizar	59
ENGENDRAR	cantar	54
ENGLOBAR	cantar	54
ENGLUTIR	vivir	56
ENGOLAR	cantar	54
ENGOLFARSE **PR.**	cantar	54
ENGOLOSINAR	cantar	54
ENGOMAR	cantar	54
ENGOMINARSE **PR.**	cantar	54
ENGORDAR	cantar	54
ENGRANAR	cantar	54
ENGRANDECER	merecer	95
ENGRASAR	cantar	54
ENGREÍRSE **PR.**	reír	132
ENGRESCAR	buscar	57
ENGROSAR **(nota 6)**	contar / cantar	82/54
ENGRUESAR	cantar	54
ENGRUPIR	vivir	56
ENGUACHINAR	cantar	54
ENGUANTAR	cantar	54
ENGULLIR	mullir	130
ENGURRUÑAR	cantar	54
ENHARINAR	cantar	54
ENHASTIAR	desviar	67
ENHEBRAR	cantar	54
ENJABONAR	cantar	54
ENJAEZAR	utilizar	59
ENJALBEGAR	pagar	58
ENJARETAR	cantar	54
ENJAULAR	cantar	54
ENJOYAR	cantar	54
ENJUAGAR	pagar	58
ENJUGAR **(nota 34)**	pagar	58
ENJUICIAR	copiar	66
ENLADRILLAR	cantar	54
ENLATAR	cantar	54
ENLAZAR	utilizar	59
ENLODAR	cantar	54
ENLOQUECER	merecer	95
ENLOSAR	cantar	54
ENLUCIR	lucir	97
ENLUTAR	cantar	54
ENMADRARSE **PR.**	cantar	54
ENMARAÑAR	cantar	54
ENMARAÑARSE **PR.**	cantar	54
ENMARCAR	buscar	57
ENMASCARAR	cantar	54
ENMENDAR	acertar	75
ENMOHECER	merecer	95
ENMOQUETAR	cantar	54
ENMUDECER	merecer	95
ENNEGRECER	merecer	95
ENNOBLECER	merecer	95
ENOJAR	cantar	54
ENORGULLECER	merecer	95
ENQUICIAR	copiar	66
ENQUISTARSE **PR.**	cantar	54
ENRABIETAR	cantar	54
ENRABIETARSE **PR.**	cantar	54
ENRAIZAR	aislar	70
ENRAIZARSE **PR.**	aislar	70
ENRARECER	merecer	95
ENRARECERSE **PR.**	merecer	95
ENREDAR	cantar	54
ENREJAR	cantar	54
ENRIQUECER	merecer	95
ENROCAR **(nota 35)**	buscar/contar	57/82
ENROJECER	merecer	95
ENROJECERSE **PR.**	merecer	95
ENROLAR	cantar	54
ENROLLAR	cantar	54
ENRONQUECER	merecer	95
ENROSCAR	buscar	57
ENRUBIAR	copiar	66
ENRUBIARSE **PR.**	copiar	66
ENSALZAR	utilizar	59
ENSAMBLAR	cantar	54
ENSANCHAR	cantar	54
ENSANDECER	merecer	95
ENSANGRENTAR	acertar	75
ENSAÑAR	cantar	54
ENSARTAR	cantar	54
ENSAYAR	cantar	54
ENSEÑAR	cantar	54
ENSEÑOREARSE **PR.**	cantar	54

VERBO	paradigma	página
E		
ESBOZAR	utilizar	59
ESCABECHAR	cantar	54
ESCABULLIR	mullir	130
ESCACHARRAR	cantar	54
ESCACHIFOLLAR	cantar	54
ESCALAR	cantar	54
ESCALDAR	cantar	54
ESCALFAR	cantar	54
ESCALOFRIAR	desviar	67
ESCALOFRIARSE **PR.**	desviar	67
ESCALONAR	cantar	54
ESCAMAR	cantar	54
ESCAMOTEAR	cantar	54
ESCAMPAR	cantar	54
ESCAMPARSE **PR.**	cantar **(nota 37)**	54
ESCANCIAR	copiar	66
ESCANDALIZAR	utilizar	59
ESCAPAR	cantar	54
ESCARBAR	cantar	54
ESCARCHAR **(nota 38)**	cantar	54
ESCARDAR	cantar	54
ESCARIFICAR	buscar	57
ESCARMENTAR	acertar	75
ESCARNECER	merecer	95
ESCARPAR	cantar	54
ESCASEAR	cantar	54
ESCATIMAR	cantar	54
ESCAYOLAR	cantar	54
ESCENIFICAR	buscar	57
ESCINDIR	vivir	56
ESCLARECER	merecer	95
ESCLAVIZAR	utilizar	59
ESCLEROSAR	cantar	54
ESCOBAR	cantar	54
ESCOCER	cocer	88
ESCOGER	proteger	62
ESCOLARIZAR	utilizar	59
ESCOLTAR	cantar	54
ESCONDER	comer	55
ESCORAR	cantar	54
ESCOTAR	cantar	54
ESCRIBIR **P.I.**	vivir	56
ESCRITURAR	cantar	54

VERBO	paradigma	página
E		
ESCRUTAR	cantar	54
ESCUCHAR	cantar	54
ESCUDARSE **PR.**	cantar	54
ESCUDRIÑAR	cantar	54
ESCULPIR	vivir	56
ESCUPIR	vivir	56
ESCURRIR	vivir	56
ESFORZARSE **PR.**	almorzar	87
ESFUMARSE **PR.**	cantar	54
ESGRIMIR	vivir	56
ESLABONAR	cantar	54
ESMALTAR	cantar	54
ESMERARSE **PR.**	cantar	54
ESMERILAR	cantar	54
ESPABILAR	cantar	54
ESPABILARSE **PR.**	cantar	54
ESPACHURRAR	cantar	54
ESPACIAR	copiar	66
ESPANTAR	cantar	54
ESPAÑOLEAR	cantar	54
ESPAÑOLIZAR	utilizar	59
ESPARCIR	fruncir	61
ESPECIALIZAR	utilizar	59
ESPECIFICAR	buscar	57
ESPECULAR	cantar	54
ESPEJAR	cantar	54
ESPEJEAR	cantar	54
ESPELUZNAR	cantar	54
ESPERANZAR	utilizar	59
ESPERAR	cantar	54
ESPESAR	cantar	54
ESPETAR	cantar	54
ESPIAR	desviar	67
ESPICHAR	cantar	54
ESPIGAR	pagar	58
ESPIRAR	cantar	54
ESPIRITUALIZAR	utilizar	59
ESPOLEAR	cantar	54
ESPOLIAR	copiar	66
ESPOLVOREAR	cantar	54
ESPONJAR	cantar	54
ESPOSAR	cantar	54
ESPULGAR	pagar	58

VERBO	paradigma	página
E		
ESPUMAR	cantar	54
ESPURREAR	cantar	54
ESPUTAR	cantar	54
ESQUEJAR	cantar	54
ESQUEMATIZAR	utilizar	59
ESQUIAR	desviar	67
ESQUILAR	cantar	54
ESQUILMAR	cantar	54
ESQUINAR	cantar	54
ESQUIVAR	cantar	54
ESTABILIZAR	utilizar	59
ESTABLECER	merecer	95
ESTABULAR	cantar	54
ESTACAR	buscar	57
ESTACIONAR	cantar	54
ESTAFAR	cantar	54
ESTALLAR	cantar	54
ESTAMPAR	cantar	54
ESTAMPILLAR	cantar	54
ESTANCAR	buscar	57
ESTANDARIZAR	utilizar	59
ESTAR		**107**
ESTATALIZAR	utilizar	59
ESTATUIR	construir	126
ESTENOGRAFIAR	desviar	67
ESTERCOLAR	cantar	54
ESTEREOTIPAR	cantar	54
ESTERILIZAR	utilizar	59
ESTIBAR	cantar	54
ESTIGMATIZAR	utilizar	59
ESTILARSE **PR.**	cantar	54
ESTILIZAR	utilizar	59
ESTIMAR	cantar	54
ESTIMULAR	cantar	54
ESTIPULAR	cantar	54
ESTIRAJAR	cantar	54
ESTIRAR	cantar	54
ESTOCAR	buscar	57
ESTOFAR	cantar	54
ESTOMAGAR	pagar	58
ESTOQUEAR	cantar	54
ESTORBAR	cantar	54
ESTORNUDAR	cantar	54

VERBO	paradigma	página
E		
ESTRAGAR	pagar	58
ESTRANGULAR	cantar	54
ESTRAPERLEAR	cantar	54
ESTRATIFICAR	buscar	57
ESTRECHAR	cantar	54
ESTRELLAR	cantar	54
ESTREMECER	merecer	95
ESTRENAR	cantar	54
ESTREÑIR	teñir	131
ESTRESAR	cantar	54
ESTRIAR	desviar	67
ESTRIBAR	cantar	54
ESTROPEAR	cantar	54
ESTRUCTURAR	cantar	54
ESTRUJAR	cantar	54
ESTUCAR	buscar	57
ESTUCHAR	cantar	54
ESTUDIAR	copiar	66
ESTUPRAR	cantar	54
ETERNIZAR	utilizar	59
ETIMOLOGIZAR	utilizar	59
ETIQUETAR	cantar	54
EUROPEIZAR	utilizar	59
EVACUAR	averiguar	68
EVADIR	vivir	56
EVALUAR	actuar	69
EVANGELIZAR	utilizar	59
EVAPORAR	cantar	54
EVIDENCIAR	copiar	66
EVITAR	cantar	54
EVOCAR	buscar	57
EVOLUCIONAR	cantar	54
EXACERBAR	cantar	54
EXAGERAR	cantar	54
EXALTAR	cantar	54
EXAMINAR	cantar	54
EXASPERAR	cantar	54
EXCARCELAR	cantar	54
EXCAVAR	cantar	54
EXCEDER	comer	55
EXCEPTUAR	actuar	69
EXCITAR	cantar	54
EXCLAMAR	cantar	54

VERBO	paradigma	página
F		
FAROLEAR	cantar	54
FASCINAR	cantar	54
FASTIDIAR	copiar	66
FASTIDIARSE **PR.**	copiar	66
FATIGAR	pagar	58
FAVORECER	merecer	95
FECHAR	cantar	54
FECUNDAR	cantar	54
FEDERAR	cantar	54
FELICITAR	cantar	54
FENECER	merecer	95
FERIAR	copiar	66
FERMENTAR	cantar	54
FERTILIZAR	utilizar	59
FESTEJAR	cantar	54
FESTONEAR	cantar	54
FIAR	desviar	67
FIARSE **PR.**	desviar	67
FICHAR	cantar	54
FIGURAR	cantar	54
FIJAR **P.D.**	cantar	54
FILETEAR	cantar	54
FILIAR	copiar	66
FILMAR	cantar	54
FILOSOFAR	cantar	54
FILTRAR	cantar	54
FINALIZAR	utilizar	59
FINANCIAR	copiar	66
FINGIR **P.D.**	dirigir	63
FINIQUITAR	cantar	54
FIRMAR	cantar	54
FISCALIZAR	utilizar	59
FISGAR	pagar	58
FISGONEAR	cantar	54
FLAGELAR	cantar	54
FLAGRAR	cantar	54
FLAMEAR	cantar	54
FLANQUEAR	cantar	54
FLAQUEAR	cantar	54
FLECHAR	cantar	54
FLETAR	cantar	54
FLEXIBILIZAR	utilizar	59
FLEXIONAR	cantar	54

VERBO	paradigma	página
F		
FLIRTEAR	cantar	54
FLOJEAR	cantar	54
FLOREAR	cantar	54
FLORECER	merecer	95
FLOTAR	cantar	54
FLUCTUAR	actuar	69
FLUIDIFICAR	buscar	57
FLUIR	construir	126
FOGUEAR	cantar	54
FOLIAR	copiar	66
FOLLAR **(nota 39)**	cantar	54
FOLLARSE **PR.**	cantar	54
FOMENTAR	cantar	54
FONDEAR	cantar	54
FONDEARSE **PR.**	cantar	54
FORCEJEAR	cantar	54
FORESTAR	cantar	54
FORJAR	cantar	54
FORMALIZAR	utilizar	59
FORMAR	cantar	54
FORMATEAR	cantar	54
FORMULAR	cantar	54
FORNICAR	buscar	57
FORRAJEAR	cantar	54
FORRAR	cantar	54
FORTALECER	merecer	95
FORTIFICAR	buscar	57
FORZAR	almorzar	87
FOSFORECER	merecer	95
FOSILIZARSE **PR.**	utilizar	59
FOTOCOPIAR	copiar	66
FOTOGRAFIAR	desviar	67
FRACASAR	cantar	54
FRACCIONAR	cantar	54
FRACTURAR	cantar	54
FRAGMENTAR	cantar	54
FRAGUAR	averiguar	68
FRANQUEAR	cantar	54
FRASEAR	cantar	54
FRATERNIZAR	utilizar	59
FRECUENTAR	cantar	54
FREGAR		**79**
FREGOTEAR	cantar	54

VERBO	paradigma	página
G		
GRAVAR	cantar	54
GRAVITAR	cantar	54
GRAZNAR	cantar	54
GRILLARSE **PR.**	cantar	54
GRISEAR	cantar	54
GRITAR	cantar	54
GRUÑIR		**129**
GUARDAR	cantar	54
GUARECER	merecer	95
GUARNECER	merecer	95
GUARNICIONAR	cantar	54
GUARREAR	cantar	54
GUASEARSE **PR.**	cantar	54
GUERREAR	cantar	54
GUERRILLEAR	cantar	54
GUIAR	desviar	67
GUILLOTINAR	cantar	54
GUINDAR	cantar	54
GUIÑAR	cantar	54
GUIPAR	cantar	54
GUISAR	cantar	54
GUISOTEAR	cantar	54
GULUSMEAR	cantar	54
GUSTAR	cantar	54
H		
HABER		**52/108**
HABILITAR	cantar	54
HABITAR	cantar	54
HABITUAR	actuar	69
HABLAR	cantar	54
HACER P.I.		**109**
HACINAR	cantar	54
HALAGAR	pagar	58
HALLAR	cantar	54
HARAGANEAR	cantar	54
HARTAR **P.D.**	cantar	54
HASTIAR	desviar	67
HEBRAIZAR	aislar	70
HECHIZAR	utilizar	59
HEDER	entender	76
HELAR **(nota 42)**	acertar	75
HELENIZAR	utilizar	59
HENCHIR	pedir	90

VERBO	paradigma	página
H		
HENDIR	discernir	77
HEÑIR	teñir	131
HEREDAR	cantar	54
HERIR	sentir	92
HERMANAR	cantar	54
HERMOSEAR	cantar	54
HERNIARSE **PR.**	cantar	54
HERRAR	acertar	75
HERRUMBRAR	cantar	54
HERVIR	sentir	92
HIBERNAR	cantar	54
HIDRATAR	cantar	54
HIGIENIZAR	utilizar	59
HILAR	cantar	54
HILVANAR	cantar	54
HIMPLAR	cantar	54
HINCAR	buscar	57
HINCHAR	cantar	54
HIPAR	cantar	54
HIPERTROFIARSE **PR.**	copiar	66
HIPNOTIZAR	utilizar	59
HIPOTECAR	buscar	57
HISPANIZAR	utilizar	59
HISTORIAR **(nota 6)**	copiar / desviar	66/67
HOCICAR	buscar	57
HOJALDRAR	cantar	54
HOJEAR	cantar	54
HOLGAR	rogar	86
HOLGAZANEAR	cantar	54
HOLLAR	contar	82
HOMENAJEAR	cantar	54
HOMOGENEIZAR	utilizar	59
HOMOLOGAR	pagar	58
HONDEAR	cantar	54
HONORIFICAR	buscar	57
HONRAR	cantar	54
HORADAR	cantar	54
HORMIGUEAR	cantar	54
HORNEAR	cantar	54
HORRIPILAR	cantar	54
HORRORIZAR	utilizar	59
HOSPEDAR	cantar	54
HOSPITALIZAR	utilizar	59

VERBO	paradigma	página
I		
INCURRIR	vivir	56
INCURSIONAR	cantar	54
INDAGAR	pagar	58
INDEMNIZAR	utilizar	59
INDEPENDIZAR	utilizar	59
INDICAR	buscar	57
INDIGESTARSE **PR.**	cantar	54
INDIGNAR	cantar	54
INDISCIPLINARSE **PR.**	cantar	54
INDISPONER **P.I.**	poner	113
INDIVIDUALIZAR	utilizar	59
INDUCIR	producir	98
INDULTAR	cantar	54
INDUSTRIALIZAR	utilizar	59
INEBRIAR	copiar	66
INEBRIARSE **PR.**	copiar	66
INFAMAR	cantar	54
INFARTAR	cantar	54
INFECCIONAR	cantar	54
INFECTAR	cantar	54
INFERIORIZAR	utilizar	59
INFERIR	sentir	92
INFESTAR	cantar	54
INFILTRAR	cantar	54
INFLACIONAR	cantar	54
INFLAMAR	cantar	54
INFLAR	cantar	54
INFLIGIR	dirigir	63
INFLUENCIAR	copiar	66
INFLUIR	construir	126
INFORMAR	cantar	54
INFORMATIZAR	utilizar	59
INFRAUTILIZAR	utilizar	59
INFRAVALORAR	cantar	54
INFRINGIR	dirigir	63
INFUNDIR **P.D.**	vivir	56
INGENIAR	copiar	66
INGERIR	sentir	92
INGRESAR	cantar	54
INHABILITAR	cantar	54
INHALAR	cantar	54
INHIBIR	vivir	56
INHUMAR	cantar	54

VERBO	paradigma	página
I		
INICIALIZAR	utilizar	59
INICIAR	copiar	66
INJERIR	sentir	92
INJERTAR	cantar	54
INJURIAR	copiar	66
INMIGRAR	cantar	54
INMISCUIR	construir	126
INMOLAR	cantar	54
INMORTALIZAR	utilizar	59
INMOVILIZAR	utilizar	59
INMUNIZAR	utilizar	59
INMUTAR	cantar	54
INNOVAR	cantar	54
INOCULAR	cantar	54
INQUIETAR	cantar	54
INQUIRIR	adquirir	81
INSALIVAR	cantar	54
INSCRIBIR **P.I.**	vivir	56
INSEMINAR	cantar	54
INSENSIBILIZAR	utilizar	59
INSERIR	sentir	92
INSERTAR	cantar	54
INSINUAR	actuar	69
INSISTIR	vivir	56
INSOLENTAR	cantar	54
INSONORIZAR	utilizar	59
INSPECCIONAR	cantar	54
INSPIRAR	cantar	54
INSTALAR	cantar	54
INSTAR	cantar	54
INSTAURAR	cantar	54
INSTIGAR	pagar	58
INSTILAR	cantar	54
INSTITUCIONALIZAR	utilizar	59
INSTITUIR	construir	126
INSTRUIR	construir	126
INSTRUMENTALIZAR	utilizar	59
INSTRUMENTAR	cantar	54
INSUBORDINAR	cantar	54
INSUFLAR	cantar	54
INSULTAR	cantar	54
INSURGIR	vivir	56
INSURRECCIONARSE **PR.**	cantar	54

VERBO	paradigma	página
I		
INTEGRAR	cantar	54
INTELECTUALIZAR	utilizar	59
INTENSIFICAR	buscar	57
INTENTAR	cantar	54
INTERACCIONAR	cantar	54
INTERCALAR	cantar	54
INTERCAMBIAR	copiar	66
INTERCEDER	comer	55
INTERCEPTAR	cantar	54
INTERESAR	cantar	54
INTERFERIR	sentir	92
INTERIORIZAR	utilizar	59
INTERMEDIAR	copiar	66
INTERNACIONALIZAR	utilizar	59
INTERNAR	cantar	54
INTERPELAR	cantar	54
INTERPOLAR	cantar	54
INTERPONER **P.I.**	poner	113
INTERPRETAR	cantar	54
INTERROGAR	pagar	58
INTERRUMPIR	vivir	56
INTERVENIR	venir	122
INTERVIUVAR	cantar	54
INTIMAR	cantar	54
INTIMIDAR	cantar	54
INTITULAR	cantar	54
INTOXICAR	buscar	57
INTRANQUILIZAR	utilizar	59
INTRIGAR	pagar	58
INTRINCAR	buscar	57
INTRODUCIR	producir	98
INTUBAR	cantar	54
INTUIR	construir	126
INUNDAR	cantar	54
INUTILIZAR	utilizar	59
INVADIR	vivir	56
INVALIDAR	cantar	54
INVENTAR	cantar	54
INVENTARIAR	desviar	67
INVERNAR **(nota 6)**	cantar / acertar	54/75
INVERTIR **P.D.**	sentir	92
INVESTIGAR	pagar	58
INVESTIR	pedir	90

VERBO	paradigma	página
I		
INVITAR	cantar	54
INVOCAR	buscar	57
INVOLUCIONAR	cantar	54
INVOLUCRAR	cantar	54
INYECTAR	cantar	54
IONIZAR	utilizar	59
IR		**110**
IRISAR	cantar	54
IRONIZAR	utilizar	59
IRRADIAR	copiar	66
IRRIGAR	pagar	58
IRRITAR	cantar	54
IRRUMPIR	vivir	56
ISLAMIZAR	utilizar	59
ITALIANIZAR	utilizar	59
ITERAR	cantar	54
IZAR	utilizar	59
J		
JABONAR	cantar	54
JABONARSE **PR.**	cantar	54
JACTARSE **PR.**	cantar	54
JADEAR	cantar	54
JALAR	cantar	54
JALEAR	cantar	54
JALONAR	cantar	54
JAMAR	cantar	54
JARANEAR	cantar	54
JARREAR	cantar	54
JASPEAR	cantar	54
JERARQUIZAR	utilizar	59
JERINGAR	pagar	58
JODER	comer	55
JOROBAR	cantar	54
JUBILAR	cantar	54
JUDAIZAR	aislar	70
JUERGUEARSE **PR.**	cantar	54
JUGAR		**80**
JUGUETEAR	cantar	54
JUNTAR **P.D.**	cantar	54
JURAMENTAR	cantar	54
JURAR	cantar	54
JUSTIFICAR	buscar	57
JUSTIPRECIAR	copiar	66

VERBO	paradigma	página
J		
JUZGAR	pagar	58
L		
LABIALIZAR	utilizar	59
LABORAR	cantar	54
LABRAR	cantar	54
LABURAR	cantar	54
LACERAR	cantar	54
LACRAR	cantar	54
LACTAR	cantar	54
LADEAR	cantar	54
LADRAR	cantar	54
LADRILLAR	cantar	54
LAGRIMEAR	cantar	54
LAICIZAR	utilizar	59
LAMENTAR	cantar	54
LAMER	comer	55
LAMINAR	cantar	54
LAMPAR	cantar	54
LANCEAR	cantar	54
LANGUIDECER	merecer	95
LANZAR	utilizar	59
LAPIDAR	cantar	54
LAQUEAR	cantar	54
LARGAR	pagar	58
LASTIMAR	cantar	54
LASTRAR	cantar	54
LATERALIZAR	utilizar	59
LATINIZAR	utilizar	59
LATIR	vivir	56
LAUREAR	cantar	54
LAVAR	cantar	54
LAVOTEAR	cantar	54
LAXAR	cantar	54
LEER		**125**
LEGALIZAR	utilizar	59
LEGAR	pagar	58
LEGISLAR	cantar	54
LEGITIMAR	cantar	54
LEGRAR	cantar	54
LESIONAR	cantar	54
LEVANTAR	cantar	54
LEVAR	cantar	54
LEVITAR	cantar	54

VERBO	paradigma	página
L		
LEXICALIZAR	utilizar	59
LIAR	desviar	67
LIARSE **PR.**	desviar	67
LIBAR	cantar	54
LIBERALIZAR	utilizar	59
LIBERAR	cantar	54
LIBERTAR	cantar	54
LIBRAR	cantar	54
LICENCIAR	copiar	66
LICENCIARSE **PR.**	copiar	66
LICITAR	cantar	54
LICUAR **(nota 6)**	averiguar/actuar	68/69
LIDERAR	cantar	54
LIDIAR	copiar	66
LIGAR	pagar	58
LIJAR	cantar	54
LIMAR	cantar	54
LIMITAR	cantar	54
LIMOSNEAR	cantar	54
LIMPIAR	copiar	66
LINCHAR	cantar	54
LINDAR	cantar	54
LIOFILIZAR	utilizar	59
LIQUIDAR	cantar	54
LISIAR	copiar	66
LISONJEAR	cantar	54
LISTAR	cantar	54
LITIGAR	pagar	58
LITOGRAFIAR	desviar	67
LIZAR	utilizar	59
LLAGAR	pagar	58
LLAMAR	cantar	54
LLAMEAR	cantar	54
LLANEAR	cantar	54
LLEGAR	pagar	58
LLENAR	cantar	54
LLEVAR	cantar	54
LLORAR	cantar	54
LLORIQUEAR	cantar	54
LLOVER **(nota 43)**	mover	83
LLOVIZNAR **(nota 44)**	cantar	54
LOAR	cantar	54
LOCALIZAR	utilizar	59

VERBO	paradigma	página
L		
LOGRAR	cantar	54
LOQUEAR	cantar	54
LUBRICAR	buscar	57
LUBRIFICAR	buscar	57
LUCHAR	cantar	54
LUCIR		**97**
LUCRAR	cantar	54
LUCUBRAR	cantar	54
LUSTRAR	cantar	54
LUXAR	cantar	54
LUXARSE **PR.**	cantar	54
M		
MACADAMIZAR	utilizar	59
MACANEAR	cantar	54
MACERAR	cantar	54
MACHACAR	buscar	57
MACULAR	cantar	54
MADRUGAR	pagar	58
MADURAR	cantar	54
MAGNETIZAR	utilizar	59
MAGNIFICAR	buscar	57
MAGREAR	cantar	54
MAGULLAR	cantar	54
MAJAR	cantar	54
MALACOSTUMBRAR	cantar	54
MALAGRADECER	nacer	94
MALCASAR	cantar	54
MALCOMER	comer	55
MALCRIAR	desviar	67
MALDECIR **P.D. (nota 45)**	decir	105
MALEAR	cantar	54
MALEDUCAR	buscar	57
MALGASTAR	cantar	54
MALHERIR	sentir	92
MALHUMORAR	cantar	54
MALICIAR	copiar	66
MALMETER	comer	55
MALOGRAR	cantar	54
MALQUERER **P.D.**	querer	116
MALTEAR	cantar	54
MALTRAER	traer	121
MALTRATAR	cantar	54
MALVENDER	comer	55

VERBO	paradigma	página
M		
MALVERSAR	cantar	54
MALVIVIR	vivir	56
MAMAR	cantar	54
MAMARSE **PR.**	cantar	54
MANAR	cantar	54
MANCHAR	cantar	54
MANCILLAR	cantar	54
MANCIPAR	cantar	54
MANCOMUNAR	cantar	54
MANDAR	cantar	54
MANDUCAR	buscar	57
MANEJAR	cantar	54
MANGAR	pagar	58
MANGONEAR	cantar	54
MANIATAR	cantar	54
MANIFESTAR **P.D.**	acertar	75
MANIOBRAR	cantar	54
MANIPULAR	cantar	54
MANOSEAR	cantar	54
MANOTEAR	cantar	54
MANTEAR	cantar	54
MANTENER	tener	120
MANTENERSE **PR.**	tener	120
MANUFACTURAR	cantar	54
MANUMITIR **P.D.**	vivir	56
MANUSCRIBIR **P.I.**	vivir	56
MAQUILAR	cantar	54
MAQUILLAR	cantar	54
MAQUINAR	cantar	54
MAQUINIZAR	utilizar	59
MARAVILLAR	cantar	54
MARCAR	buscar	57
MARCHAR	cantar	54
MARCHARSE **PR.**	cantar	54
MARCHITAR	cantar	54
MARCHITARSE **PR.**	cantar	54
MAREAR	cantar	54
MAREARSE **PR.**	cantar	54
MARGINAR	cantar	54
MARIDAR	cantar	54
MARINAR	cantar	54
MARIPOSEAR	cantar	54
MARMOLIZAR	utilizar	59

VERBO	paradigma	página
M		
MARRAR	cantar	54
MARRULLAR	cantar	54
MARTILLAR	cantar	54
MARTILLEAR	cantar	54
MARTIRIZAR	utilizar	59
MASACRAR	cantar	54
MASCAR	buscar	57
MASCULINIZAR	utilizar	59
MASCULLAR	cantar	54
MASIFICAR	buscar	57
MASTICAR	buscar	57
MASTURBARSE **PR.**	cantar	54
MATAR **P.D. (nota 46)**	cantar	54
MATARSE **PR.**	cantar	54
MATASELLAR	cantar	54
MATERIALIZAR	utilizar	59
MATERNIZAR	utilizar	59
MATIZAR	utilizar	59
MATRICULAR	cantar	54
MATRIMONIAR	copiar	66
MAULLAR	aunar	71
MAXIMIZAR	utilizar	59
MEAR	cantar	54
MECANIZAR	utilizar	59
MECANOGRAFIAR	desviar	67
MECER	vencer	60
MECHAR	cantar	54
MEDIAR	copiar	66
MEDIATIZAR	utilizar	59
MEDICAR	buscar	57
MEDICINAR	cantar	54
MEDIR	pedir	90
MEDITAR	cantar	54
MEDRAR	cantar	54
MEJORAR	cantar	54
MELLAR	cantar	54
MEMORIZAR	utilizar	59
MENCIONAR	cantar	54
MENDIGAR	pagar	58
MENEAR	cantar	54
MENGUAR	averiguar	68
MENOSCABAR	cantar	54
MENOSPRECIAR	copiar	66

VERBO	paradigma	página
M		
MENSTRUAR	actuar	69
MENSURAR	cantar	54
MENTALIZAR	utilizar	59
MENTAR	acertar	75
MENTIR	sentir	92
MENUDEAR	cantar	54
MERCADEAR	cantar	54
MERCANTILIZAR	utilizar	59
MERCAR	buscar	57
MERECER		**95**
MERENDAR	acertar	75
MERMAR	cantar	54
MERODEAR	cantar	54
MESAR	cantar	54
MESTIZAR	utilizar	59
MESURAR	cantar	54
METAFORIZAR	utilizar	59
METALIZAR	utilizar	59
METAMORFOSEAR	cantar	54
METEORIZAR	utilizar	59
METER	comer	55
METODIZAR	utilizar	59
METRALLAR	cantar	54
MEZCLAR	cantar	54
MICROFILMAR	cantar	54
MIGAR	pagar	58
MILITAR	cantar	54
MILITARIZAR	utilizar	59
MIMAR	cantar	54
MINAR	cantar	54
MINERALIZAR	utilizar	59
MINIMIZAR	utilizar	59
MINISTRAR	cantar	54
MINUSVALORAR	cantar	54
MIRAR	cantar	54
MISTIFICAR	buscar	57
MITIFICAR	buscar	57
MITIGAR	pagar	58
MIXTIFICAR	buscar	57
MOCAR	buscar	57
MODELAR	cantar	54
MODERAR	cantar	54
MODERNIZAR	utilizar	59

VERBO	paradigma	página
O		
OBSESIONAR	cantar	54
OBSTACULIZAR	utilizar	59
OBSTAR **(nota 51)**	cantar	54
OBSTINARSE **PR.**	cantar	54
OBSTRUIR	construir	126
OBTENER	tener	120
OBTURAR	cantar	54
OBVIAR	copiar	66
OCASIONAR	cantar	54
OCIAR	copiar	66
OCLUIR	construir	126
OCULTAR	cantar	54
OCUPAR	cantar	54
OCURRIR **(nota 50)**	vivir	56
OCURRIRSE **PR.**	vivir	56
ODIAR	copiar	66
OFENDER	comer	55
OFERTAR	cantar	54
OFICIALIZAR	utilizar	59
OFICIAR	copiar	66
OFRECER	merecer	95
OFRENDAR	cantar	54
OFUSCAR	buscar	57
OÍR		**111**
OJEAR	cantar	54
OLER		**84**
OLFATEAR	cantar	54
OLISQUEAR	cantar	54
OLVIDAR	cantar	54
OLVIDARSE **PR.**	cantar	54
OMITIR **P.D.**	vivir	56
ONDEAR	cantar	54
ONDULAR	cantar	54
OPERAR	cantar	54
OPINAR	cantar	54
OPONER **P.I.**	poner	113
OPOSITAR	cantar	54
OPRIMIR	vivir	56
OPTAR	cantar	54
OPTIMAR	cantar	54
OPTIMIZAR	utilizar	59
ORAR	cantar	54
ORDENAR	cantar	54

VERBO	paradigma	página
O		
ORDEÑAR	cantar	54
OREAR	cantar	54
ORGANIZAR	utilizar	59
ORGANIZARSE **PR.**	utilizar	59
ORIENTAR	cantar	54
ORIGINAR	cantar	54
ORILLAR	cantar	54
ORINAR	cantar	54
ORINARSE **PR.**	cantar	54
ORLAR	cantar	54
ORNAMENTAR	cantar	54
ORNAR	cantar	54
ORQUESTAR	cantar	54
OSAR	cantar	54
OSCILAR	cantar	54
OSCURECER **(nota 52)**	merecer	95
OSCURECERSE **PR.**	merecer	95
OSTENTAR	cantar	54
OTEAR	cantar	54
OTORGAR	pagar	58
OVACIONAR	cantar	54
OVALAR	cantar	54
OVAR	cantar	54
OVILLAR	cantar	54
OVULAR	cantar	54
OXIDARSE **PR.**	cantar	54
OXIGENAR	cantar	54
P		
PACER	nacer	94
PACIFICAR	buscar	57
PACTAR	cantar	54
PADECER	merecer	95
PAGAR		**58**
PAGINAR	cantar	54
PAJEAR	cantar	54
PAJEARSE **PR.**	cantar	54
PALADEAR	cantar	54
PALATALIZAR	utilizar	59
PALIAR **(nota 6)**	copiar/ desviar	66/67
PALIDECER	merecer	95
PALMAR	cantar	54
PALMEAR	cantar	54
PALMOTEAR	cantar	54

VERBO	paradigma	página
P		
PERJUDICAR	buscar	57
PERJURAR	cantar	54
PERLAR	cantar	54
PERMANECER	merecer	95
PERMITIR	vivir	56
PERMUTAR	cantar	54
PERNOCTAR	cantar	54
PERORAR	cantar	54
PERPETRAR	cantar	54
PERPETUAR	actuar	69
PERSEGUIR	seguir	91
PERSEVERAR	cantar	54
PERSIGNAR	cantar	54
PERSISTIR	vivir	56
PERSONALIZAR	utilizar	59
PERSONARSE **PR.**	cantar	54
PERSONIFICAR	buscar	57
PERSUADIR	vivir	56
PERTENECER	merecer	95
PERTRECHAR	cantar	54
PERTURBAR	cantar	54
PERVERTIR	sentir	92
PERVIVIR	vivir	56
PESAR	cantar	54
PESCAR	buscar	57
PESPUNTEAR	cantar	54
PESTAÑEAR	cantar	54
PETAR	cantar	54
PETARDEAR	cantar	54
PETICIONAR	cantar	54
PETRIFICAR	buscar	57
PIAFAR	cantar	54
PIAR	desviar	67
PICAR	buscar	57
PICOTEAR	cantar	54
PIFIAR	copiar	66
PIGMENTAR	cantar	54
PILLAR	cantar	54
PILOTAR	cantar	54
PIMPLAR	cantar	54
PINCELAR	cantar	54
PINCHAR	cantar	54
PINTAR	cantar	54

VERBO	paradigma	página
P		
PINTARRAJEAR	cantar	54
PINZAR	utilizar	59
PIRARSE **PR.**	cantar	54
PIRATEAR	cantar	54
PIROGRAFIAR	desviar	67
PIROPEAR	cantar	54
PIRRARSE **PR.**	cantar	54
PIRUETEAR	cantar	54
PISAR	cantar	54
PISOTEAR	cantar	54
PITAR	cantar	54
PITORREARSE **PR.**	cantar	54
PIVOTAR	cantar	54
PLACER	nacer	94
PLAGAR	pagar	58
PLAGIAR	copiar	66
PLANCHAR	cantar	54
PLANEAR	cantar	54
PLANIFICAR	buscar	57
PLANTAR	cantar	54
PLANTARSE **PR.**	cantar	54
PLANTEAR	cantar	54
PLANTIFICAR	buscar	57
PLAÑIR	gruñir	129
PLASMAR	cantar	54
PLASTIFICAR	buscar	57
PLATEAR	cantar	54
PLATICAR	buscar	57
PLEGAR	fregar	79
PLEITEAR	cantar	54
PLISAR	cantar	54
PLURALIZAR	utilizar	59
POBLAR	contar	82
PODAR	cantar	54
PODER (nota 54)		**112**
PODRIR / PUDRIR		**115**
POETIZAR	utilizar	59
POLARIZAR	utilizar	59
POLEMIZAR	utilizar	59
POLICROMAR	cantar	54
POLINIZAR	utilizar	59
POLITIZAR	utilizar	59
PONDERAR	cantar	54

VERBO	paradigma	página
P		
PONER P.I.		**113**
PONERSE **PR. (nota 54)**	poner	113
PONTIFICAR	buscar	57
POPULARIZAR	utilizar	59
PORDIOSEAR	cantar	54
PORFIAR	desviar	67
PORMENORIZAR	utilizar	59
PORTAR	cantar	54
PORTEAR	cantar	54
POSAR	cantar	54
POSEER **P.D.**	leer	125
POSESIONAR	cantar	54
POSIBILITAR	cantar	54
POSICIONAR	cantar	54
POSITIVAR	cantar	54
POSPONER **P.I.**	poner	113
POSTERGAR	pagar	58
POSTRARSE **PR.**	cantar	54
POSTULAR	cantar	54
POTABILIZAR	utilizar	59
POTAR	cantar	54
POTENCIAR	copiar	66
PRACTICAR	buscar	57
PRECAVER	comer	55
PRECEDER	comer	55
PRECIARSE **PR.**	copiar	66
PRECINTAR	cantar	54
PRECIPITAR	cantar	54
PRECIPITARSE **PR.**	cantar	54
PRECISAR	cantar	54
PRECONCEBIR	utilizar	59
PREDATAR	cantar	54
PREDECIR P.I. (nota 55)		**114**
PREDESTINAR	cantar	54
PREDETERMINAR	cantar	54
PREDICAR	buscar	57
PREDISPONER **P.I.**	poner	113
PREDISPONERSE **PR.**	poner	113
PREDOMINAR	cantar	54
PREELEGIR **P.D.**	corregir	89
PREESTABELECER	merecer	95
PREESTABLECER	merecer	95
PREEXISTIR	vivir	56

VERBO	paradigma	página
P		
PREFERIR	sentir	92
PREFIGURAR	cantar	54
PREFIJAR	cantar	54
PREGONAR	cantar	54
PREGUNTAR	cantar	54
PREGUNTARSE **PR.**	cantar	54
PREJUZGAR	pagar	58
PRELUDIAR	averiguar	68
PREMEDITAR	cantar	54
PREMIAR	copiar	66
PRENDAR	cantar	54
PRENDER **P.D. (nota 56)**	comer	55
PRENSAR	cantar	54
PRENUNCIAR	copiar	66
PREÑAR	cantar	54
PREOCUPAR	cantar	54
PREOCUPARSE **PR.**	cantar	54
PREPARAR	cantar	54
PREPARARSE **PR.**	cantar	54
PREPONDERAR	cantar	54
PRESAGIAR	copiar	66
PRESCINDIR	vivir	56
PRESCRIBIR **P.I.**	vivir	56
PRESELECCIONAR	cantar	54
PRESENCIAR	copiar	66
PRESENTAR	cantar	54
PRESENTARSE **PR.**	cantar	54
PRESENTIR	sentir	92
PRESERVAR	cantar	54
PRESIDIR	vivir	56
PRESINTONIZAR	utilizar	59
PRESIONAR	cantar	54
PRESTAR	cantar	54
PRESTARSE **PR.**	cantar	54
PRESTIGIAR	copiar	66
PRESUMIR **P.D.**	vivir	56
PRESUPONER **P.I.**	poner	113
PRESUPUESTAR	cantar	54
PRESURIZAR	utilizar	59
PRETENDER **P.D.**	comer	55
PRETERIR **DEF. (nota 57)**	pedir	90
PRETEXTAR	cantar	54
PREVALECER	merecer	95

VERBO	paradigma	página
P		
PREVARICAR	buscar	57
PREVENIR	venir	122
PREVER **P.I.**	ver	123
PRIMAR	cantar	54
PRINGAR	pagar	58
PRIVAR	cantar	54
PRIVATIZAR	utilizar	59
PRIVILEGIAR	copiar	66
PROBAR	contar	82
PROCEDER	comer	55
PROCESAR	cantar	54
PROCLAMAR	cantar	54
PROCREAR	cantar	54
PROCURAR	cantar	54
PRODIGAR	pagar	58
PRODUCIR		**98**
PROFANAR	cantar	54
PROFERIR	sentir	92
PROFESAR	cantar	54
PROFESIONALIZAR	utilizar	59
PROFETIZAR	utilizar	59
PROFUNDIZAR	utilizar	59
PROGRAMAR	cantar	54
PROGRESAR	cantar	54
PROHIBIR		**73**
PROLIFERAR	cantar	54
PROLOGAR	pagar	58
PROLONGAR	pagar	58
PROMEDIAR	copiar	66
PROMETER	comer	55
PROMOCIONAR	cantar	54
PROMOVER	mover	83
PROMULGAR	pagar	58
PRONOSTICAR	buscar	57
PRONUNCIAR	copiar	66
PROPAGAR	pagar	58
PROPALAR	cantar	54
PROPASAR	cantar	54
PROPENDER **P.D.**	comer	55
PROPICIAR	copiar	66
PROPINAR	cantar	54
PROPONER **P.I.**	poner	113
PROPORCIONAR	cantar	54
PROPUGNAR	cantar	54
PROPULSAR	cantar	54
PRORRATEAR	cantar	54
PRORROGAR	pagar	58
PRORRUMPIR	vivir	56
PROSCRIBIR **P.I.**	vivir	56
PROSEGUIR	seguir	91
PROSIFICAR	buscar	57
PROSPERAR	cantar	54
PROSTERNARSE **PR.**	cantar	54
PROSTITUIR	construir	126
PROSTITUIRSE **PR.**	construir	126
PROSTRAR	cantar	54
POSTRARSE **PR.**	cantar	54
PROTAGONIZAR	utilizar	59
PROTEGER		**62**
PROTEGERSE **PR.**	proteger	62
PROTESTAR	cantar	54
PROVEER **P.D.**	leer	125
PROVENIR	venir	122
PROVIDENCIAR	copiar	66
PROVOCAR	buscar	57
PROYECTAR	cantar	54
PSICOANALIZAR	utilizar	59
PUBLICAR	buscar	57
PUBLICITAR	cantar	54
PUDRIR / PODRIR		**115**
PUGNAR	cantar	54
PUJAR	cantar	54
PULIMENTAR	cantar	54
PULIR	abolir	136
PULSAR	cantar	54
PULULAR	cantar	54
PULVERIZAR	utilizar	59
PUNTEAR	cantar	54
PUNTUALIZAR	utilizar	59
PUNTUAR	actuar	69
PUNZAR	utilizar	59
PURGAR	pagar	58
PURIFICAR	buscar	57
PUTEAR	cantar	54
Q		
QUEBRANTAR	cantar	54

VERBO	paradigma	página
Q		
QUEBRANTARSE **PR.**	cantar	54
QUEBRAR	acertar	75
QUEDAR	cantar	54
QUEDARSE **PR. (nota 54)**	cantar	54
QUEJARSE **PR.**	cantar	54
QUEMAR	cantar	54
QUERELLARSE **PR.**	cantar	54
QUERER P.D.		**116**
QUINTUPLICAR	buscar	57
QUITAR	cantar	54
QUITARSE **PR.**	cantar	54
R		
RABIAR	copiar	66
RACIONALIZAR	utilizar	59
RACIONAR	cantar	54
RADIAR	copiar	66
RADICALIZAR	utilizar	59
RADICAR	buscar	57
RADIODIFUNDIR	vivir	56
RADIOGRAFIAR	desviar	67
RADIOTELEGRAFIAR	desviar	67
RAER	caer	103
RAJAR	cantar	54
RALENTIZAR	utilizar	59
RALLAR	cantar	54
RAMIFICAR	buscar	57
RAMONEAR	cantar	54
RAPAR	cantar	54
RAPTAR	cantar	54
RAREFECER	satisfacer	118
RARIFICAR	buscar	57
RASAR	cantar	54
RASCAR	buscar	57
RASCARSE **PR.**	buscar	57
RASGAR	pagar	58
RASGARSE **PR.**	pagar	58
RASGUEAR	cantar	54
RASPAR	cantar	54
RASTREAR	cantar	54
RASTRILLAR	cantar	54
RASTROJAR	cantar	54
RASURAR	cantar	54
RATIFICAR	buscar	57

VERBO	paradigma	página
R		
RAYAR	cantar	54
RAZONAR	cantar	54
REABRIR **P.I.**	vivir	56
REABSORBER	comer	55
REACCIONAR	cantar	54
REACTIVAR	cantar	54
READAPTAR	cantar	54
READMITIR	vivir	56
REAFIRMAR	cantar	54
REAJUSTAR	cantar	54
REALIZAR	utilizar	59
REALQUILAR	cantar	54
REALZAR	utilizar	59
REANIMAR	cantar	54
REANUDAR	cantar	54
REAPARECER	merecer	95
REARMAR	cantar	54
REAVIVAR	cantar	54
REBAJAR	cantar	54
REBANAR	cantar	54
REBAÑAR	cantar	54
REBASAR	cantar	54
REBATIR	vivir	56
REBELARSE **PR.**	cantar	54
REBLANDECER	merecer	95
REBOBINAR	cantar	54
REBORDEAR	cantar	54
REBOSAR	cantar	54
REBOTAR	cantar	54
REBOZAR	utilizar	59
REBROTAR	cantar	54
REBUSCAR	buscar	57
REBUZNAR	cantar	54
RECABAR	cantar	54
RECAER	caer	103
RECALAR	cantar	54
RECALCAR	buscar	57
RECALENTAR	acertar	75
RECAMAR	cantar	54
RECAMBIAR	copiar	66
RECAPACITAR	cantar	54
RECAPITULAR	cantar	54
RECARGAR	pagar	58

VERBO	paradigma	página
R		
REFLEJAR	cantar	54
REFLEXIONAR	cantar	54
REFLORECER	merecer	95
REFLOTAR	cantar	54
REFLUIR	construir	126
REFOCILARSE **PR.**	cantar	54
REFORESTAR	cantar	54
REFORMAR	cantar	54
REFORZAR	almorzar	87
REFRACTAR	cantar	54
REFREGAR	fregar	79
REFREÍR **P.D.**	reír	132
REFRENAR	cantar	54
REFRENDAR	cantar	54
REFRESCAR	cantar	54
REFRIGERAR	cantar	54
REFUGIARSE **PR.**	copiar	66
REFULGIR	dirigir	63
REFUNDIR	vivir	56
REFUNFUÑAR	cantar	54
REFUTAR	cantar	54
REGALAR	cantar	54
REGAÑAR	cantar	54
REGAR	fregar	79
REGATEAR	cantar	54
REGENERAR	cantar	54
REGENTAR	cantar	54
REGIR	corregir	89
REGISTRAR	cantar	54
REGLAMENTAR	cantar	54
REGLAR	cantar	54
REGOCIJAR	cantar	54
REGODEARSE **PR.**	cantar	54
REGRESAR	cantar	54
REGULAR	cantar	54
REGULARIZAR	utilizar	59
REGURGITAR	cantar	54
REHABILITAR	cantar	54
REHACER **P.I. (nota 58)**	hacer	109
REHOGAR	pagar	58
REHUIR		**127**
REHUMEDECER	merecer	95
REHUNDIR	reunir	72

VERBO	paradigma	página
R		
REHUSAR		**74**
REIMPLANTAR	cantar	54
REIMPORTAR	cantar	54
REIMPRIMIR **P.D.**	vivir	56
REINAR	cantar	54
REINAUGURAR	cantar	54
REINCIDIR	vivir	56
REINCORPORAR	cantar	54
REINICIAR	copiar	66
REINGRESAR	cantar	54
REINSCRIBIR **P.I.**	vivir	56
REINSERTAR	cantar	54
REINSTALAR	cantar	54
REINTEGRAR	cantar	54
REÍR		**132**
REÍSE **PR.**	reír	132
REITERAR	cantar	54
REIVINDICAR	buscar	57
REJONEAR	cantar	54
REJUVENECER	merecer	95
RELACIONAR	cantar	54
RELAJARSE **PR.**	cantar	54
RELAMER	comer	55
RELAMPAGUEAR **(nota 59)**	cantar	54
RELANZAR	utilizar	59
RELATAR	cantar	54
RELATIVIZAR	utilizar	59
RELEER	leer	125
RELEGAR	pagar	58
RELEVAR	cantar	54
RELIGAR	pagar	58
RELINCHAR	cantar	54
RELLENAR	cantar	54
RELUCIR	lucir	97
RELUMBRAR	cantar	54
REMACHAR	cantar	54
REMANGAR	pagar	58
REMANSARSE **PR.**	cantar	54
REMAR	cantar	54
REMARCAR	buscar	57
REMATAR	cantar	54
REMBOLSAR	cantar	54
REMEDAR	cantar	54

VERBO	paradigma	página
R		
REMEDIAR	copiar	66
REMEMORAR	cantar	54
REMENDAR	acertar	75
REMETER	comer	55
REMITIR	vivir	56
REMODELAR	cantar	54
REMOJAR	cantar	54
REMOLCAR	buscar	57
REMOLONEAR	cantar	54
REMONTAR	cantar	54
REMORDER	mover	83
REMOZAR	utilizar	59
REMUNERAR	cantar	54
RENACER	nacer	94
RENACIONALIZAR	utilizar	59
RENDIR	pedir	90
RENEGAR	fregar	79
RENEGOCIAR	copiar	66
RENOMBRAR	cantar	54
RENOVAR	contar	82
RENQUEAR	cantar	54
RENUNCIAR	copiar	66
REÑIR	teñir	131
REORGANIZAR	utilizar	59
REPARAR	cantar	54
REPARTIR	vivir	56
REPASAR	cantar	54
REPATEAR	cantar	54
REPATRIAR **(nota 6)**	desviar / copiar	67/66
REPEINAR	cantar	54
REPELER	comer	55
REPENSAR	acertar	75
REPERCUTIR	vivir	56
REPESCAR	buscar	57
REPETIR	pedir	90
REPICAR	buscar	57
REPINTAR	cantar	54
REPIQUETEAR	cantar	54
REPLANTAR	cantar	54
REPLANTEAR	cantar	54
REPLEGAR	fregar	79
REPLICAR	buscar	57
REPOBLAR	contar	82

VERBO	paradigma	página
R		
REPONER **P.I.**	poner	113
REPORTAR	cantar	54
REPOSAR	cantar	54
REPOSTAR	cantar	54
REPRENDER	comer	55
REPRESENTAR	cantar	54
REPRIMIR	vivir	56
REPROBAR	contar	82
REPROCESAR	cantar	54
REPROCHAR	cantar	54
REPRODUCIR	producir	98
REPTAR	cantar	54
REPUDIAR	copiar	66
REPUGNAR	cantar	54
REPUJAR	cantar	54
REPULIR	vivir	56
REPUTAR	cantar	54
REQUEBRAR	acertar	75
REQUERIR	sentir	92
REQUISAR	cantar	54
RESALTAR	cantar	54
RESARCIR	fruncir	61
RESBALAR	cantar	54
RESCATAR	cantar	54
RESCINDIR	vivir	56
RESECAR	buscar	57
RESENTIRSE **PR.**	sentir	92
RESEÑAR	cantar	54
RESERVAR	cantar	54
RESFRIAR	desviar	67
RESGUARDAR	cantar	54
RESIDIR	vivir	56
RESIGNAR	cantar	54
RESINAR	cantar	54
RESISTIR	vivir	56
RESOLVER **P.I.**	mover	83
RESONAR	contar	82
RESOPLAR	cantar	54
RESPALDAR	cantar	54
RESPETAR	cantar	54
RESPINGAR	pagar	58
RESPIRAR	cantar	54
RESPLANDECER	merecer	95

VERBO	paradigma	página
R		
RESPONDER	comer	55
RESPONSABILIZAR	utilizar	59
RESQUEBRAJAR	cantar	54
RESTABLECER	merecer	95
RESTALLAR	cantar	54
RESTAÑAR	cantar	54
RESTAR	cantar	54
RESTAURAR	cantar	54
RESTITUIR	construir	126
RESTREGAR	fregar	79
RESTRINGIR **P.D.**	dirigir	63
RESUCITAR	cantar	54
RESULTAR	cantar	54
RESUMIR	vivir	56
RESURGIR	dirigir	63
RETAR	cantar	54
RETARDAR	cantar	54
RETENER	tener	120
RETENTAR	acertar	75
RETEÑIR	teñir	131
RETIRAR	cantar	54
RETOCAR	buscar	57
RETOMAR	cantar	54
RETOÑAR	cantar	54
RETORCER	cocer	88
RETORNAR	cantar	54
RETOZAR	utilizar	59
RETRACTARSE **PR.**	cantar	54
RETRAER	traer	121
RETRANSMITIR	vivir	56
RETRASAR	cantar	54
RETRATAR	cantar	54
RETREPARSE **PR.**	cantar	54
RETRIBUIR	construir	126
RETROCEDER	comer	55
RETROTRAER	traer	121
RETUMBAR	cantar	54
REUNIFICAR	buscar	57
REUNIR		**72**
REVACUNAR	cantar	54
REVALIDAR	cantar	54
REVALORIZAR	utilizar	59
REVALUAR	actuar	69

VERBO	paradigma	página
R		
REVELAR	cantar	54
REVENDER	comer	55
REVENTAR	acertar	75
REVER **P.I.**	ver	123
REVERBERAR	cantar	54
REVERDECER	merecer	95
REVERENCIAR	copiar	66
REVERTIR	sentir	92
REVESTIR	pedir	90
REVISAR	cantar	54
REVITALIZAR	utilizar	59
REVIVIR	vivir	56
REVOCAR	buscar	57
REVOLCAR	trocar	85
REVOLOTEAR	cantar	54
REVOLUCIONAR	cantar	54
REVOLVER **P.I.**	mover	83
REZAGARSE **PR.**	pagar	58
REZAR	utilizar	59
REZONGAR	pagar	58
REZUMAR	cantar	54
RIBETEAR	cantar	54
RIDICULARIZAR	utilizar	59
RIELAR	cantar	54
RIFAR	cantar	54
RIMAR	cantar	54
RIPIAR	copiar	66
RIVALIZAR	utilizar	59
RIZAR	utilizar	59
ROBAR	cantar	54
ROBUSTECER	merecer	95
ROCIAR **(nota 60)**	desviar	67
RODAR	contar	82
RODEAR	cantar	54
ROER		**135**
ROGAR		**86**
ROMANIZAR	utilizar	59
ROMPER **P.I.**	comer	55
ROTAR	cantar	54
ROTULAR	cantar	54
ROTURAR	cantar	54
ROZAR	utilizar	59
RUBORIZAR	utilizar	59

VERBO	paradigma	página
R		
RUBRICAR	buscar	57
RUGIR	dirigir	63
RULAR	cantar	54
RUMIAR	copiar	66
RUMOREAR	cantar	54
RUNRUNEAR	cantar	54
RUTILAR	cantar	54
S		
SABER		**117**
SABLEAR	cantar	54
SABOREAR	cantar	54
SABOTEAR	cantar	54
SACAR	buscar	57
SACIAR	copiar	66
SACRALIZAR	utilizar	59
SACRAMENTAR	cantar	54
SACRIFICAR	buscar	57
SACUDIR	vivir	56
SAJAR	cantar	54
SALAR	cantar	54
SALDAR	cantar	54
SALIR		**134**
SALIVAR	cantar	54
SALMODIAR	copiar	66
SALPICAR	buscar	57
SALPIMENTAR	acertar	75
SALTAR	cantar	54
SALTEAR	cantar	54
SALUDAR	cantar	54
SALVAGUARDAR	cantar	54
SALVAR **P.D.**	cantar	54
SANAR	cantar	54
SANCIONAR	cantar	54
SANEAR	cantar	54
SANGRAR	cantar	54
SANTIFICAR	buscar	57
SANTIGUAR	averiguar	68
SAQUEAR	cantar	54
SATINAR	cantar	54
SATIRIZAR	utilizar	59
SATISFACER P.I.		**118**
SATURAR	cantar	54
SAZONAR	cantar	54

VERBO	paradigma	página
S		
SECAR	buscar	57
SECCIONAR	cantar	54
SECRETAR	cantar	54
SECRETEAR	cantar	54
SECUENCIAR	copiar	66
SECUESTRAR	cantar	54
SECURALIZAR	utilizar	59
SECUNDAR	cantar	54
SEDAR	cantar	54
SEDIMENTAR	cantar	54
SEDUCIR	producir	98
SEGAR	fregar	79
SEGMENTAR	cantar	54
SEGREGAR	pagar	58
SEGUIR		**91**
SELECCIONAR	cantar	54
SELLAR	cantar	54
SEMBRAR	acertar	75
SEMEJAR	cantar	54
SENSIBILIZAR	utilizar	59
SENTAR	acertar	75
SETENCIAR	copiar	66
SENTIR		**92**
SEÑALAR	cantar	54
SEÑALIZAR	utilizar	59
SEPARAR	cantar	54
SEPULTAR	cantar	54
SER		**119**
SERENAR	cantar	54
SERIAR	copiar	66
SERMONEAR	cantar	54
SERPENTEAR	cantar	54
SERRAR	acertar	75
SERVIR	pedir	90
SESEAR	cantar	54
SESGAR	pagar	58
SESTEAR	cantar	54
SEXTUPLICAR	buscar	57
SIGNIFICAR	buscar	57
SILABEAR	cantar	54
SILBAR	cantar	54
SILENCIAR	copiar	66
SILUETEAR	cantar	54

VERBO	paradigma	página
S		
SIMBOLIZAR	utilizar	59
SIMPATIZAR	utilizar	59
SIMPLIFICAR	buscar	57
SIMULAR	cantar	54
SIMULTANEAR	cantar	54
SINCERARSE **PR.**	cantar	54
SINCOPAR	cantar	54
SINCRONIZAR	utilizar	59
SINDICAR	buscar	57
SINDICARSE **PR.**	buscar	57
SINGULARIZAR	utilizar	59
SINTETIZAR	utilizar	59
SINTONIZAR	utilizar	59
SISAR	cantar	54
SISEAR	cantar	54
SISTEMATIZAR	utilizar	59
SITIAR	copiar	66
SITUAR	actuar	69
SOBAR	cantar	54
SOBORNAR	cantar	54
SOBRAR	cantar	54
SOBREALIMENTAR	cantar	54
SOBREAÑADIR	vivir	56
SOBRECARGAR	pagar	58
SOBRECOGER	proteger	62
SOBREEXCITAR	cantar	54
SOBREHILAR	aislar	70
SOBRELLEVAR	cantar	54
SOBRENTENDER	entender	76
SOBREPASAR	buscar	57
SOBREPONER **P.I.**	poner	113
SOBRESALIR	salir	134
SOBRESALTAR	cantar	54
SOBRESCRIBIR **P.I.**	vivir	56
SOBRESEER	leer	125
SOBRESTIMAR	cantar	54
SOBREVENIR	venir	122
SOBREVIVIR	vivir	56
SOBREVOLAR	contar	82
SOCARRAR	cantar	54
SOCAVAR	cantar	54
SOCIALIZAR	utilizar	59
SOCORRER	comer	55

VERBO	paradigma	página
S		
SOFISTICAR	buscar	57
SOFLAMAR	cantar	54
SOFOCAR	buscar	57
SOFREÍR **P.D.**	reír	132
SOJUZGAR	pagar	58
SOLAPAR	cantar	54
SOLAZAR	utilizar	59
SOLDAR	contar	82
SOLEAR	cantar	54
SOLEMNIZAR	utilizar	59
SOLER		**138**
SOLFEAR	cantar	54
SOLICITAR	cantar	54
SOLIDARIZARSE **PR.**	utilizar	59
SOLIDIFICAR	buscar	57
SOLIVIANTAR	cantar	54
SOLLOZAR	utilizar	59
SOLTAR **P.D.**	contar	82
SOLUCIONAR	cantar	54
SOLVENTAR	cantar	54
SOMBREAR	cantar	54
SOMETER	comer	55
SONAR	contar	82
SONDAR	cantar	54
SONDEAR	cantar	54
SONORIZAR	utilizar	59
SONREÍR	reír	132
SONROJARSE **PR.**	cantar	54
SONSACAR	buscar	57
SOÑAR	contar	82
SOPAPEAR	cantar	54
SOPAR	cantar	54
SOPESAR	cantar	54
SOPLAR	cantar	54
SOPORTAR	cantar	54
SORBER	comer	55
SORPRENDER	comer	55
SORTEAR	cantar	54
SOSEGAR	fregar	79
SOSLAYAR	cantar	54
SOSPECHAR	cantar	54
SOSTENER	tener	120
SOTERRAR	acertar	75

VERBO	paradigma	página
T		
TAPONAR	cantar	54
TAQUIGRAFIAR	desviar	67
TARAR	cantar	54
TARACEAR	cantar	54
TARAREAR	cantar	54
TARDAR	cantar	54
TARIFAR	cantar	54
TARTAJEAR	cantar	54
TARTAMUDEAR	cantar	54
TASAR	cantar	54
TATAREAR	cantar	54
TATUAR	actuar	69
TEATRALIZAR	utilizar	59
TECHAR	cantar	54
TECLEAR	cantar	54
TECNIFICAR	buscar	57
TELEDIRIGIR	dirigir	63
TEJER	comer	55
TELEFONEAR	cantar	54
TELEGRAFIAR	desviar	67
TELEVISAR	cantar	54
TEMBLAR	acertar	75
TEMBLEQUEAR	cantar	54
TEMER	comer	55
TEMPERAR	cantar	54
TEMPLAR **(nota 62)**	cantar/acertar	54/75
TEMPORIZAR	utilizar	59
TENDER	entender	76
TENER		**120**
TENSAR	cantar	54
TENTAR	acertar	75
TEÑIR P.D.		**131**
TEOLOGIZAR	utilizar	59
TEORIZAR	utilizar	59
TERCIAR	copiar	66
TERGIVERSAR	cantar	54
TERMINAR	cantar	54
TERRAPLENAR	cantar	54
TERSAR	cantar	54
TESTAR	cantar	54
TESTIFICAR	buscar	57
TESTIMONIAR	copiar	66
TILDAR	cantar	54

VERBO	paradigma	página
T		
TIMAR	cantar	54
TIMBRAR	cantar	54
TINTAR	cantar	54
TINTINEAR	cantar	54
TIPIFICAR	buscar	57
TIRANIZAR	utilizar	59
TIRAR	cantar	54
TIRITAR	cantar	54
TIROTEAR	cantar	54
TITILAR	cantar	54
TITUBEAR	cantar	54
TITULAR	cantar	54
TITULARIZAR	utilizar	59
TIZNAR	cantar	54
TOCAR	buscar	57
TOLDAR	cantar	54
TOLERAR	cantar	54
TOMAR	cantar	54
TONIFICAR	buscar	57
TONSURAR	cantar	54
TONTEAR	cantar	54
TOPAR	cantar	54
TOQUETEAR	cantar	54
TORCER **P.D.**	cocer	88
TORCERSE **PR.**	cocer	88
TOREAR	cantar	54
TORNAR	cantar	54
TORNASOLAR	cantar	54
TORNEAR	cantar	54
TORPEDEAR	cantar	54
TORREFACTAR	cantar	54
TORTURAR	cantar	54
TOSER	comer	55
TOSTAR	contar	82
TOTALIZAR	utilizar	59
TRABAJAR	cantar	54
TRABAR	cantar	54
TRADUCIR	producir	98
TRAER		**121**
TRAFICAR	buscar	57
TRAGAR	pagar	58
TRAICIONAR	cantar	54
TRAJEARSE **PR.**	cantar	54

VERBO	paradigma	página
T		
TRAJINAR	cantar	54
TRAMAR	cantar	54
TRAMITAR	cantar	54
TRAMPEAR	cantar	54
TRANCAR	buscar	57
TRANQUILIZAR	utilizar	59
TRANSBORDAR	cantar	54
TRANSBORDARSE **PR.**	cantar	54
TRANSCRIBIR **P.I.**	vivir	56
TRANSCURRIR	vivir	56
TRANSFERIR	sentir	92
TRANSFIGURAR	cantar	54
TRANSFORMAR	cantar	54
TRANSFUNDIR	vivir	56
TRANSGREDIR	abolir	136
TRANSIGIR	dirigir	63
TRANSITAR	cantar	54
TRANSLITERAR	cantar	54
TRANSLUCIRSE **PR.**	lucir	97
TRANSMIGRAR	cantar	54
TRANSMITIR	vivir	56
TRANSMUTAR	cantar	54
TRANSPARENTAR	cantar	54
TRANSPIRAR	cantar	54
TRANSPORTAR	cantar	54
TRANSVASAR	cantar	54
TRAPACEAR	cantar	54
TRAPICHEAR	cantar	54
TRAQUETEAR	cantar	54
TRASCENDER	entender	76
TRASEGAR	fregar	79
TRASHUMAR	cantar	54
TRASLADAR	cantar	54
TRASNOCHAR	cantar	54
TRASPAPELARSE **PR.**	cantar	54
TRASPASAR	cantar	54
TRASPLANTAR	cantar	54
TRASPONER **P.I.**	poner	113
TRASQUILAR	cantar	54
TRASTABILLAR	cantar	54
TRASTEAR	cantar	54
TRASTOCAR	buscar	57
TRASTORNAR	cantar	54

VERBO	paradigma	página
T		
TRATAR	cantar	54
TRAUMATIZAR	utilizar	59
TRAVESTIRSE **PR.**	pedir	90
TRAZAR	utilizar	59
TREMOLAR	cantar	54
TRENZAR	utilizar	59
TREPANAR	cantar	54
TREPAR	cantar	54
TREPIDAR	cantar	54
TRIBUTAR	cantar	54
TRICOTAR	cantar	54
TRILLAR	cantar	54
TRINAR	cantar	54
TRINCAR	buscar	57
TRINCHAR	cantar	54
TRIPLICAR	buscar	57
TRIPTONGAR	pagar	58
TRIPULAR	cantar	54
TRITURAR	cantar	54
TRIUNFAR	cantar	54
TRIVIALIZAR	utilizar	59
TRIZAR	utilizar	59
TROCAR		**85**
TROCEAR	cantar	54
TROMPETEAR	cantar	54
TRONAR **(nota 63)**	contar	82
TRONCHAR	cantar	54
TROPEZAR	acertar	75
TROQUELAR	cantar	54
TROTAR	cantar	54
TROVAR	cantar	54
TRUCAR	buscar	57
TRUFAR	cantar	54
TRUNCAR	buscar	57
TULLIR	mullir	130
TUMBAR	cantar	54
TUNDIR	vivir	56
TUPIR	vivir	56
TURBAR	cantar	54
TURNAR	cantar	54
TUTEAR	cantar	54
TUTELAR	cantar	54

VERBO	paradigma	página
V		
VISITAR	cantar	54
VISLUMBRAR	cantar	54
VISUALIZAR	utilizar	59
VITOREAR	cantar	54
VITRIFICAR	buscar	57
VITUPERAR	cantar	54
VIVAQUEAR	cantar	54
VIVIFICAR	buscar	57
VIVIR		**56**
VOCALIZAR	utilizar	59
VOCEAR	cantar	54
VOCIFERAR	cantar	54
VOLAR	contar	82
VOLATILIZAR	utilizar	59
VOLCAR	trocar	85
VOLEAR	cantar	54
VOLTEAR	cantar	54
VOLVER **P.I.**	mover	83
VOMITAR	cantar	54
VOSEAR	cantar	54
VOTAR	cantar	54
VULCANIZAR	utilizar	59
VULGARIZAR	utilizar	59
VULNERAR	cantar	54
X		
XEROCOPIAR	copiar	66
XEROGRAFIAR	desviar	67

VERBO	paradigma	página
Y		
YACER		**124**
YANTAR	cantar	54
YERMAR	cantar	54
YODURAR	cantar	54
YUGULAR	cantar	54
YUNTAR	cantar	54
YUXTAPONER **P.I.**	poner	113
Z		
ZAFARSE **PR.**	cantar	54
ZAHERIR	sentir	92
ZAMARREAR	cantar	54
ZAMBULLIR	mullir	130
ZAMPAR	cantar	54
ZANGANEAR	cantar	54
ZANJAR	cantar	54
ZAPAR	cantar	54
ZAPATEAR	cantar	54
ZARANDEAR	cantar	54
ZARPAR	cantar	54
ZASCANDILEAR	cantar	54
ZIGZAGUEAR	cantar	54
ZONIFICAR	buscar	57
ZORREAR	cantar	54
ZOZOBRAR	cantar	54
ZUMBAR	cantar	54
ZURCIR	fruncir	61
ZURRAR	cantar	54

NOTAS

1. Verbo defectivo – usam-se somente as formas em que a desinência começa por -i-.
2. Verbo defectivo unipessoal quando significa *serenarse el tiempo o una tormenta*. Neste caso, conjuga-se somente nas 3as p. sing., da mesma forma que o paradigma **nevar** – p. 137.
3. Verbo defectivo unipessoal quando significa *cubrirse el cielo de nubes blanquecinas y revueltas a modo de vellones de lana*. Neste caso, conjuga-se somente nas 3as p. sing., da mesma forma que o paradigma **nevar** – p. 137
4. Verbo defectivo unipessoal quando se refere à atmosfera e significa *llenarse de bruma*. Neste caso, conjuga-se somente nas 3as p. sing., da mesma forma que o paradigma **nevar** – p. 137.
5. Verbo defectivo – usa-se somente nas formas do *infinitivo*, *gerundio*, *participio* e nas 3as pessoas.
6. Este verbo aceita duas formas de conjugação, de acordo com os paradigmas indicados.
7. Verbo defectivo unipessoal quando significa *despejarse el cielo, aclarar*. Neste caso, conjuga-se somente nas 3as p. sing., da mesma forma que o paradigma **nevar** – p. 137.
8. Verbo defectivo unipessoal quando significa *amanecer, empezar a aparecer la luz del día*. Neste caso, conjuga-se somente nas 3as p. sing., da mesma forma que o paradigma **nevar** – p. 137.
9. Verbo defectivo unipessoal quando significa *empezar a aparecer la luz del día*. Conjuga-se somente nas 3as p. sing., da mesma forma que o paradigma **nevar** – p. 137.
10. Verbo defectivo unipessoal quando significa *empezar a faltar la luz del día, venir la noche*. Neste caso, conjuga-se somente nas 3as p. sing., da mesma forma que o paradigma **nevar** – p. 137.
11. Verbo defectivo pronominal unipessoal. Só se conjuga nas 3as p., sempre acompanhado pelos pronomes *me, te, se, le, nos, os, se, les*. Ex.: *Hace lo que se le antoja. Se les han antojado hacer un crucero por Grecia.*
12. Verbo defectivo unipessoal quando significa *caer pedrisco, granizar*. Neste caso, conjuga-se somente nas 3as p. sing., da mesma forma que o paradigma **nevar** – p. 137.
13. É regular e conjuga-se como **cantar** quando significa *poner una o más personas o caballerías en determinado puesto o paraje para algún fin*. É irregular e conjuga-se como **contar** quando significa *hacer una apuesta*.
14. Ocorre a perda do trema quando se intercala o **-y** entre a raiz e a terminação. Ex.: *arguyo – arguyó* etc.
15. Este verbo é regular e conjuga-se como **cantar** quando significa *echar a perder el calor o la sequía una cosecha*. É irregular e se conjuga como **contar** quando significa *poner por el suelo, destruir, arrasar, devastar, aniquilar*.
16. Verbo defectivo unipessoal quando significa *empezar a caer la tarde*. Neste caso, conjuga-se somente nas 3as p. sing., da mesma forma que o paradigma **nevar** – p. 137.

17. Este verbo é irregular e se conjuga como **acertar** quando significa *moderarse, proceder con cuidado*. Nesse caso, é reflexivo – **atentarse** e em desuso atualmente. É regular quando significa *cometer atentado, intentar un delito* e se conjuga como **cantar**. Ex.: *Atentas contra tu propia salud. Atentar contra el gobierno, la propiedad etc.*
18. Este verbo é regular e se conjuga como **cantar** p. 54, quando significa *aterrorizar, espantar, causar terror a alguien*. É irregular e se conjuga como **acertar** p. 75, quando significa *cubrir con tierra, llegar o acercarse a tierra; aterrizar un avión*.
19. Este verbo é regular e se conjuga como **cantar** p. 54, quando significa *atascar, obstruir*. É irregular e se conjuga como **acertar** p. 75, quando significa *partir leña en tueros*.
20. Leva acento na 2ª p. sing. do imperativo afirmativo (**avén** tú).
21. Verbo defectivo. Não se usa na 1ª p. sing. do presente do indicativo, nem no presente do subjuntivo. Estas formas devem ser substituídas pelas formas correspondentes do verbo **balbucear (balbuceo, balbuceas, balbucea etc.)**. Nas formas que se conjuga, segue o paradigma **vivir** p. 56.
22. Este verbo é unipessoal quando significa *lloviznar*. Nesse caso, só se conjuga nos tempos e pessoas indicados no paradigma **nevar** p. 137.
23. Este verbo é unipessoal quando significa *llover reciamente*. Nesse caso, só se conjuga nos tempos e pessoas indicados no paradigma **nevar** p. 137.
24. Este verbo é unipessoal quando significa *empezar a amanecer*. Nesse caso, só se conjuga nos tempos e pessoas indicados no paradigma **nevar** p. 137.
25. Conjuga-se como **decir**, exceto na 2ª p. sing. do imperativo afirmativo: **contradice**. O particípio passado é irregular: **contradicho**.
26. Pode funcionar como transitivo quando significa *tomar algo como desayuno* (*han desayunado un té con galletas.*) ou como intransitivo (*Todavía no han desayunado.*) Tanto num caso como no outro pode aparecer na forma pronominal: *Se han desayunado un té con galletas* ou *Todavía no se han desayunado*. O uso pronominal (especialmente intransitivo) é raro na Espanha, mas não na América. O uso intransitivo – pronominal ou não – pode expressar o objeto do *desayuno* por meio de um complemento com a preposição *con*: *Desayuna con leche y pan*; *Se desayuna con leche y pan*. Usado também no sentido figurado de *enterarse de una noticia a primera hora del día*: *El país se desayuna con este atentado*.
27. Conjuga-se como **decir**, exceto na 2ª p. sing. do imperativo afirmativo: **desdice**. O particípio passado é irregular: **desdicho**.
28. Na acepção de *despejarse, quedar limpio de nubes, aclararse* é unipessoal e só se conjuga nos tempos e pessoas do paradigma **nevar** p. 137.
29. Adiciona-se um **-h** antes do ditongo **-ue-** (*deshueso, deshuesas*, etc.). Existe, também, o verbo **deshuesar**, com o mesmo significado.
30. Na acepção de *hacerse borrascoso el tiempo* é defectivo unipessoal e só se conjuga nas pessoas e tempos do paradigma **nevar** p. 137.
31. Verbo defectivo. Conjuga-se como *merecer* e só se usa no infinitivo e nas 3ªs p.
32. Verbo defectivo. Só se usa no infinitivo e no particípio (**empedernir – empedernirse – empedernido**).

33. Na acepção de *nublarse, cubrirse de nubes tormentosas* é unipessoal e só se conjuga nas pessoas do paradigma **nevar** p. 137.

34. O verbo **enjugar** possui somente a forma regular de particípio passado – **enjugado**. A forma **enjuto** não pode ser considerada como forma irregular de particípio passado de **enjugar**, pois, etimologicamente, **enjuto** provém do latim *exsuctus*, part. de *exsugere, chupar*, e **enjugado** provém do latim *exsucare, dejar sin jugo*.

35. Na acepção de *realizar el enroque (En el juego del ajedrez, movimiento defensivo en que el rey y la torre del mismo bando cambian simultáneamente su posición)*, conjuga-se como o regular **buscar** p. 57; é usado também como pronominal (**enrocarse**). Na acepção de *revolver en la rueca el copo que ha de hilarse*, é irregular e se conjuga como **contar** p. 82.

36. A forma pronominal deste verbo (**entoldarse**) significa *nublarse (el cielo, el tiempo, el día* etc.) e, nesse caso, é um verbo defectivo unipessoal que só se conjuga nas pessoas indicadas no paradigma **nevar** p. 137.

37. É defectivo unipessoal quando significa *cesar de llover* e *despejarse el cielo* e, nesse caso, só se conjuga nos tempos e pessoas indicados no paradigma **nevar** p. 137.

38. É defectivo unipessoal na acepção de *congelarse el rocío que cae en las noches frías*. Nesse caso, conjuga-se somente nos tempos e pessoas indicados no paradigma **nevar** p. 137.

39. É regular (paradigma **cantar** p. 54) na acepção de *formar o componer en hojas alguna cosa*. É irregular (paradigma **contar** p. 82) quando significa *soplar con fuelle* ou como reflexivo **follarse**, que significa *soltar una ventosidad sin ruido*.

40. É defectivo unipessoal na acepção de *comenzar a llover a gotas esparcidas* e só se conjuga nos tempos e pessoas do paradigma **nevar** p. 137.

41. É defectivo unipessoal na acepção de *caer granizo*. Na acepção *de caer con ímpetu y menudeando como el granizo e* conjuga-se também nas 3as p. pl.

42. É defectivo unipessoal na acepção de *producirse una helada a causa del frío intenso, con temperaturas inferiores a cero grados*. Nesse caso, conjuga-se somente nos tempos e pessoas indicados no paradigma **nevar** p. 137.

43. Este verbo é unipessoal quando significa *caer agua de las nubes*. Nesse caso, só se conjuga nos tempos e pessoas indicados no paradigma **nevar** p. 137.

44. Este verbo é unipessoal quando significa *caer lluvia menuda*. Nesse caso, só se conjuga nos tempos e pessoas indicados no paradigma **nevar** p. 137.

45. Conjuga-se como **decir**, exceto no *futuro simple* e no *condicional simple de indicativo* (**maldeciré**, **maldeciría** etc.) e na 2ª p. sing. do *imperativo afirmativo*: **maldice**, que são formas regulares; o particípio irregular é **maldito** e o regular é **maldecido**.

46. Este verbo pode ser transitivo quando significa *quitar(se) la vida* ou intransitivo pronominal, quando significa *perder la vida*. Usa-se **muerto** (na verdade, particípio passado de *morir*) nas construções passivas (*Los soldados fueron muertos por los guerrilleros*). Fora desse caso, o uso de **muerto** no lugar de **matado** é exclusivamente literário (*José Marco ha muerto siete perdices* – Azorín).

47. O verbo **nevar** é unipessoal na acepção de *caer nieve*. No entanto, quando significa *poner blanca una cosa* pode ser conjugado em todos os modos, tempos e pessoas e, nesse caso, segue a conjugação do paradigma **acertar** p. 75.

48. Na acepção de *ocultar el sol las nubes* é um verbo defectivo unipessoal e só se conjuga nos tempos e pessoas do paradigma **nevar** p. 137.

49. Na acepção de *oponerse o ser contraria una cosa a otra*, só se conjuga no infinitivo e nas 3as pessoas.

50. Na acepção de *acontecer, suceder una cosa*, só se conjuga nas 3as pessoas.

51. Na acepção de *ir anochecendo, faltar la luz y claridad desde que el sol empieza a ocultarse*, só se conjuga nos tempos e pessoas do paradigma **nevar** p. 137.

52. Como impessoal, na acepção de **opinar**, **creer**, só se conjuga nas 3as pessoas.

53. Na acepção de *ser contingente o posible que suceda algo*, só se deve conjugar na 3ª p. sing. do presente do indicativo, *puede que tengas razón, puede que me arrepienta.*

54. Consulte o uso e significado desse verbo como verbo de cambio – p. 29.

55. Conjuga-se como **decir**, exceto na 2ª p. sing. do imperativo afirmativo.: **predice**; o particípio passado é irregular **predicho**.

56. A forma *preso*, considerada tradicionalmente particípio irregular de prender, é hoje mais utilizada como substantivo (*prisionero, cautivo*). No entanto, nas construções passivas observam-se ainda as características de uso de *preso* como particípio verbal (*Fue preso anoche*).

57. Verbo defectivo. Usam-se somente as formas em que a desinência começa por **-i**. Praticamente só se usam as formas de infinitivo e de particípio. Significa: *hacer caso omiso de alguien o algo; omitir en la institución de herederos a los que son forzosos, sin desheredarlos expresamente en el testamento.*

58. O verbo **rehacer** tem como paradigma de conjugação o verbo **hacer** p. 109. No entanto, na 1ª e 3as p. sing. do *pretérito perfecto simple* forma um hiato (**rehíce** – **rehízo**), que deve ser acentuado graficamente.

59. Verbo defectivo unipessoal na acepção de *haber relámpagos*. Neste caso, conjuga-se somente nas 3as p. sing., da mesma forma que o paradigma **nevar** – p. 137.

60. Na acepção de *caer sobre la tierra el rocío o la lluvia menuda*, é defectivo unipessoal e só se conjuga nas 3as p. sing, como o paradigma **nevar** p. 137.

61. É defectivo impessoal na acepção de *acontecer, ocurrir, pasar, efectuarse un hecho* e, nesse caso, conjuga-se somente no infinitivo e nas 3as pessoas.

62. Na Espanha, o usual é conjugar esse verbo como regular (paradigma **cantar** p. 54), assim como o seu derivado **destemplar(se).** Na América, no entanto, observa-se a ocorrência das duas formas – regular e irregular – e, nesse caso, segue a conjugação do paradigma de **acertar** p. 75.

63. Na acepção de *producirse truenos* é defectivo impessoal e só se conjuga nas pessoas do paradigma **nevar** p. 137.

64. Na acepção de *soplar el viento* ou *hacer aire fuerte* é defectivo impessoal e só se conjuga nas pessoas do paradigma **nevar** p. 137.

65. Na acepção de *nevar con viento fuerte* é defectivo impessoal e só se conjuga nas pessoas do paradigma **nevar** p. 137.

REGÊNCIA VERBAL OU REGIME PREPOSICIONAL DE VERBOS ESPANHÓIS

A

ABALANZARSE
contra la pared; **hacia** la entrada; **sobre** la multitud

ABANDONAR
a la familia; lo abandonó **por** Juan

ABANDONARSE
a la enfermedad; **a**l azar; **a** la mala suerte

ABARROTAR
de mercaderías/cuadros/cosas

ABASTECER(SE)
con víveres; **con** abundancia; **de** alimentos

ABATIRSE
ante una dificultad; **sobre** la ciudad

ABDICAR
de sus derechos; **en** su hijo; **en favor de** alguien; **en contra de** su voluntad

ABISMARSE
en los estudios; **en** la literatura

ABJURAR
de la fe; **de** la religión

ABLANDARSE
con agua; **ante** los niños; **en** la furia

ABOCHORNARSE
de algo; **por** alguien

ABOGAR
ante el juez; **en favor de** algo/alguien; **en contra de** algo/alguien; **por** algo o alguien;

ABOMINAR
de su suerte; **de** las buenas ideas

ABONAR
en cuenta

ABONARSE
a un diario, **a** una serie de conciertos

ABORRECER
de muerte; **con** las actitudes

ABRASARSE
en deseos de justicia; **de** calor

ABRAZARSE
al amigo; **a** la muñeca; **con** la religión; **con** el enemigo

ABRIGARSE
de la lluvia; **bajo** el tejado; **con** ropa especial; **en** la casa del hermano; **por** precaución; **para** salir

ABRIR
al público; **a** las diez; **de** arriba abajo; **en** canal; **con** un cuchillo; **para** invitados; **hacia** el salón

ABRIRSE
a / **con** los amigos; **a** un jardín/pasillo; **hacia** lo nuevo

ABRUMAR
con elogios; **de** trabajo

ABSOLVER
al asesino; **de** culpa

ABSTENERSE
de comer dulces

ABSTRAERSE
del entorno; **en** meditaciones; **con** la música

ABUNDAR
en riquezas; **en** lo dicho

ABURRIRSE
con el ruido; **de** no hacer nada; **en** los conciertos; **por** todo; **sin** motivo

ABUSAR
de la amistad; **en** el precio

ACABAR
a tiempo; **con** el dinero; **de** entrar; **en** la miseria; **entre** rejas; **por** hacerlo

ACAECER
(algo) **a** alguien; **bajo** el dominio de los bárbaros; **en** el siglo pasado

ACALORARSE
con la política; **de** caminar bajo el sol; **en** discusiones; **por** nada; **sin** motivo

ACAMPAR
en el valle; **en** la montaña; **en** la playa

ACARREAR
a lomo; **con** grúas; **desde** el depósito; **hasta** la planta; **sin** prisa

ACCEDER
a las exigencias del cargo; **a** los deseos

ACEPTAR
(algo) **de** alguien; **con** ciertas condiciones; colocar; **por** marido; **sin** vacilar; **como** válido;

ACERCARSE
a / **hacia** / **hasta** algún lugar; **por** otro camino

ACERTAR
a la lotería; **con** la decisión; **en** el pronóstico

ACHICARSE
ante la amenaza de los mayores

ACHICHARRARSE
bajo el sol; **por** el calor

ACHUCHAR
a alguien

ACLAMAR
a alguien; **con** aplausos; **por** primera vez

ACLIMATARSE
a otro país; **entre** extraños

ACOBARDARSE
ante la adversidad; **con** el frío; **frente a**l peligro; **por** nada

ACODARSE
a / **en** / **sobre** la mesa

ACOGER
bajo su techo; **en** casa; **entre** los suyos

ACOGERSE
a la protección de la policía; **bajo** los árboles; **en** sus brazos
ACOMETER
a / **contra** / **hacia** alguien; **por** la espalda; la travesía **en** balsa
ACOMODARSE
a / **con** otros tiempos; **en** el sillón
ACOMPAÑAR
al teatro; **con** ejercicios; **de** apuntes; **hasta** el pueblo; **en** la alegría
ACOMPAÑARSE
al piano; **de** buena gente
ACONDICIONAR
con calefacción; **en** cajas; **para** transporte; **según** las normas
ACONGOJARSE
por una desgracia
ACONSEJAR
en una decisión; **sobre** un tema
ACONSEJARSE
con la hermana; **de** personas serias
ACONTECER
a cualquiera; **con** todos; **según** lo previsto
ACOPLAR
al computador; **con** el televisor
ACORDAR
entre los huelguistas
ACORDARSE
de la infancia; **del** suceso
ACORTAR
con / **por** un atajo
ACOSTARSE
con alguien; **de** día; **en** el sofá; **por** la tarde; **sobre** la hierba
ACOSTUMBRARSE
a la nueva casa

ACREDITARSE
en la profesión; **para** la docencia
ACRIBILLAR
a tiros; **a** balazos
ACTUAR
bajo presión; **con** dignidad; **contra** las medidas impuestas; **para** el público; **por** una buena causa; **según** lo previsto
ACUDIR
a la reunión; **ante** la justicia; **desde** otro país; **en** su auxilio; **sin** reservas
ACUMULAR
algo **sobre** otro (papeles **sobre** papeles); algo **en** algún lugar (dinero **en** el banco)
ACURRUCARSE
en la cama; **a** la puerta
ACUSAR
ante la dirección **de** la empresa; **con** mala intención; **de** un crimen; **por** despecho
ACUSARSE
de un delito; **de** una falta
ADAPTARSE
a una nueva vida; **a** un estilo de trabajo
ADELANTAR
contra el enemigo; **en** la carrera; **por** la derecha
ADELANTARSE
a otros; **en** algo; **por** la derecha
ADENTRARSE
en / **por** el bosque
ADHERIRSE
a una campaña; **a** una opinión
ADIESTRARSE
a esgrimir; **con** las armas; **en** una lucha; **para** una competición

ADMIRARSE
ante lo ocurrido; **de** haber sobrevivido; **en** el espejo; **por** la acogida
ADMITIR
en el equipo; **en** la sociedad
ADOLECER
de una enfermedad crónica
ADOPTAR
a alguien; **por** hijo
ADORAR
a Dios; **con** el alma; **de** todo corazón
ADORNAR
con floreros; **de** luces
ADQUIRIR
(algo) **de** alguien; **por** alguna importancia
ADSCRIBIR
(algo) **a** alguien (le adscribieron a Juan el control de la entrada)
ADSCRIBIRSE
al partido político
ADUEÑARSE
de la casa; **de** los negocios
ADVERTIR
a alguien **de** algo (lo advirtió **de**l peligro)
AFANARSE
en las tareas; **por** la conquista **de**l premio
AFERRARSE
a la vida; **con** ganas
AFIANZARSE
ante la directiva; **en** el diagnóstico; **para** el salto; **sobre** la escalera
AFICIONARSE
a un deporte
AFILAR
con una piedra; **en** la navaja
AFILIARSE
a un partido; **a** un club

AFIRMARSE
en una postura
AFLIGIRSE
con / **de** / **por** / **ante** una noticia
AFLOJAR
en la recta final
AFLORAR
a la superficie
AFRENTAR
con insultos
AFRONTAR
con coraje
AFRONTARSE
con las dificultades
AGARRAR
de la mano; **por** el brazo
AGARRARSE
al pasamanos; **de**l pilar
AGASAJAR
a alguien **con** algo (**a** los invitados **con** buen vino)
AGAZAPARSE
bajo la mesa; **tras** los árboles
AGOBIARSE
con la tarea; **por** los años
AGRACIAR
con una medalla de honor
AGRADAR
a alguien
AGRADARSE
con una buena noticia
AGRAVIARSE
por una broma
AGREGAR
simpatía **al** grupo
AGREGARSE
al grupo
AGUANTARSE
con las suyas
AGUARDAR
a otra oportunidad; **en** casa; **por** el resultado
AHOGARSE
de calor; **en** un vaso de agua
AHONDAR
con un cuchillo; **en** la herida
AHORCARSE
con una cuerda; **de** / **en** un árbol
AHORRARSE
(explicaciones) **con** alguien
AISLAR
con amianto; **de** la humedad
AISLARSE
de las personas
AJETREARSE
de un sitio **a** otro
AJUSTARSE
a un presupuesto; **en** un gasto; **con** alguien
ALABAR
a alguien; **por** su discreción
ALABARSE
de valiente
ALARGARSE
a / **hasta** algún lugar; **en** el discurso
ALARMARSE
de / **por** las noticias
ALCANZAR
al techo; **hasta** el otoño; **para** tanto
ALEGAR
con documentos; **de** prueba; **en** defensa; **contra** el proyecto; **ante** el juez
ALEGRARSE
con / **de** / **por** algo
ALEJARSE
de los amigos; **en** el bosque; **por** el mar
ALENTAR
con la esperanza
ALIARSE
unos **a** / **con** / **contra** otros; **para** combatir
ALIMENTARSE
a base **de** / **con** frutas; **de** líquidos
ALINEARSE
con la cultura de la empresa; **contra** el voto secreto
ALISTARSE
a una causa; **en** el ejército
ALIVIAR
de la carga
ALIVIARSE
con los medicamentos; **de** las preocupaciones
ALMACENAR
bajo el techo; **en** el sótano; **sobre** el piso
ALOJARSE
en un hotel/la casa de parientes; la bala se alojó **en** el muslo.
ALTERNAR
con los compañeros; **en** el servicio; **entre** unos y otros
ALTERNARSE
en el trabajo
ALUCINARSE
con / **por** lo ocurrido; **en** el espectáculo
ALUDIR
a un tema o **a** una persona o **a** un hecho
ALUMBRARSE
con una vela; **en** la oscuridad
ALZAR
(los ojos/la vista) **a**l cielo; (algo) **de**l suelo
ALZARSE
con la victoria; **de**l suelo; **en** rebelión
AMANECER
con dolor de cabeza; **en** París; **entre** los parientes
AMAÑARSE
con otros; **para** hacer algo
AMAR
de hecho; **de** corazón
AMARGARSE
con la actitud de uno

AMARRAR

a un tronco; **con** cuerda

AMENAZAR

a alguien al pecho; **con** un arma; **de** muerte

AMONTONAR

unas cosas **sobre** otras

AMORTIZAR

en cuotas mensuales

AMPARAR

a alguien **de** la persecución

AMPARARSE

bajo un árbol; **contra** el viento; **de** la tormenta; **en** la puerta; **en** la ley

AMUEBLAR

con lujo; **de** dignidad **a**l pueblo

ANDAR

a gatas; **a** tientas; **con** cuidado; **de** puntillas; **detrás de** alguien; **en** camisa; **entre** amigos; **por** un camino; **por** conseguir algo; **sobre** la nieve; **tras** un negocio

ANDARSE

por las ramas

ANEGARSE

en sangre; **en** llanto

ANHELAR

a más; **por** más fortuna

ANIMAR

al partido; **con** elogios

ANIMARSE

a correr el riesgo; **a** empezar algo nuevo

ANTEPONER

la cita **a** gusto de los accionistas

ANTEPONERSE

a otro

ANTICIPAR

un préstamo **sobre** el sueldo.

ANTICIPARSE

a otros; **a** los acontecimientos

ANUNCIAR(SE)

en el diario; **por** la radio

AÑADIR

a lo expuesto

APAÑARSE

se apaña muy bien con lo que tiene

APAREJARSE

al trabajo; **con** el delito

APARECERSE

a / **ante** una persona; **en** casa; **entre** sueños

APARTAR

de sí

APARTAR(SE)

a un lado; **de** la gente; **para** reflejar

APASIONARSE

de / **por** algo/alguien

APEARSE

a / **para** hacer algo; **de**l caballo; **por** la puerta principal; **en** marcha

APECHUGAR

con las consecuencias

APEGARSE

a un trabajo; **a** un cargo

APELAR

a / **ante** otro medio; **contra** la sentencia

APELOTONARSE

a la salida del teatro

APESADUMBRARSE

con las noticias; **por** niñerías

APESTAR

a ajo

APIADARSE

de los hambrientos

APLAZAR

en Historia; **para** la próxima semana; **por** tiempo indeterminado

APLICARSE

a los estudios; **en** clase

APODERARSE

del dinero

APORTAR

algo **a** alguien; **en** dinero

APOSTAR

a / **por** un caballo; algo **con** alguien

APOSTATAR

de la fe

APOYAR

con pruebas; algo **en** / **sobre** otra cosa

APOYARSE

en la pared; **en** la familia; **sobre** la barandilla

APRECIAR

en su valor; **por** sus cualidades

APRENDER

a leer; **con** su padre; **de** la familia; **por** obligación

APRESTARSE

a la lucha

APRESURARSE

a resolver la cuestión; **por** llegar a tiempo; **en** concluir las pendencias

APRETAR

a correr; **con** las manos; **contra** uno mismo; **entre** los brazos; **para** que confiese

APRETARSE

en el tren

APRISIONAR

bajo la escalera; **con** los brazos; **en** / **entre** la espada y la pared

APROBAR

en alguna Facultad; **por** unanimidad

APROPIARSE

de algo ajeno

APROVECHAR

en el estudio; **para** fugarse

APROVECHARSE
de uno; **de** la situación
APROXIMAR
algo **a** algo/alguien
APROXIMARSE
al enfermo; **a** la villa
APUNTAR
al culpable; **con** el dedo; **con** un arma **contra** alguien; **hacia** un aumento de precios
APURARSE
con la situación; **en** las dificultades; **por** todo
AQUIETARSE
con la explicación
ARBITRAR
en el pleito
ARDER(SE)
de cólera; **en** deseos
ARGÜIR
a favor de algo/alguien; **en contra / en favor de**l acusado; **sobre** algún punto dudoso
ARMAR
con cuchillos; **hasta** los dientes
ARMARSE
de coraje; **de** paciencia; **de** equipos para un viaje
ARMONIZAR
algo **con** algo
ARRAIGAR
en el suelo
ARRAIGARSE
en determinado país/lugar
ARRANCAR(SE)
a correr; **con** todo; **de** raíz
ARRASARSE
(los ojos) **de / en** lágrimas
ARRASTRAR
al combate; **en** la caída; **por** tierra
ARRASTRARSE
a los pies **de** alguien; **por** el suelo
ARREBATAR
de / de entre las manos
ARREGLARSE
a la razón; **con** el huelguista
ARRELLANARSE
en el sillón
ARREMETER
al / **con** / **contra** el ladrón
ARREMOLINARSE
a la taquilla del teatro; **alrededor de** la hoguera; **en** el vestíbulo
ARRENDAR
(tierras) **a** alguien; **por** cinco años
ARREPENTIRSE
de sus faltas
ARRIBAR
a la costa
ARRIESGARSE
a bucear; **en** un nuevo negocio
ARRIMARSE
al árbol
ARRINCONARSE
en casa
ARRODILLARSE
al pie del altar; **ante** el altar; **en** la tierra; **para** orar; **sobre** un cojín
ARROJAR
al / **en** el piso; **de / desde** la ventana; **por** la escalera
ARROJARSE
a los brazos de alguien; **contra** el asesino; **de / desde / por** la ventana; **sobre** la fiera
ARROPARSE
con / en una manta
ASAR
a baja temperatura; **en** el horno de barro
ASARSE
al sol; **de** calor
ASCENDER
a otro cargo; **de** rango; **en** la carrera; **por** una colina
ASEGURAR
contra terremotos; **de** incendio
ASEGURARSE
de algo; **contra** todo riesgo
ASEMEJARSE
a algo/alguien; **en** algo
ASENTARSE
a las orillas del lago; **en** un sitio
ASENTIR
a una propuesta **de** trabajo
ASESORARSE
con / de buenos profesionales; **en** derecho laboral
ASIMILAR
a una pérdida dolorosa
ASIR
a la cesta de mimbre; **con** ambas manos; **por** el cuello
ASIRSE
a su espalda; **con** dificultad; **de**l pasamanos
ASISTIR
a una conferencia; **de** oyente; **en** domicilio;
ASOCIARSE
a la empresa; **con** alguien
ASOMARSE
a / por la ventana; **entre** las nubes
ASOMBRARSE
con su persistencia; **de / por** algo
ASPIRAR
a algo mejor; **a** una carrera
ASQUEARSE
de la corrupción
ASUSTARSE
con / de algo

ATACAR
a alguien; **de** frente; **por** la retaguardia
ATAR
algo **a** / **de** algún lugar; **con** cuerdas; **por** la cintura
ATARSE
a alguien
ATASCARSE
en la chimenea
ATAVIARSE
con elegancia
ATEMORIZARSE
de / **por** algo; **ante** el terremoto
ATENDER
a la llamada; **con** educación
ATENERSE
a las evidencias
ATENTAR
a / **contra** la propiedad
ATERRORIZARSE
por la inseguridad
ATESTIGUAR
con su declaración; **sobre** su inocencia
ATIBORRARSE
de chocolate
ATINAR
al blanco; **con** un cuchillo; **desde** el balcón
ATORMENTARSE
con / **por** algo
ATRAER
a alguien; **con** promesas
ATRAGANTARSE
con una espina; **con** un caramelo
ATRANCARSE
en la conversación
ATREVERSE
a bailar; **con** el enemigo
ATRAVESAR
con un cuchillo; **de** un flechazo; **en** barco; **por** la calle

ATRAVESARSE
(una persona) **a** otra **en** el camino
ATREVERSE
a hacerlo; **con** todo(s)
ATRIBUIR
a los padres
ATRIBULARSE
en / **con** / **por** una situación
ATRINCHERARSE
con los soldados; **en** / **tras** las barricadas
ATROPELLAR
con una bicicleta; **por** descuido
ATROPELLARSE
en sus decisiones
ATUFARSE
con / **por** los problemas/la polución
ATURDIR
con su charla
AUMENTAR
de / **en** tamaño
AUNARSE
con alguien en daño de alguno; **contra** la miseria
AUSENTARSE
del trabajo
AUTORIZAR
a alguien; **con** su firma; **de** palabra; **para** hacer algo; **por** escrito
AUXILIAR
contra la miseria; **en** la necesidad
AVANZAR
a / **hacia** / **hasta** el enemigo; **por** mar; **sobre** las rocas
AVENIRSE
a hacer algo; **entre** los dos
AVENTURARSE
a navegar; **en** la gastronomía

AVERGONZAR
a alguien; **con** / **por** su comportamiento
AVERGONZARSE
de uno mismo; **por** robar
AVIARSE
con elegancia; **para** ir al teatro
AVISAR
a alguien; **de** algo
AYUDAR
a terminar el trabajo; **con** placer; **en** los momentos difíciles
AYUDARSE
con / **de** las muletas
AZOTAR
con el látigo; **en** las piernas

B

BAILAR
al tango; **ante** el público; **con** alguien; **por** broma
BAJAR
al sótano; **de**l autobús; **de** precio; **en** ascensor; **por** las escaleras; **hacia** el pueblo
BALANCEAR
al bebé; **en** la cuna; **entre** el sí y el no
BALAR
(las ovejas) **de** hambre
BAMBOLEARSE
en el columpio
BAÑAR(SE)
con agua caliente; **de** / **en** lágrimas; **en** el río; **por** necesidad
BARRER
hacia fuera; **para** dentro
BASARSE
en la literatura especializada; **sobre** simples sospechas
BASTAR
a / **para** su ambición; **con** eso; **de** broma; **para** el viaje

BATALLAR

con / **contra** el invasor; **por** los derechos

BAUTIZAR

(el vino) **con** agua

BEBER

a / **por** la salud; **con** gusto; **de** la botella; **en** una fuente

BENEFICIARSE

con / **de** algo

BESAR

en la frente

BLASFEMAR

contra / **de** Dios

BORDAR

a mano; **con** hilo de seda; **en** el pañuelo

BORRAR

con goma; **de** la memoria

BOSTEZAR

de aburrimiento

BRAMAR

de rabia

BREGAR

con alguien; **contra** las adversidades; **en** el trabajo; **por** sus derechos

BRILLAR

al sol; **con** intensidad; **en** las artes; **por** su elegancia

BRINCAR

de alegría

BRINDAR

a la salud de alguien; **con** champán; **por** la victoria

BRINDARSE

a acompañar a las señoras al hotel

BROMEAR

con los amigos

BROTAR

de un ramo; **en** las piedras

BUCEAR

en aguas profundas

BUFAR

de indignación

BULLIR

de gente; **en** (la cabeza) las ideas

BURILAR

en metal

BURLAR

a su propio hermano

BURLARSE

de alguien o **de** algo

BUSCAR

al niño; **por** la salida

C

CABALGAR

a pelo; **en** / **sobre** la yegua; **por** los campos; **sin** montura

CABER

de cuerpo entero; **en** la estantería; **en** la mano; **entre** los dos; **hasta** 3 docenas más

CAER(SE)

al piso; **con** los pies juntos; **de** cansado; **desde** el segundo piso; **en** la calle; **por** tierra; **sobre** el público

CALAR(SE)

de agua; **hasta** los huesos

CALENTAR(SE)

a fuego fuerte; **con** su generosidad; **junto a** la hoguera; **en** la cama

CALIFICAR

con sobresaliente; **de** irresponsable

CALLAR(SE)

a alguien **con** algún argumento; **ante** la evidencia; **por** miedo

CALMARSE

con sus explicaciones

CAMBIAR

(alguna cosa) **con** / **por** otra; **de** opinión; **en** su actitud

CAMBIARSE

de ropa; **en** los camerinos; **a** sí mismo

CAMINAR

a paso lento; **con** dificultad; **de** lado; **hacia** / **para** la plaza; **hasta** la playa; **por** la vereda; **sobre** las piedras

CAMPAR

por sus respetos

CANJEAR

una cosa **por** otra

CANSARSE

con el trabajo; **de** tanto ruido

CANTAR

a pleno pulmón; **con** emoción; **de** alegría; **en** un coral; **por** gusto

CAPITULAR

de cansancio; **ante** / **con** los enemigos

CARACTERIZARSE

con trajes típicos; **de** Elvis; **por** su simpatía

CAREAR

(**a** un testigo) **con** otro

CARECER

de medios

CARGAR

en hombros; **con** dificultad; **con** los hijos; **de** frutas; **por** la culata; **sobre** sí

CARGARSE

con / **de** compromisos

CASAR

(algo) **con** otro; **en** segundas nupcias; **a** los novios

CASARSE

con alguien; **en** la capilla; **por** poderes

CASTIGAR

a alguien; **con** rigor; **de** forma blanda; **por** su desfachatez

CATALOGAR
(**a** alguien) **de** deshonesto
CATEQUIZAR
a (alguien) **para** un fin particular
CAUTIVAR
(**a** alguien) **con** / **por** su simpatía
CAVAR
en la tierra
CAVILAR
para obtener beneficios; **sobre** un tema
CAZAR
al vuelo; **con** flechas
CEBARSE
en la lectura
CEDER
a / **ante** su pedido; **de** su derecho; **en** su favor
CEGAR
(el sol) **con** sus rayos
CEGARSE
con sus sentimientos; **de** cólera; **por** celos
CEJAR
ante el enemigo; **en** el intento
CELEBRAR
con champán; **por** sus méritos
CENSURAR
a alguien **por** algo
CENTRARSE
en los estudios
CEÑIR
a la cintura; **con** un cinturón
CEÑIRSE
a una idea; **en** sus gastos
CERCIORARSE
de un hecho
CERRAR
a piedra y lodo; **con** llave; **contra** su voluntad; **por** fuera; **tras** de sí
CERRARSE
a todo; **de** pronto
CESAR
de llover; **en** su trabajo
CHANCEARSE
con alguien; **de** / **por** algo/ alguien
CHAPAR
con / **de** / **en** oro
CHAPOTEAR
en el agua
CHARLAR
con los amigos; **de** / **sobre** la vida
CHIFLARSE
por algo
CHOCAR
a la gente; **con** / **contra** algo; **por** su forma de vestirse
CIFRAR
(su vida) **en** la religión
CIFRARSE
en dos mil millones de euros
CIMENTARSE
en la conducta diaria
CIRCULAR
(una moneda) **en** el país; **entre** la gente; **por** las venas
CIRCUNSCRIBIRSE
a los países europeos
CLAMAR
a Dios; **por** su absolución
CLASIFICAR
en / **por** / **según** categorías/ orden alfabético; **de** la a **a** la zeta.
CLAVAR
con el martillo; **en** la pared
COADYUVAR
a / **en** un trabajo o una obra
COBIJARSE
bajo el techo; **con** una colcha; **de** la nieve; **en** el zaguán
COBRAR
del patrón; **en** efectivo; **por** banco; **con** regularidad
COCER
a fuego lento; **con** poca agua; **en** la leche
CODEARSE
con la gente más distinguida de la sociedad
COEXISTIR
con algo/alguien; **en** una misma época
COGER
con la mano; **de** / **por** el mango; **de** buen humor; **en** mentira; **entre** puertas; **por** casualidad
COHIBIRSE
ante el juez; **con** las críticas; **de** tomar una actitud drástica
COINCIDIR
una cosa **con** otra; **con** alguien; **en** algo
COJEAR
de una pierna; **por** dolor
COLABORAR
con la sociedad; **en** las tareas domésticas
COLARSE
en una fiesta; **por** la puerta
COLEGIR
de / **por** los datos presentados
COLGAR
del techo; **en** la pared
COLIGARSE
con los opositores; **para** conseguir algo
COLINDAR
con la casa de sus padres
COLMAR
de bendiciones
COLOCAR
al revés; **con** cuidado; **en** un armario; **entre** las manos; **por** la base; **por** orden de llegada

COLOCARSE
de niñera; **en** primera fila

COLOREAR
de amarillo

COMBATIR
con medicamento; **contra** el enemigo; **hasta** la conquista; **hasta** vencer; **por** la victoria

COMBINAR
una cosa **con** otra; **en** determinada proporción

COMENZAR
a hablar; **con** insultos; **por** los puntos importantes

COMER
a dos carrillos; **con** alguien; **de** todo; **hasta** hartarse; **por** dos

COMERCIAR
con productos importados; **en** granos; **al por** mayor; **al por** menor

COMERSE
con los ojos; **de** envidia

COMPADECERSE
de alguien; **por** algo

COMPAGINAR
con otros intereses

COMPARAR
a algo/alguien; **con** algo/alguien

COMPARECER
ante el juez; **en** juicio; **por** representante

COMPARTIR
algo **con** alguien; **entre** todos

COMPELER
a luchar **contra** la injusticia

COMPENSAR
con un buen sueldo; **por** su dedicación

COMPETIR
con alguien; **en** igualdad de condiciones; **por** algo

COMPLACER
a todos; **con** su amistad

COMPLACERSE
con la buena noticia; **de** / **en** su fortuna

COMPLETAR
con apuntes

COMPLICAR
con muchos detalles

COMPONER
con distintos materiales

COMPONERSE
con los opositores; **de** varios elementos

COMPRAR
al contado; **de** los comerciantes; **por** kilo; **a** plazos; **en** cuotas

COMPRENDER
con facilidad; **de** pronto; varias cosas **en** una sola

COMPROBAR
con documentos; **en** los análisis

COMPROMETER
a alguien; **en** algo

COMPROMETERSE
a cumplir algo; **con** alguien; **en** / **para** un proyecto

COMPUTAR
en horas de trabajo

COMULGAR
con Uds. esa alegría; **en** los mismos principios

COMUNICAR
a los participantes; **con** el comando central; **por** escrito

COMUNICARSE
con la gente; **por** señas; **por** un canal

CONCEBIR
(un sentimiento) **hacia** / **contra** / **por** alguien; **en** la mente

CONCENTRAR
en un determinado sitio

CONCENTRARSE
en algo

CONCEPTUAR
como sucesos esporádicos; **de** asesinato

CONCERTAR
con alguien; **en** género y número; **entre** los presentes a la reunión; **por** teléfono

CONCILIAR
con sus aspiraciones

CONCILIARSE
con su esposa

CONCLUIR
con una explicación clara; **en** vocal; **por** aceptar las condiciones

CONCORDAR
con las condiciones de pago; **en** gustos u opiniones; el sujeto **con** el verbo

CONCRETARSE
con / **en** hechos

CONCURRIR
al cargo de presidente; **a** algún sitio; **con** otros candidatos; **en** un dictamen

CONDENAR
a pagar una multa; **con** la mirada; **por** un crimen

CONDENSAR
en un solo tomo

CONDESCENDER
a los pedidos; **en** esa ocasión

CONDICIONAR
algo **a** algo; el pago **a** la presentación de documentos

CONDOLECERSE
de la miseria

CONDUCIR
a / **hacia** / **hasta** un sitio; **en** camión; **por** la carretera

CONECTAR
la impresora **a**l computador / **con** el computador; **con** su familia

CONFABULARSE
con los opositores; **contra** el enemigo; **para** destituirlo del cargo

CONFEDERARSE
con alguien

CONFERIR
con abundantes beneficios; **por** derecho

CONFESAR
algo **a** alguien; **en** público; **entre** familiares

CONFESARSE
a Dios; **con** alguien; **con** sinceridad; **de** sus culpas

CONFIAR
la vida **al** médico; **en** las personas

CONFIARSE
a alguien; **a** la suerte; **en** su capacidad

CONFINAR
a alguien **en** algún lugar; **al** Norte **con** Chile; **dentro** de una idea/un pensamiento

CONFINARSE
al pasado; **en** una temática

CONFIRMAR
en la fe; **en** dos meses

CONFIRMARSE
en sus creencias

CONFLUIR
una calle/un camino/un río **con** otro(a); **en / a** la convocatoria

CONFORMAR
los gastos **al** / **con** el presupuesto

CONFORMARSE
a / **con** una situación; **por** necesidad

CONFRONTAR
una cosa/persona/situación **con** otra

CONFUNDIR
a Juan **con** Pepe; una cosa **con** otra

CONFUNDIRSE
con / **en** algo; **de** sala; **en** sus juicios

CONGENIAR
con sus compañeros

CONGRACIARSE
con la gente

CONGRATULARSE
con alguien **de** / **por** algo

CONJUGAR
el trabajo **con** la vida social

CONJURARSE
con los enemigos; **contra** la decisión del directorio

CONMINAR
a alguien **a** hacer algo; **con** la fuerza

CONMOVERSE
ante / **con** / **por** la miseria ajena

CONMUTAR
(una pena) **con** / **por** trabajos forzados

CONOCER
a alguien; **de** paso; **en** detalle; **por** su fama

CONQUISTAR
con palabras

CONSAGRARSE
a la pintura; **a** Dios

CONSEGUIR
algo **de** alguien;
por mérito

CONSENTIR
en abandonar su puesto

CONSERVARSE
con / **en** buena salud; **por** muchos años; **hasta** un año

CONSIDERAR
a sus amigos; **bajo** / **de** / **en** todos sus aspectos; **por** todos lados

CONSIDERARSE
como finalizado el trabajo; **con** derecho a la sucesión

CONSIGNAR
algo **a** alguien; **a** nombre **de** alguien; **en** acta

CONSISTIR
en una obra de dos tomos

CONSOLAR
a alguien; **de** / **por** algo; **en** su tristeza

CONSOLARSE
con sus amigos; **de** un disgusto; **en** la oración

CONSPIRAR
con alguien; **contra** alguien/algo; **para** la toma del poder

CONSTAR
de varias partes; **en** los autos; **por** escrito

CONSTITUIRSE
en asociación; **en** fiador

CONSTREÑIR
a aceptar las condiciones

CONSTREÑIRSE
al presupuesto

CONSTRUIR
con buenos materiales; **en** el patio; **entre** varias personas

CONSULTAR
a mi padre **sobre** ese tema; el tema **con** mi abogado; **en** el diccionario

CONSUMIRSE
a causa **de** / **por** los demás; **con** / **en** la espera; **de** fastidio

CONTAGIARSE
con / **de** / **por** la bacteria

CONTAMINARSE

con el virus; **de** un virus; **en** el hospital

CONTAR

algo **a** alguien; **con** tu ayuda; **con** los dedos; **de** cabo **a** rabo; **desde** aquí; **entre** los amigos; **hasta** cien

CONTEMPLAR

a los niños; **con** atención; **desde** la ventana; **en** silencio

CONTEMPORIZAR

con alguien

CONTENDER

con / **contra** los detractores; **en** una discusión; **por** / **sobre** algo

CONTENERSE

de tomar una actitud; **en** su forma **de** hablar; **por** educación

CONTENTARSE

con poco

CONTESTAR

a alguien; **con** otra pregunta; **de** modo educado; **en** nombre de todos; **por** escrito

CONTINUAR

con el trabajo; **desde** este punto; **en** su puesto; **hasta** el final; **por** decisión propia

CONTRADECIR

al juez

CONTRADECIRSE

con sus teorías

CONTRAER

un compromiso **con** alguien

CONTRAPESAR

una cosa **con** otra

CONTRAPONER

una cosa **a** / **con** otra

CONTRASTAR

una cosa **con** otra

CONTRATAR

para un proyecto; **por** un mes

CONTRAVENIR

al reglamento

CONTRIBUIR

a / **con** / **en** / **para** algo

CONVALECER

de una enfermedad

CONVENCER

a alguien **de** algo

CONVENCERSE

con las explicaciones; **de** su valor

CONVENIR

algo **a** alguien; **con** las determinaciones; **en** aceptar las condiciones

CONVENIRSE

a / **con** el proyecto

CONVERSAR

con alguien; **sobre** tonterías; **en** la plaza; **en** otro idioma

CONVERTIR

a alguien **a** la fe; **en** lucro

CONVERTIRSE

a una religión; **en** una persona famosa

CONVIDAR

a alguien; **con** una buena comida; **para** la inauguración

CONVIDARSE

a / **para** la fiesta

CONVIVIR

con la pareja; **en** un pequeño espacio

CONVOCAR

a una asamblea; **por** escrito

COOPERAR

con los médicos; **en** una tarea

COPIAR

a alguien **en** algo; **de** una foto; **en** un cuaderno

COQUETEAR

con alguien

CORONAR

con flores; **de** gloria; **en** el palacio

CORREGIR

con / **en** rojo; **de** pronto; **por** iniciativa propia

CORREGIRSE

de sus fallas

CORRER

a caballo; **con** / **sin** zapatos adecuados; **de** un lado **a** / **para** otro; **en busca de** socorro; **entre** los árboles; **por** la arena; **sobre** la alfombra; **tras** el tren

CORRESPONDER

a un sentimiento; **con** generosidad

CORRESPONDERSE

con los amigos; **por** carta

CORROBORAR

con pruebas

CORTAR

con cuchillo; **de** / **desde** la raíz; **por** la mitad

COSER

a mano; **con** bastidor; **para** alguien; **por** encargo;

COTEJAR

con el documento oficial; **por** capítulos

CRECER

a ojos vistas; **en** virtudes

CREER

en algo/alguien

CRIAR

a los pechos; **con** cariño; **en** buenos principios

CRIARSE

en buenos pañales; **para** las artes

CRISTALIZAR(SE)

en un hombre de respeto

CRUZAR
de una orilla **a** otra; **por** la parte más angosta
CRUZARSE
con un amigo; **en** el corredor; **por** la calle
CUADRAR
con su forma de pensar
CUAJARSE
de flores/gente
CUBRIR(SE)
de / **con** ropa; **de** elogios
CUIDAR
con cariño; **de** su casa; **de** alguien
CUIDARSE
de los enemigos
CULPAR
a alguien **de** / **por** algo
CUMPLIR
con sus responsabilidades
CURAR
con medicinas naturales; **de** sus males
CURARSE
con hierbas; **de** una enfermedad
CURIOSEAR
con interés; **en** / **por** mis cosas personales
CURTIRSE
a / **con** el aire; **del** sol; **en** los trabajos

D

DAÑAR
a alguien; **con** la actitud; **en** su orgullo
DAR
a consignación; **al** patio; **con** algo/alguien; **contra** el muro; **de** baja; **de** sí; **por** terminado; **en** recordar su infancia
DARSE
a cocinar; **contra** la pared; **de** listo; **por** vencido
DATAR
del año 1870
DEAMBULAR
por las calles
DEBATIR
en la Asamblea; **sobre** algún tema
DEBER
(dinero) **a** alguien
DEBERSE
a su familia
DEBILITARSE
con / **por** la enfermedad
DECAER
de ánimo; **en** su derecho de disfrutar la beca
DECIDIR
de común acuerdo; **en** / **sobre** un asunto o una cuestión
DECIDIRSE
a cambiar de actitud; **en favor de** algo/alguien; **por** un sistema de trabajo
DECIR
(algo) **a** / **de** alguien; **en** secreto; **de** memoria; **para** sí mismo; **por** carta
DECLAMAR
en público
DECLARAR
al juez; **ante** el tribunal; **en** el juzgado; **por** enemigo; **sobre** el caso
DECLARARSE
a favor de / **en contra de** algo/alguien; **a** alguien
DECLINAR
a / **hacia** una dirección; **de** un derecho
DEDICAR
(tiempo/atención) **a** los niños
DEDICARSE
a la pintura; **a** escribir libros didácticos
DEDUCIR
de su sueldo; **por** lo dicho
DEFENDER
ante el juez; **con** pruebas; **contra** el enemigo; **de** la injusticia; **en** juicio
DEFRAUDAR
a los electores; **con** trampas; **en** sus cuentas
DEGENERAR
en sus actitudes
DEJAR
a la espera; **con** la boca abierta; **de** estudiar; **en** depósito; **para** otro día; **por** donde pase; **por** loco; **por** hacer; **sin** terminar
DEJARSE
de cuentos / **de** joder / **de** rodeos
DELATARSE
al juez; **ante** el juzgado; **con** sus actitudes
DELEGAR
de sus funciones; **en** el director **para** que lo represente
DELEITARSE
con la ópera; **de** la naturaleza; **en** el concierto
DELIBERAR
en junta; **entre** los participantes; **sobre** una decisión
DELINEAR
a lápiz; **en** una hoja de papel
DELIRAR
en sueños; **por** efecto de la fiebre
DEMANDAR
a alguien; **ante** el juez; **de** / **por** calumnia; **en** juicio

DEMORARSE
en decidir
DEMOSTRAR
a todos; **con** actos; **por** hechos
DENUNCIAR
ante la justicia; **por** asesinato
DEPARTIR
con el amigo; **sobre** la política
DEPENDER
de una ayuda/alguien
DEPONER
ante una comisión; (**a** alguien) **de** su cargo; **en** juicio
DEPORTAR
al extranjero; **de** su país
DEPOSITAR
a los pies de la imagen; **bajo** custodia; **en** el banco; **por** plazo indeterminado; **sobre** la mesa
DEPRIMIRSE
con las malas noticias
DERIVAR
hacia otros asuntos; el adelgazamiento deriva **de** una dieta balanceada; el problema derivó **a** una cirugía vascular
DERRAMAR
a / **en** / **encima de** / **por** el suelo; **de** la botella; **sobre** el mantel
DERRETIRSE
de amor; **en** elogios
DERRIBAR
a golpes; **a**l adversario; **de**l estante; **en** / **por** tierra
DERROCAR
al enemigo; **de**l poder; **por** unanimidad
DESACOSTUMBRARSE
al silencio; **de** despertarse temprano
DESACREDITAR
a los profesores; **ante** / **entre** sus amigos; **con** denuncias falsas; **en** su profesión
DESAFIAR
a una lucha; **de** palabra; **con** su actitud; **en** el ajedrez
DESAGUAR
en el mar; **por** la cañería
DESAHOGARSE
con alguien; **de** su angustia; **en** sollozos
DESALOJAR
de la casa
DESAPARECER
ante sus ojos; **bajo** su nariz; **de** la vista; **entre** la niebla
DESARRAIGAR(SE)
de su ciudad natal
DESASIRSE
de malos hábitos; **de** una atadura
DESATARSE
de los vínculos; **en** insultos
DESAYUNAR(SE)
con café y pan
DESBANCAR
a alguien; **de** su puesto
DESBORDARSE
(el río) **de** su cauce; **por** los campos
DESCANSAR
a / **bajo** la sombra de un árbol; **de**l viaje; **en** la estancia; **sobre** el césped
DESCARGAR
contra los niños; **de**l camión; **en** / **sobre** el suelo
DESCARGARSE
con / **contra** / **en** los responsables; **de** alguna responsabilidad
DESCENDER
a los detalles; **hacia** / **hasta** el valle; **por** la escalera; **de**l caballo; **en** su estima; **hacia** la planta baja
DESCLAVAR
de la pared
DESCOLGARSE
de / **desde** el techo; **por** las rocas; **hasta** el suelo
DESCOMPONERSE
con alguien; **en** varias partes; **por** el calor
DESCONFIAR
de alguien; **hasta de** sí mismo
DESCONTAR
del total **de** la factura
DESCUBRIR
al asesino
DESCUBRIRSE
a / **con** su amigo; **ante** su habilidad de cocinera
DESCUIDARSE
de / **en** su trabajo
DESDECIR
de su carácter
DESDECIRSE
de su promesa
DESDOBLARSE
en atenciones; **en** dos
DESECHAR
del pensamiento
DESEMBARAZARSE
de alguien/estorbos
DESEMBARCAR
del transatlántico; **en** el aeropuerto
DESEMBOCAR
en el mar
DESEMPEÑAR
de forma correcta
DESENFRENARSE
en el comer
DESENGAÑARSE
de ilusiones

DESENREDARSE
de la cuerda
DESENTENDERSE
de sus obligaciones
DESENTERRAR
del fondo del patio
DESENTONAR
con un traje inadecuado; **de** los demás
DESERTAR
al campo contrario; **de**l ejército
DESESPERAR
de encontrarlo
DESFALLECER
de hambre
DESGAJAR(SE)
del tallo; **de** su familia
DESHACERSE
de sus pertenencias; **en** explicaciones; **en** llanto; **por** su familia
DESIGNAR
con una sigla; **para** un cargo; **por** mérito
DESINTERESARSE
de / **por** algo
DESISTIR
de la disputa
DESLEÍR
en agua
DESLIGARSE
de una corporación
DESLIZARSE
al agua; **en** / **entre** / **por** / **sobre** el hielo
DESLUMBRARSE
con la vista del paisaje
DESLUCIRSE
al aire; **por** el sol
DESMENTIR
a alguien;
con palabras
DESMERECER
de su consideración

DESMONTAR
del caballo
DESNUDARSE
de los pies **a** la cabeza **desde** / **hasta** la cintura; **por** entero
DESORIENTARSE
en medio a la multitud; **en** un lugar desconocido
DESPACHAR
a la criada; **con** el director
DESPACHARSE
a las cinco de la tarde; **con** / **contra** alguien
DESPARRAMARSE
en / **por** el suelo
DESPEDIRSE
de su familia; **en** el aeropuerto
DESPEGARSE
de la familia; **por** las calles oscuras
DESPEÑARSE
al mar; **por** un precipicio
DESPERTAR
al niño; **contra** sí el odio; **de**l sueño; (un sentimiento) **en** otra persona
DESPERTARSE
con disposición
DESPOJAR(SE)
de la ropa
DESPOSARSE
ante testigos; **con** su prima; **por** poder
DESPOSEER
de su parte; **de** la herencia
DESPOTRICAR
contra el gobierno
DESPRENDERSE
de sus apegos
DESPREOCUPARSE
de sus problemas
DESPUNTAR
en creatividad; **entre** los compañeros; **por** la simpatía

DESQUITARSE
del perjuicio; **en** la bebida
DESTACAR
del regimiento; **para** la policía civil
DESTACARSE
de entre las demás personas; **en medio a** los demás; **por** su amabilidad
DESTERNILLARSE
de risa
DESTERRAR
a una isla lejana; **de** su patria; **por** traición
DESTINAR
a la Iglesia; **para** la gente necesitada
DESTITUIR
de su cargo; **por** incompetencia
DESVELARSE
por su familia
DESVESTIRSE
con prisa; **de** cintura **para** arriba
DESVIARSE
de la dirección correcta; **hacia** otro camino
DESVIVIRSE
en atenciones; **por** su familia
DETENERSE
a la puerta; **a** mirar las flores; **con** / **en** los obstáculos; **en** la entrada del edificio
DETERMINARSE
a disputar el cargo; **a favor de** alguien; **por** un trabajo mejor
DETRAER
de sus ganancias
DEVOLVER
a su verdadero dueño
DICTAMINAR
sobre la reclamación

DIFERENCIARSE
de sus hermanos; **en** / **por** el modo de hablar; **entre** sí
DIFERIR
a / **hasta** / **para** otra fecha; **de** Pepe; **de** la opinión; **en** algún aspecto; **entre** sí
DIFUNDIR
en / **por** la comunidad; **entre** la gente; **por** radiocomunicación
DILATAR
(la decisión) **hasta** / **para** el próximo mes
DILATARSE
en explicaciones
DILUIR
en leche caliente
DIMANAR
de una actuación equivocada
DIMITIR
de la presidencia de la empresa
DIPTONGAR
la e **en** ie
DIRIGIR
(la vista) **a** / **hacia** algún lugar; **para** un fin; **por** un atajo
DIRIGIRSE
a / **hacia** las personas; **a** / **hacia** la habitación
DISCERNIR
con imparcialidad; una cosa **de** otra; **entre** muchas opciones
DISCORDAR
de / **en** / **sobre** el parecer de otros
DISCREPAR
de / **en** / **acerca de** / **con** / **en cuanto a** la opinión de los demás
DISCULPAR
a los infractores; **con** buenos argumentos
DISCULPARSE
ante el público; **con** alguien; **de por** algo
DISCURRIR
de acuerdo **con** / **según** su creencia; **en** varios temas; (un río) **entre** / **por** las piedras; **sobre** las artes plásticas
DISCUTIR
con alguien; **de** / **sobre** algo/alguien; **por** tonterías
DISEMINAR
en / **por** / **entre** / **por entre** la población
DISENTIR
del acuerdo; **en** religión
DISERTAR
con seguridad; **sobre** un tema
DISFRAZAR
con buenas palabras
DISFRAZARSE
bajo / **con** / **en** un traje de supermán; **de** payaso; **como** helado
DISFRUTAR
con / **de** su compañía; **en** la montaña; **entre** amigos
DISGUSTARSE
con / **de** / **por** su modo de hablar
DISIMULAR
ante la gente; **con** una sonrisa
DISOLVER
con / **en** alcohol
DISONAR
de forma grosera; **en medio de** la charla; **de** los demás
DISPARAR
al aire; **con** un revólver; **contra** / **hacia** las personas
DISPENSAR
de las tareas
DISPERSARSE
en muchas actividades; **entre** / **por** la multitud
DISPONER
a su gusto; **de** una pequeña fortuna; **en** hileras; **por** colores
DISPONERSE
a / **para** ayudar
DISPUTAR
con los colegas; **de** / **por** / **sobre** fútbol
DISTANCIARSE
de su familia
DISTAR
de su casa 5 kilómetros
DISTINGUIR
con su amistad; una cosa **de** otra; **entre** muchos; **por** el color
DISTINGUIRSE
de / **entre** los demás compañeros; **en** / **por** su creatividad
DISTRAERSE
con los niños; **por** los ruidos; **de** sus preocupaciones; **en** la conversación
DISTRIBUIR
a / **en** / **entre** / **por** todo el pueblo
DISUADIR
a alguien; **con** palabras; **de** algo
DIVAGAR
de / **sobre** un tema
DIVERTIRSE
con una broma; **en** dibujar casitas
DIVIDIR
con / **entre** las personas queridas; **de** buena gana; **en** partes; **por** la mitad
DIVIDIRSE
en muchas actividades

DIVORCIARSE
de su esposa
DIVULGAR
en / **por** todas las partes; **entre** los jóvenes
DOBLAR
a / **hacia** la izquierda; **en** dos partes
DOBLARSE
ante la verdad; **de** dolor; **hacia** atrás; **hasta** tocar el piso; **por** el medio
DOLERSE
con / **de** / **por** su indiferencia
DOMICILIARSE
en Londres
DOMINAR
en determinadas regiones; **por** la fuerza
DORMIR
al raso; **bajo** el árbol; **con** su nieto; **en** el cine; **hasta** tarde; **sobre** el césped
DOTAR
con / **de** una ayuda; **en** medio millón
DUDAR
de sus buenas intenciones; **en** salir; **entre** dos productos; **hasta de** sus convicciones
DURAR
en su opinión; **por** varios años; **para** siempre

E

ECHAR
a la calle; **del** trabajo; **en** falta; **hacia** / **para** atrás; **por** tierra; **sobre** sí la carga
ECHARSE
a la calle; **de** rodilla; **en** el sofá; **en** brazos del marido; **hacia** / **para** otro lado; **por** el suelo; **sobre** la cama
EDUCAR
con el ejemplo; **en** los buenos principios; **para** médico
EJECUTAR
al piano; **en** la guitarra
EJERCER
de dentista
EJERCITARSE
en la paciencia
ELEGIR
entre los dos; **para** diputado; **por** esposa
ELEVARSE
a / **hasta** el techo; **de** la tierra; **por** las nubes; **sobre** todos
ELIMINAR
a un adversario; **de** la plantilla
EMANCIPARSE
de los padres
EMBADURNAR
las paredes **con** / **de** barro
EMBALAR
en cajas
EMBARAZARSE
con los papeles; **de** un niño
EMBARCARSE
con un socio; **en** un negocio; **hacia** / **para** Europa
EMBEBERSE
con la música; **de** las ideas de Freud; **en** un libro
EMBESTIR
con un cuchillo; **contra** la fiera; **por** la espalda
EMBOBARSE
ante una obra de arte; **con** / **de** / **por** algo/alguien
EMBORRACHARSE
con / **de** aguardiente
EMBOZARSE
con la capa; **en** el manto; **hasta** los ojos
EMBRAVECERSE
con / **contra** los adversarios
EMBRIAGARSE
con el vino; **de** alegría
EMBUTIR
de carne; **en** la pared
EMBUTIRSE
de chocolate
EMERGER
del fondo
EMIGRAR
a Austria; **de** / **desde** Brasil
EMOCIONARSE
con el nacimiento de un bebé; **en** la pieza de teatro; **por** la buena noticia
EMPACHARSE
con chocolate; **de** comida
EMPALAGARSE
con la torta; **de** bombones
EMPAPAR
con el algodón; **de** leche; **en** vino
EMPAPARSE
bajo la tormenta; **de** arte; **en** la piscina
EMPAPUZARSE
de dulce
EMPAREJAR(SE)
con un buen hombre
EMPARENTAR
con buena gente
EMPATAR
a un gol; **con** otro equipo
EMPEDRAR
con / **de** adoquines
EMPEÑARSE
con un trabajo; **en** algo; **para** / **por** conseguirlo
EMPEZAR
a trabajar; **con** buen pie; **en** buenas condiciones; **por** lo más fácil; **desde** el primer día
EMPLEAR
el tiempo **en** buenas acciones
EMPLEARSE
de niñera; **en** una tienda

EMPOTRAR
en la pared
EMPRENDER
un trabajo **con** alguien; **por** sí solo
EMPRENDERLA
a tiros; **con** alguien
EMPUJAR
a / **hacia** / **hasta** un barranco; **con** los pies; **contra** la pared
EMULAR
a alguien
ENAMORARSE
de alguien
ENAMORISCARSE
de Juan
ENCALLAR
en la arena
ENCAMINARSE
a / **hacia** algún sitio o dirección
ENCANECER
de pena; **por** la tristeza
ENCAPRICHARSE
con / **de** un tema o una persona
ENCARARSE
a / **con** alguien
ENCARGAR
a alguien; **de** un trabajo
ENCARGARSE
de una tarea
ENCARIÑARSE
con los alumnos
ENCARNIZARSE
con / **en** derrotados
ENCASTILLARSE
en su mundo
ENCAUZAR
(las aguas) **por** un canal; **por** las vías legales
ENCENEGARSE
en los vicios
ENCENDERSE
de pasión
ENCERRAR
en la oficina; **entre** rejas
ENCERRARSE
en casa; **entre** cuatro paredes
ENCOGERSE
de hombros
ENCOMENDAR
a su empleado
ENCOMENDARSE
al diablo
ENOJARSE
con alguien; **de** lo que se dice; **por** una tontería
ENCONTRAR
con alguien; **bajo** el sofá; **en** la calle; **tras** el armario; **sobre** la mesa
ENCONTRARSE
con un obstáculo; **en** un buen momento; **entre** gente querida
ENCUADRAR
en un marco
ENCUADRARSE
en un equipo
ENCUMBRARSE
a / **en hasta** el cielo; **sobre** los otros
ENDURECERSE
con / **por** el dolor; **en** la pelea
ENEMISTAR
a uno **con** otro
ENEMISTARSE
con un compañero, amigo
ENFADARSE
con los chicos; **por** poco
ENFERMAR
con / **por** la mala alimentación; **de** los pulmones
ENFILAR
hacia el muro
ENFOCAR
con la linterna; **desde** otra perspectiva
ENFRASCARSE
en los negocios
ENFRENTARSE
a / **con** un oponente
ENFURECERSE
al enterarse de lo ocurrido; **con** las bromas; **contra** alguien; **por** nada
ENGALANAR(SE)
con flores; **de** plumas
ENGANCHAR(SE)
con / **en** un clavo/anzuelo
ENGAÑAR
a alguien; **con** promesas
ENGAÑARSE
a sí mismo; **con** promesas de otros; **en** las cuentas; **por** las apariencias
ENGARZAR
con diamantes; **en** oro
ENGASTAR
con perlas; **en** plata
ENGENDRAR
un hijo **de** alguien; una duda **en** alguien; **con** / **por** amor
ENGLOBAR
en un solo proyecto
ENGOLFARSE
con malas compañías; **en** negocios dudosos
ENGOLOSINARSE
con los cigarrillos
ENGREÍRSE
con su conocimiento; **de** su fortuna; **por** su belleza
ENJUAGARSE
con agua
ENJUGAR
con una toalla
ENLAZAR
una cosa **a** / **con** otra
ENLOQUECER
de tristeza

ENMENDARSE
con el aviso; **de** la falta; **por** el reproche
ENMUDECER
de espanto
ENOJARSE
con / **contra** alguien; **por** la grosería
ENORGULLECERSE
de sus hijos
ENREDARSE
con / **en** / **entre** las zarzas
ENRIQUECER(SE)
con trabajo; **de** virtudes; **en** sabiduría
ENROJECER
de vergüenza
ENROSCAR
una pieza **en** un equipo
ENROSCARSE
a / **en** las ramas
ENROLARSE
en el ejército
ENSANGRENTARSE
con la lucha; **en** el accidente
ENSAÑARSE
con / **contra** / **en** los asesinos
ENSAYAR
con la orquesta; **en** el teatro; **para** el estreno; **en** el violín
ENSEÑAR
a leer; **con** tecnología moderna
ENSEÑOREARSE
de una casa
ENSIMISMARSE
en los pensamientos
ENSOBERBECERSE
con su hijo; **de** / **por** su fortuna
ENSUCIARSE
con chocolate; **de** salsa de tomate; **en** el taller
ENTENDER
de plantas; **en** literatura
ENTENDERSE
con la gente; **en** otro idioma; **por** mímica
ENTERARSE
de lo ocurrido; **de** / **por** boca de otros; **en** la escuela; **por** la radio
ENTERNECERSE
con un chico
ENTERRAR
en el fondo del patio
ENTERRARSE
en deudas
ENTRAR
a golpes; **con** todo; **de** presidente; **en** la sala; **hacia** el mediodía; **hasta** la habitación; **por** la puerta principal
ENTREGAR
algo **a** alguien; **en** confianza
ENTREGARSE
a los estudios; **en** manos del médico; **sin** dudar
ENTRENARSE
con las barras; **en** el nuevo sistema operativo
ENTRESACAR
datos **de** un libro o una revista
ENTRETENERSE
con un rompecabezas; **en** mirar vidrieras
ENTREVISTARSE
con el jefe; **en** el banco
ENTRISTECERSE
con / **de** / **por** lo sucedido
ENTROMETERSE
en la conversación; **entre** los invitados
ENTRONIZAR
en la casa
ENTUSIASMARSE
con la boda; **por** un proyecto de vida
ENVANECERSE
con / **de** / **por** la victoria
ENVEJECER
con dignidad; **de** golpe; **en** las ideas; **por** los disgustos
ENVENENAR
a alguien; **con** sustancia tóxica
ENVENENARSE
con cianuro; **de** rabia; **por** poco
ENVIAR
a la oficina; **con** urgencia; **por** correo
ENVICIARSE
con la cocaína; **en** el juego; **por** las malas compañías
ENVOLVER
para regalo
ENVOLVER(SE)
con una manta; **entre** las sábanas
ENZARZARSE
en una pelea
EQUIDISTAR
de un lugar **a** otro
EQUILIBRAR
un peso **con** otro; la fuerza **de** dos opositores
EQUIPAR(SE)
con lo necesario; **de** material adecuado
EQUIPARAR
una cosa **a** / **con** otra
EQUIVALER
a US$1.000
EQUIVOCAR
una cosa **con** otra
EQUIVOCARSE
al cerrar las cuentas; **de** puerta; **en** el número
ERIGIRSE
en árbitro

ERRAR
en la educación de los niños; **por** las calles; **sobre** lo planeado
ESCABULLIRSE
de sus obligaciones; **de / de entre / por entre** la multitud; **por** la puerta principal
ESCANDALIZARSE
de / por la violencia
ESCAPAR(SE)
a la calle; **con** dificultad; **de** las manos; **en** un auto; **por** la ventana
ESCARBAR
en el pasado de alguien
ESCARMENTAR
con / de / por algo ocurrido; **en** cabeza ajena
ESCINDIRSE
en partes
ESCOGER
del montón; **entre** muchos; **para** presidente; **por** amigo
ESCONDERSE
bajo / debajo de la mesa; **de** alguien; **en** algún lugar; **entre** las columnas
ESCRIBIR
a lápiz; **de / sobre** un tema; **desde** Italia; **en** otro idioma; **para** niños; **por** obligación
ESCUCHAR
con atención; **en** silencio
ESCUDARSE
en su trabajo para no pensar en su vida
ESCUDRIÑAR
en busca de pruebas; **entre** los documentos
ESCULPIR
a cincel; **en** madera
ESCUPIR
a la cara; **en** el suelo; **hacia** el cielo
ESCURRIRSE
al suelo; **de / de entre / entre** los dedos; **en** la piedra
ESFORZARSE
a / en aprender; **para** concluir el curso; **por** entrar a la facultad
ESFUMARSE
ante sus ojos; **de** la vista; **en** la noche; **por** el campo
ESMALTAR
al fuego; **con / de** flores
ESMERARSE
en los estudios; **por** ser gentil
ESPANTARSE
al reverlo; **ante** la tragedia; **con** los truenos; **con / de / por** la tormenta
ESPARCIR
por todo el terreno
ESPECIALIZARSE
en un tema
ESPECULAR
con dólar; **en** títulos públicos; **sobre** lo sucedido
ESPERAR
a que terminen las clases; **de / en** Dios; **para** comprar un auto nuevo; **en** la oficina
ESPOLVOREAR
con pimienta
ESTABLECERSE
de médico; **en** otra ciudad; **por** cuenta propia
ESTAFAR
con dinero falso; **en** una negociación
ESTAMPAR
a mano; **con** un sello; **contra** la pared; **en** mármol; **sobre** tela
ESTAR
a la disposición; **a**l acecho; **bajo** custodia; **con** ganas **de** comer; **contra** la ley; **de** juerga; **en** el teatro; **entre** amigos; **para** nacer; **por** alguien; **sin** sueño; **sobre** sí; **tras** una esposa; **tras de** un trabajo.
ESTIMAR
a alguien; **en** mucho; **por sobre** el valor real
ESTIMULAR
al trabajo; **con** premios
ESTRAGARSE
con el vicio de fumar; **de** tanto hacer dieta; **por** las malas compañías
ESTRECHAR
a alguien **entre** los brazos o **contra** el pecho; una relación **con** alguien
ESTRELLARSE
con el auto; **contra** el muro; **en** el suelo; **sobre** la vereda
ESTREMECERSE
de miedo
ESTRENARSE
con una pieza de teatro; **en** una profesión
ESTRIBAR
en algo
ESTUDIAR
con un profesor; **en** la biblioteca; **para** farmacéutico; **por** decisión propia; **sin** ganas
EVADIRSE
de las responsabilidades
EVALUAR
(el edificio) **en** un millón de dólares
EXAGERAR
con los elogios; **en** la cantidad
EXAMINAR(SE)
a cada quince días; **de** gramática; **en** la escuela; **para** nota

EXCEDER
a la imaginación; **en** mucho el precio

EXCEDERSE
de sus derechos; **en** los gastos

EXCEPTUAR
de la regla

EXCITAR
a la rebelión

EXCLUIR
de la sociedad

EXCUSARSE
con el padre; **de** comparecer al estreno; **por** el atraso

EXHORTAR
a colaborar; **con** argumentos

EXIGIR
respeto **de** los chicos

EXIMIR
de la responsabilidad

EXONERAR
del cargo

EXPELER
del cuerpo; **por** la boca

EXPLAYARSE
con las amigas; **en** un discurso

EXPONERSE
a la violencia; **ante** el público; **en** una reunión

EXPRESARSE
a gritos; **con** gestos; **de** palabra; **en** pocas palabras; **por** señas

EXPULSAR
del club; **por** la fuerza

EXTASIARSE
ante la belleza; **con** el paisaje

EXTENDER
la masa **sobre** la mesa

EXTENDERSE
a / **hacia** / **hasta** la región Norte; **de** un país **a** otro; **en** discusiones; **por** toda la ciudad

EXTRAER
con equipos especiales; **de** la mina

EXTRAÑARSE
de su familia

EXTRAVIARSE
del camino; **en** sus pensamientos; **por** la carretera

EXTREMARSE
en atenciones

F

FABRICAR
con / **de** madera; **en** serie

FALLECER
a manos del ladrón; **de** muerte natural; **en brazos de** alguien; **en** su ciudad

FALTAR
a la palabra; **por** hacer

FAMILIARIZARSE
con / **en** la ciudad

FASCINARSE
con / **por** las bellezas naturales

FASTIDIARSE
con / **de** su compañía; **de** hacer siempre lo mismo

FATIGARSE
de andar; **por** poco

FAVORECER
a un amigo; **con** su ayuda

FAVORECERSE
de la buena voluntad de los amigos

FELICITAR
por la conquista

FELICITARSE
de los éxitos

FIAR
algo **a** alguien

FIARSE
de una palabra/un amigo

FIGURAR
de propietario; **en** la lista de aprobados

FIJAR
a / **en** la pared; **con** un clavo/chinchetas

FIJARSE
en algo

FIRMAR
con sello; **de** propia mano; **en** blanco; **por** orden

FLANQUEAR
por todos los lados

FLAQUEAR
en la honradez

FLOJEAR
de las piernas; **en** los estudios

FLORECER
en virtudes

FLOTAR
en / **sobre** el mar

FLUCTUAR
en / **entre** distintos puntos de vista

FLUIR
de la fuente; **por** los caños

FORJAR
con / **de** / **en** hierro

FORMAR
con buenos consejos; **en** fila; **por** secciones

FORRAR
con / **de** / **en** cuero

FORRARSE
de dinero

FORTIFICARSE
con muros; **contra** el enemigo; **en** las entradas; **para** resistir

FORZAR
a comer; **con** amenazas

FRACASAR
ante la dificultad; **en** el trabajo; **por** irresponsabilidad

FRANQUEARSE
al amigo; **con** el padre

FREÍR
a fuego lento; **con** / **en** aceite

FREÍRSE

de calor

FRISAR

en / **en torno a** los cincuenta años

FROTAR

con las manos; la esponja **contra** la pared

FROTARSE

las manos

FUGARSE

a otro país; **de** casa; **por** los fondos

FUMAR

con / **sin** boquilla; **en** pipa

FUNCIONAR

con pila

FUNDARSE

en estudios científicos

FUNDIR

en metal

FUNDIRSE

el hielo **con** el calor

G

GANAR

a las carreras; **con** la construcción; **en** la lotería; **para** sobrevivir; **por** la mano

GASTAR

con parcimonia; **de** su ahorro; **en** tonterías

GIRAR

a / **hacia** la izquierda; **a cargo de** un banco; **en torno a**l eje; **sobre** su eje; **alrededor de** sí mismo

GLORIARSE

de sus aptitudes; **en** el Señor

GOBERNAR

en nombre de la mayoría; **para** todos

GOBERNARSE

por otras personas

GOLPEAR

a la puerta; **con** el martillo; **en** la mesa

GOTEAR

del tejado

GOZAR

de buena salud

GRABAR

al aguafuerte; **con** micrófono; **en** video; **sobre** una chapa metálica

GRADUARSE

de licenciado; **en** medicina

GRAVAR

con impuestos; **en** un 20%

GRAVITAR

en / **sobre** la Tierra

GUARDAR

bajo custodia; **con** llave; **de**l frío; **en** la memoria; **entre** sus pertenencias; **para** otra persona

GUARDARSE

de la gente envidiosa

GUARECERSE

bajo el pórtico; **de**l frío; **en** una terraza

GUARNECER

con arroz; **de** armas/papas

GUERREAR

con / **contra** sus compatriotas

GUIAR

a / **hacia** / **hasta** la puerta principal; **a través de** / **por** el bosque; **con** una linterna; **en** la oscuridad

GUIARSE

con / **por** su propia cabeza

H

HABER

de vencer; (dinero) **en** el banco; (suficiente) **para** todos; muchos **por** persona

HABILITAR

la casa **con** todas las facilidades; **de** fondos; **para** las tareas de casa

HABITAR

bajo un puente; **con** su familia; **en** el interior; **entre** parientes

HABITUARSE

a las bajas temperaturas

HABLAR

acerca de / **de** / **sobre** un tema; **ante** la platea; **con** los chicos; **en** público; **entre** amigos; **por** teléfono; **sin** convicción

HACER

a regañadientes; **con** ganas; **de** madera; **de** payaso; **de** las suyas; **en** papel; algo **para** los suyos; **por** la familia; **sin** pensar

HACERSE

a los estudios; **con** / **de** los buenos libros; **en** la forma adecuada

HALLAR

con buena disposición; **en** el jardín; **por** el camino

HALLARSE

a 100 m **de** su casa; **con** una dificultad; **de** pronto; **en** la oficina; **de** paso

HARTARSE

con chocolate; **de** helados; **a** jugar

HASTIARSE

con la ópera; **de** las fiestas

HECHIZAR

con su mirada

HELARSE

de frío

HENCHIR

con algodón; **de** satisfacción

HENCHIRSE
de alegría
HEREDAR
de su familia; **por** derecho
HERIR
con un cuchillo; **de** muerte; **por** la espalda
HERMANAR(SE)
unos **con** otros; **entre** sí
HERRAR
a fuego; **en** frío
HERVIR
a fuego lento; **con** sal; un sitio **de** gente; **en** una lechera; **sobre** el fogón
HILAR
con algodón
HINCAR
en la tierra
HINCARSE
de rodillas
HINCHARSE
a beber; **con** los dulces; **de** insultarlo
HOLGARSE
con / **de** su pronto restablecimiento
HONRARSE
con su amistad; **en** recibirlo
HORRORIZARSE
con / **de** / **por** los hechos
HUIR
a otra ciudad; **de** su país; **para** libertarse; **por** los fondos; **ante** los problemas
HUMEDECER
con leche; **de** / **en** un líquido
HUMILLAR
con palabras
HUMILLARSE
a / **ante** su jefe; **a** pedir; **con** los inferiores
HUNDIRSE
en la miseria
HURGAR
en los bolsillos; **en** la vida ajena
HURTAR
a la señora; **de** la tienda; **en** el precio
HURTARSE
a las responsabilidades; **de** los trámites

I

IDENTIFICAR
a un prisionero; **por** la voz
IDENTIFICARSE
con otra persona; **en** una idea política
IGUALAR(SE)
a / **con** otros; **en** sabiduría
ILUSIONARSE
con falsos elogios
ILUSTRAR
con dibujos
IMBUIR
de ideas **a** otra persona
IMITAR
a un personaje; **con** / **en** los gestos
IMPACIENTARSE
con / **por** la demora; **de** esperar; **por** el nacimiento del hijo
IMPELER
a alguien **a** hacer algo
IMPLICAR
a los familiares; **en** el problema
IMPLICARSE
con alguien; **en** lo sucedido
IMPONER
algo **a** alguien; **sobre** los empleados
IMPORTAR
algo **a** alguien; **de** / **desde** otro país
IMPORTUNAR
con preguntas indiscretas
IMPOSIBILITAR
para concurrir al cargo
IMPREGNAR(SE)
con / **de** un líquido/olor
IMPRESIONARSE
ante la escena; **con** el relato; **por** poco
IMPRIMIR
con tinta negra; **en** el alma; **sobre** cartón
IMPULSAR
a estudiar; **hacia** la educación
IMPUTAR
una pena **a**l criminal
INCAPACITAR
para el trabajo
INCAUTARSE
de bienes ajenos
INCIDIR
en la lente
INCITAR
a la desobediencia; **contra** los patrones
INCLINAR
a la caridad; **en favor de** los desvalidos
INCLINARSE
a / **hacia** la izquierda; **ante** la reina; **hasta** el suelo; **por** un partido político; **sobre** el mueble
INCLUIR
en el informe; **entre** los ganadores
INCORPORAR
algo **a** / **con** / **en** alguna cosa
INCORPORARSE
a la empresa
INCRUSTAR
con perlas; **en** un mueble
INCULCAR
una idea **al** pueblo; **en** el ánimo

INCULPAR
de un delito
INCUMBIR
a alguien **de** hacer algo
INCURRIR
en falta
INDEMNIZAR
a alguien **con** dinero; **de**l perjuicio; **por** el daño
INDEPENDIZARSE
de los padres; **en** las cuestiones personales
INDIGESTARSE
con fiambres; **de** tanto comer; **por** comer pescado
INDIGNARSE
con la reacción de las personas; **contra** la decisión; **de** / **por** su comportamiento
INDISPONER
con falsas acusaciones; **contra** la familia
INDUCIR
a la violencia; **en** error
INDULTAR
de la pena; **por** buena conducta
INFERIR
del crimen; **por** lo sucedido
INFESTAR
con / **de** virus
INFILTRARSE
en el campo enemigo; **entre** los adversarios
INFLARSE
de aire
INFLUIR
con la familia; **en** la decisión; **para** el indulto; **sobre** las personas; **ante** el jurado
INFORMAR
de la decisión; **en** la radio; **sobre** el peligro
INFUNDIR
ánimos **a** / **en** alguien

INGENIARSE
con / **en** / **para** sobrevivir
INGERIR
con dificultad; **de** un golpe; **por** la boca
INGERIRSE
en cuestiones ajenas
INGRESAR
en la academia; **en** la cuenta
INHABILITAR
para el trabajo
INHIBIRSE
de desnudarse; **en** público
INICIAR(SE)
en los estudios religiosos
INJERTAR
un ramo **en** un árbol; **sobre** el jazmín
INMISCUIRSE
en la intimidad de las personas
INMOLAR
a los dioses; **en aras de** la ambición
INQUIETARSE
con / **de** / **por** los comentarios
INSCRIBIRSE
en un curso
INSERTAR
en un documento
INSINUARSE
al jefe; **con** gestos
INSISTIR
en desobedecer; **sobre** el tema
INSPIRAR
a alguien
INSPIRARSE
en los buenos ejemplos; **de** Dios
INSTALAR
en al auto
INSTALARSE
en la casa de los padres

INSTAR
a la meditación; **sobre** el tema
INSTIGAR
a la insubordinación
INSTRUIR
en las ciencias; **sobre** un tema
INSUBORDINARSE
contra las reglas
INSURRECCIONARSE
contra el gobierno
INTEGRARSE
en un equipo
INTERCALAR
en las tareas
INTERCEDER
en favor de alguien; **por** una buena causa; **ante** el juez
INTERESARSE
en algo; **por** una persona
INTERFERIR
en una decisión
INTERNAR
en un colegio
INTERNARSE
en el bosque; **por** el valle
INTERPONERSE
en la discusión; **entre** la pareja
INTERPRETAR
del inglés **a**l portugués; **en** español
INTERVENIR
con el padre; **en** la pelea; **por** alguien
INTIMAR
con los chicos
INTIMIDAR
con amenazas
INTRODUCIRSE
en / **por** el grupo; **entre** las personas
INVERTIR
en oro

INVESTIR
con el título de *doctor honoris causa*; **de** *doctor honoris causa*

INVITAR
a un café; **con** la mirada; **por** escrito

INVOLUCRAR
a un inocente; **en** el crimen

INYECTAR
en vena

IR
a caballo; **a** viajar; **con** su esposa; **de** un punto **a** otro; **en** auto; **hacia** el Norte; **hasta** París; **por** el camino más corto; **tras** el tren; **desde** el centro

IRSE
a las manos; **con** los chicos; **de** juerga; **por** las ramas

IRRITARSE
con / contra alguien; **por** nada

IRRUMPIR
en la reunión

J

JACTARSE
de sus habilidades

JASPEAR
(una pared) **de** varios colores

JUBILAR(SE)
del trabajo; **por** accidente

JUGAR
a las cartas; **al** escondite; **con** los amigos; **contra** otro equipo; **por** placer

JUNTAR
(una cosa) **a / con** la otra

JUNTARSE
a / con los compañeros; **en** un sitio; **para** celebrar

JURAR
en vano; **por** sus hijos; **sobre** la Biblia

JUSTIFICARSE
ante el jefe; **con** falsas excusas; **de** lo ocurrido

JUZGAR
a un ladrón; **de** tonto; **entre** partes; **por** perdido; **según** las leyes

L

LABRAR
a martillo; **en** facetas

LADEAR(SE)
a / hacia algún partido político

LADRAR
a los extraños

LAMENTAR(SE)
de / por lo ocurrido

LANZAR
al río; **con** arcos; **contra** el enemigo; **de / desde** el balcón; **por** la boca

LANZARSE
en el mar; **al** vacío; **con** un flotador; **contra** el director; **en** paracaídas; **hacia** la multitud; **sobre** la platea

LARGARSE
del trabajo; **por** el mundo

LASTIMARSE
con / contra / en un muro

LAVAR
con agua y jabón; **en** la palangana

LEER
a Cervantes; **con** atención; **de** corrido; **en** la playa; **entre** líneas; **por** encima; **sobre** Religión

LEGAR
a los herederos

LEGISLAR
para todos; **por** decretos; **sobre** alimentos

LEGITIMAR
por testamento

LEVANTAR
al anciano; **del** piso; **en** brazos; **hasta** el techo; **por** las nubes; **sobre** todos

LEVANTARSE
con disposición; **contra** la injusticia; **del** sofá; **en** armas

LIAR
con engaño

LIARSE
a palos; **con** los compañeros

LIBERAR
a los prisioneros; **de** una obligación

LIBERARSE
de una tarea

LIBERTAR(SE)
de la opresión

LIBRAR
a cargo **de / contra** una institución; (las esperanzas) **en** Dios

LIBRARSE
de la tiranía

LICENCIARSE
del trabajo; **en** Letras

LIDIAR
con niños; **contra** la gente; **por** la libertad

LIGAR
a Pepe; **con** Rosa; **en** una fiesta

LIGARSE
con una promesa/persona/ institución

LIMITAR
con Italia; **por** el Norte

LIMITARSE
a observar; **en** los gastos

LIMPIAR
con un pañuelo; **de** arena; **en** seco

LIMPIARSE

con la esponja; **de** manchas; **en** la servilleta

LINDAR

con la estancia **de** mi familia

LIQUIDAR

(una deuda) **en** dinero

LISONJEARSE

con sus comentarios; **de** sus victorias

LITIGAR

con / contra un pariente; **de / por** un puesto; **en** primera instancia; **sobre** un parecer

LLAMAR

a la puerta; **a** juicio; **con** señas; **de** Ud.; **por** teléfono

LLAMARSE

a la parte

LLEGAR

al destino; **con** dificultad; **de / desde** un viaje a Francia; **en** buen estado; **hasta** la presidencia; **por** mar

LLENAR

con arena; **de** agua; **hasta** el borde

LLENARSE

de orgullo; **de** chocolate

LLEVAR

a la escuela; **con** cuidado; **de** vencida; **en** auto; **por** kilo; **sobre** los hombros

LLEVARSE

(bien) **con** la familia; **de** una pasión; **por delante**

LLORAR

con ganas; **de** alegría; **por** las injusticias

LLOVER

a cántaros; **sobre** mojado

LOAR

por su buena voluntad

LOCALIZAR

a un fugitivo; **en** la lista

LOGRAR

algo **de** alguien

LUCIR

ante la multitud; **bajo** las luces; **sobre** el traje; **tras** la escenografía

LUCIRSE

en una presentación

LUCHAR

con fuerza; **contra** la miseria; **contra** viento y marea; **por** un ideal

LUCRARSE

con los beneficios

M

MACHACAR

en lo mismo; **sobre** un problema

MALDECIR

a alguien; **con** blasfemias; **de / por** su destino

MALGASTAR

en tonterías

MALTRATAR

a los ancianos; **de** palabra; **hasta** herir; **sin** piedad

MAMAR

con ganas; **de** la teta

MANAR

de la fuente

MANCHAR

con grasa; **de** verde

MANDAR

a estudiar; **de** sustituto; **en** la empresa; **entre** los profesores; **por** correo

MANDARSE

a mudar

MANEJARSE

(bien/mal) **con** los chicos; (bien/mal) **en** los asuntos económicos

MANIFESTARSE

a favor de / en contra de algo; **en** la reunión

MANIPULAR

a las personas; **con** cautela; **en** laboratorio

MANTENER

(relaciones o correspondencia) **con** alguien; **en** buen estado de conservación

MANTENERSE

con buena disposición; **en** buena forma; de los alquileres

MAQUINAR

con un amigo; **contra** el poder

MARAVILLARSE

con / de / por la naturaleza

MARCAR

a fuego; **con** sello; **por** todo

MARCHAR

al unísono; **sobre** París

MARCHARSE

a su país; **de** Inglaterra; **desde** su casa **hasta** aquí; **hasta** el centro; **por** tren; **hacia** Buenos Aires

MATAR

a tiros; **con** un arma; **de** disgusto; **en** la oficina; **por** nada

MATIZAR

con / de distintos colores

MATRICULARSE

de arquitecto; **en** la facultad; **por** su voluntad

MECER

al bebé; **con** cuidado; **en** una hamaca

MEDIAR

con los obreros; **en** una discusión; **entre** los participantes; **para** asegurar la paz

MEDIR
a manos; **con** una regla; **por** palmos
MEDIRSE
con una cinta; **en** pie
MEDITAR
en / **sobre** sus actitudes
MEDRAR
en la carrera
MEJORAR
con los medicamentos; **de** condición; **en** la vida profesional
MERECER
de su patria; **por** su dedicación; **con** creces
MERMAR
en sus fuerzas
MERODEAR
por los corredores
MESURARSE
en las palabras
METER
a alguien **en** un lío; **de** cocinero; **en** / **por** vereda; **entre** las mercaderías
METERSE
a intelectual; **con** la policía; **entre** ladrones; **por** la puerta
MEZCLAR
leche **a** los cereales; dulce **con** salado; **en** una fuente
MEZCLARSE
a / **con** / **entre** los revolucionarios; **en** confusiones
MILITAR
en un partido político
MIRAR
a / **hacia** el cielo; **con** buenos ojos; **de** reojo; **por** sus derechos; **sobre** el hombro
MIRARSE
al espejo; **en** el agua/el espejo

MODELAR
en arcilla
MODERARSE
en los ademanes
MOFARSE
de su trabajo; **de** su jefe
MOJAR
con / **en** leche
MOJARSE
con / **en** agua fría
MOLER
a palos
MOLERSE
con mucho trabajo
MOLESTAR
con preguntas indiscretas
MOLESTARSE
con los chicos; **en** venir; **por** todo
MONTAR
a caballo; **en** burro; **sobre** sus hombros
MORAR
en cabaña;
entre los indios
MORIR
de un tiro; **en** la guerra
MORIRSE
de risa; **en** el hospital; **entre** sus familiares; **para** salvar a su familia
MORTIFICARSE
con culpas
MOTEJAR
de antipático
MOTIVAR
con un elogio;
en el trabajo
MOVER(SE)
a trabajar; **con** su gesto; **de** un sitio **a** otro; **por** un ideal
MUDARSE
a un apartamento más amplio; **de** ropa; **de** color

MULTIPLICAR
por dos
MURMURAR
de los ausentes

N

NACER
a la una de la mañana; **con** salud; **de** padres ricos; **en** casa; **para** actor
NACIONALIZARSE
en otro país
NADAR
a braza; **bajo** el agua; **contra** corriente; **de** espaldas; **en** dinero; **hacia** la orilla; **hasta** el barco
NAVEGAR
a / **hacia** / **para** alta mar; **con** viento fuerte; **en** un barco pesquero; **contra** la corriente; **entre** las rocas; **hacia** el Norte
NECESITAR
de ayuda; **para** vivir
NEGAR
a Jesús
NEGARSE
a reconocer el equívoco
NEGOCIAR
con títulos públicos; **en** ganado
NIVELARSE
a la gente humilde; **con** los obreros
NOMBRAR
para un cargo
NOTAR
(una diferencia/un cambio) **en** la casa
NOTIFICAR
de un cambio en la ley
NUTRIRSE
con / **de** alimentación sana; **en** sabiduría

O

OBCECARSE
con / **en** / **por** una idea fija

OBEDECER
a los padres; **con** gusto; **en** todo; **sin** reclamos

OBLIGAR
a disculparse; **con** firmeza; **por** la fuerza

OBLIGARSE
a pagar los prejuicios

OBRAR
a ley; **con** desfachatez; **en** causa propia; **por** el prójimo

OBSEQUIAR
a alguien **con** dulces, regalos

OBSESIONARSE
con / **por** algo/alguien

OBSTAR
a / **para** que lo ayuden

OBSTINARSE
contra una decisión; **en** vencer la prueba

OBTENER
ayuda **de** otros países

OBTENERSE
algo **con** sacrificio; **de** manera ilícita algún beneficio; **de** alguien

OCULTAR
algo **a** / **de** alguien; **bajo** la ropa; **con** una tapicería; **detrás de** / **tras** el armario; **entre** el pasto

OCUPARSE
con / **de** los negocios de la familia; **en** el cuidado de los niños

OCURRIR
(lluvia) **con** frecuencia **en** esta región

ODIAR(SE)
a / **de** muerte

OFENDER
en su honor

OFENDERSE
con / **de** / **por** su forma de hablar

OFICIAR
de mediador

OFRECER
motivo **para** una discusión; dinero **por** una propiedad

OFRECERSE
a / **para** el cargo; **de** acompañante; **en** calidad de asistente; **para** ayudar

OÍR
bajo / **en** secreto; **con** atención; **de** persona idónea; **por** los corredores

OLER
a jazmín

OLVIDARSE
de las tristezas

OPERARSE
de la columna

OPINAR
acerca de / **de** / **en** / **sobre** un tema; **con** seguridad

OPONER
la razón **a** la injusticia

OPONERSE
a las órdenes; **con** severidad

OPRIMIR
a los humildes; **bajo** el peso; **con** el poder

OPTAR
a / **por** una profesión; **entre** dos candidatos

ORAR
a favor de / **por** los desvalidos

ORDENAR(SE)
de sacerdote; **en** filas; **por** tamaño

ORGANIZAR
en carpetas; **por** títulos

ORIENTAR(SE)
a / **hacia** el Norte; **en** el oscuro; **por** las estrellas

OSCILAR
de los 20 **a** los 30 grados; **entre** una opinión y otra

OSCURECERSE
(la vista) **con** / **por** la presión baja

P

PACTAR
con los huelguistas; **entre** las partes; **por** necesidad

PADECER
bajo el poder; **con** / **de** / **por** una enfermedad

PAGAR
a un deudor; **con** / **en** tarjeta; **para** / **por** la compra de un inmueble

PALADEARSE
con los asados

PALIAR
el dolor **con** analgésicos

PALIDECER
ante / **bajo** / **con** las dificultades; **de** miedo

PALPAR
con las manos; **entre** las manos; **por** debajo

PARAR(SE)
a / **ante** / **en** la puerta; **con** un susto; **contra** el muro; **de** pronto; **entre** los coches

PARECERSE
a alguien; **de** cara; **en** el carácter

PARTICIPAR
de las fiestas; **en** el campeonato

PARTICULARIZARSE
con el amigo; **en** el trato con los chicos

PARTIR
a / **hacia** / **para** otro país; **con** ganas de volver; **de** su

pueblo; **en busca de** aventura; **por** necesidad

PASAR

a otro salón; **ante** los propios ojos; **bajo** la puerta; **del** plazo; **en** silencio; **entre** la gente; **por** la ciudad; **sobre** el puente

PASARSE

al lado **contrario**; **de** tonto; **en** ayunas; **sin** la familia

PASEAR

a / con el perro; **en / por** las calles; **sobre** la hierba

PASEARSE

a caballo

PASMARSE

con / de los hechos

PAVONEARSE

con / de su situación

PECAR

con / en pensamiento; **contra** la ley divina; **de / por** ignorancia

PEDIR

a los oyentes; **en** préstamo; **para** quedarse; **por** los pobres

PEGAR

una cosa **a / en** otra; **con** goma arábica; **contra** la pared

PEGARSE

con otra persona

PELEAR(SE)

con / contra alguna persona; **en** defensa **de** sus derechos; **por** nada/todo

PELIGRAR

de muerte

PENAR

de amores; **en** el hospital; **por** sus actos

PENDER

ante / de / sobre una viga; **en** la cruz

PENETRAR

en la cueva; **entre / por** la mina; **hacia** el interior; **hasta** las entrañas

PENSAR

algo **de** alguien; **en / sobre** algo; **entre / para** sí

PERCATARSE

de los ladrones

PERCIBIR

a la distancia; **por** su trabajo

PERDER

a / en el partido de ajedrez

PERDERSE

de vista; **en** la multitud; **por** las malas compañías; **en** la ciudad

PERECER

a la mañana temprano; **de** una grave enfermedad; **en** su casa

PEREGRINAR

a / por tierras distantes

PERFUMAR

con buenas esencias

PERMANECER

con salud; **en** pie; **hasta** el próximo mes; **sin** alteraciones; **tras** su sombra

PERMUTAR

con / por otro inmueble

PERPETUAR(SE)

en sus libros

PERSEGUIR

al fugitivo; **de** muerte; **en** coche; **entre** la multitud

PERSEVERAR

en su trabajo

PERSISTIR

en una idea

PERSONARSE

ante el tribunal; **en** la asamblea

PERSUADIR

con dulzura; **de** hacer algo

PERTENECER

a una raza

PERTRECHARSE

con / de alimentos; **para** la batalla

PESAR

sobre la espalda la responsabilidad

PESCAR

con anzuelo; **en** el río

PICAR

de la fuente; **en** todo momento

PICARSE

con los amigos; **de** puntual; **en** el juego; **por** las bromas

PINCHARSE

con un alfiler; **en** un dedo

PINTAR

al pastel; **con** pinceles; **de** amarillo; **en** la entrada

PIRRARSE

por arroz con leche

PISAR

con los pies descalzos; **en / por / sobre** el barro

PITORREARSE

de alguien

PLAGARSE

de mosquitos

PLANEAR

sobre la playa

PLANTAR

en el huerto

PLANTARSE

en el corredor

PLAÑIR

de dolor

PLASMAR

en su obra

PLEITEAR

ante el tribunal; **con / contra** la universidad; **por** una herencia

POBLAR
con / **de** animales; **en** regiones montañosas
POBLARSE
de gente
PODER
con el peso
PONDERAR
de inteligente
PONER(SE)
a / **ante** la vista; **bajo** custodia; **contra** el partido; **de** manifiesto; **en** discusión; **entre** amigos; **sobre** el escenario
PORFIAR(SE)
con / **contra** los enemigos; **en** la batalla; **sobre** un tema
PORTARSE
con valentía
POSAR
ante / **para** los fotógrafos; **en** una foto; **sobre** la cama
POSARSE
(un insecto o un pájaro) **en** / **sobre** algo.
POSESIONARSE
de una propiedad
POSPONER
al año próximo; **hasta** el 25 **de** abril
POSTRARSE
a los pies de la imagen; **ante** el juez; **en** / **por** el suelo; **de** hambre
PRACTICAR
(un deporte) **en** el club
PRECAVERSE
contra la tormenta; **del** frío
PRECEDER
en categoría
PRECIARSE
de inteligente
PRECIPITARSE
a la salida; **de** / **desde** lo alto; **en** aclarar el malentendido; **por** la calle
PREDOMINAR
los bananos **sobre** esa región
PREDISPONER
al stress; **en contra de** / **a favor de** alguien
PREFERIR
el azul **al** rojo; las rubias **entre** las mujeres
PREGUNTAR
a los oyentes; **con** delicadeza; **para** saber; **por** algo/alguien; **sobre** algo/alguien
PRENDARSE
de su belleza
PRENDER
algo **a** / **de en** alguna cosa; **con** broche
PREOCUPARSE
de / **por** la familia
PREPARARSE
a trabajar mucho; **contra** el terremoto; **para** viajar
PRESCINDIR
de ayuda financiera
PRESENTAR
alguien **a** alguien; **para** concurso
PRESENTARSE
a examen; **al** jefe; **bajo** candidatura; **con** antelación; **de** candidato; **en** la empresa; **para** trabajar; **por** médico
PRESERVAR(SE)
contra / **de** una enfermedad
PRESIDIR
en un concurso; **por** la ausencia del representante legal
PRESTAR
algo **a** alguien; algo **para** una determinada ocasión; **sobre** garantía
PRESTARSE
a colaborar
PRESUMIR
de guapa
PRESUPUESTAR
en muchos millones de dólares
PREVALECER
entre todos; **sobre** la ley
PREVENIR
a alguien **contra** / **de** / **sobre** algo
PREVENIRSE
a tiempo; **con** lo necesario; **contra** / **de** / **en** / **para** el aumento de precios
PRINCIPIAR
(algo) **con** / **en** / **por** palabras, explicaciones
PRINGARSE
con / **de** grasa; **en** un negocio ilegal
PRIVARSE
de su compañía
PROBAR
a construir una casa; **de** todo
PROCEDER
a la lectura del acta; **con** cautela; **contra** el abogado; **en** la investidura; **sin** acuerdo
PROCESAR
a alguien **por** alguna razón
PROCURAR
un piso **para** vivir; **por** Pepe
PRODUCIR(SE)
ante la audiencia; **en** cadena
PROFESAR
en una orden religiosa

PROFUNDIZAR
en los estudios
PROGRESAR
en la vida
PROHIBIR
bajo sospecha; **de** manera incuestionable
PROLONGARSE
en explicaciones; **durante / por** horas
PROMETER
algo **a** alguien; **en** juicio; premios **por** buen comportamiento
PROMOVER
a alguien **a / para** un cargo
PRONUNCIARSE
a favor de / en contra de / por alguien
PROPAGAR
en / por la ciudad; **entre** los parientes
PROPAGARSE
(un fuego) **a** la casa vecina; **por** toda la cuadra
PROPASARSE
con otra persona; **con** una mujer
PROPENDER
al perdón
PROPONER
algo **a** alguien; **en** privado; **a** alguien **para / por** algo
PROPORCIONAR
una alegría **a** los chicos; condiciones **para** sobrevivir
PRORROGAR
el plazo **hasta** fin de año; **por** un año
PRORRUMPIR
en lágrimas
PROSEGUIR
con / en el trabajo
PROSPERAR
en los negocios
PROSTERNARSE
a / para suplicar; **ante** Dios; **en** la iglesia
PROSTITUIR
a alguien; **en** beneficio propio; **por** maldad
PROTEGER(SE)
a alguien **contra / de** frío
PROTESTAR
contra la miseria; **por** el desempleo; **de** manera adecuada
PROVEER
a los necesitados; **con / de** víveres
PROVENIR
de otra región del país
PROVOCAR
a alguien; **con** bromas
PROYECTAR
algo **a / en / sobre** algo
PUDRIRSE
con la humedad; **de** disgusto
PUGNAR
con / contra alguien; **en** defensa **de** otra persona; **para / por** la justicia
PUJAR
con / contra el trabajador; **en / sobre** el precio; **por** una rebaja
PURGARSE
con oraciones; **de** los pecados
PURIFICARSE
con agua bendita; **de** la maldad

Q

QUEBRANTARSE
con / por el esfuerzo
QUEBRARSE
con mucho ruido; **en** trocitos; **por** las tristezas
QUEDAR(SE)
a cenar; **con** lo suyo; **en** cama; **sin** plata
QUEJARSE
al jefe; **de** sus familiares; **por** la pérdida
QUEMARSE
con una vela; **de** ganas; **por** una discusión
QUERELLARSE
ante el superior; **contra** su vecino; **por** el veredicto
QUERER
a alguien; **con** pasión; algo **de** alguien; **para** sí; **por** esposa
QUITAR
la piel **a** una fruta; **de** la caja; **de delante / de en** medio
QUITARSE
del partido; **de delante / de en** medio del pasillo

R

RABIAR
contra alguien; **de** enfado; **por** la reprimenda
RADIAR
en / por onda corta
RADICAR
en algo
RAER
con el uso
RAMIFICARSE
en muchos partidos
RATIFICARSE
ante el tribunal; **de** lo dicho; **en** los informes
RAYAR
con tiza; **de** rojo; **en** lo sublime
RAZONAR
con propiedad; **sobre** un tema

REACCIONAR
contra la injusticia
REALZAR
con colores
REBAJAR
a 50 dólares; **de**l precio; **en** calidad
REBAJARSE
a pedir; **ante** la gente; **de** su altivez
REBASAR
(los límites) **de** algo
REBATIR
a su oponente; **con** evidencias; **de** su opinión
REBELARSE
contra la miseria
REBOSAR
de la copa; **en** felicidad
REBOZAR
en huevo y harina
RECAER
algo **en** / **sobre** alguien
RECARGAR
con detalles; **de** flores
RECATARSE
de la gente
RECELAR(SE)
de sus hermanos
RECETAR
al enfermo; **contra** los dolores
RECIBIR
a los amigos; **de** su familia; **en** préstamo; **por** correo
RECIBIRSE
de médico; **en** una facultad
RECLAMAR
a / **ante** / **de** la sentencia; **contra** un pariente; **en** juicio; **para** sí; **por** derecho
RECLINAR
(la silla/la cabeza) **contra** la pared; **en** / **sobre** el balcón

RECLINARSE
en mi brazo; **sobre** el sofá
RECOBRARSE
de un susto
RECOGER
la blusa **con** un cinturón; **de**l suelo; **en** la escuela; **a** los niños
RECOGERSE
a casa; **en** la cama
RECOMENDAR
a alguien; **para** un cargo
RECOMPENSAR
a alguien; un beneficio **con** otro; **por** la ayuda
RECONCENTRARSE
en los estudios
RECONCILIAR(SE)
con su marido
RECONOCER
a un amigo; **ante** el tribunal; **en** su trabajo; **entre** muchas personas; **por** la voz
RECONVENIR
con firmeza; **por** su conducta
RECORRER
de / **desde** un punto **a** otro
RECOSTARSE
en / **sobre** la cama
RECREARSE
con los payasos; **en** los juegos
RECUBRIR
con chocolate
RECURRIR
a sus amigos; **contra** la resolución
REDACTAR
en otro idioma
REDIMIR(SE)
de sus faltas
REDONDEAR
en números exactos

REDUCIR
a muy poco; **de** tamaño
REDUCIRSE
a lo importante; **en** los gastos
REDUNDAR
en lucros
REEMPLAZAR
con / **por** alguien; **en** su empleo
REFERIRSE
a un tema / **a** una persona
REFLEJAR
en el lago; **sobre** una superficie
REFORMARSE
en el modo de tratar a la gente; **en** una institución
REFREGARSE
con una esponja; **contra** la tierra
REFRESCARSE
con un baño; **en** el mar
REFUGIARSE
bajo un tejado; **contra** el enemigo; **en** la casa
REFUNDIR
en barra; **para** hacer una herramienta
REFUTAR
con seguridad una idea
REGALAR
algo **a** alguien
REGALARSE
con buen vino; **en** buenos recuerdos
REGAR
con mucha agua; **por** la mañana
REGLARSE
por lo justo
REGOCIJARSE
con / **de** / **por** el premio
REGODEARSE
con / **en** el fracaso

REGRESAR
a su país; **de** un viaje; **en** coche; **por** tierra
REHABILITAR
al anciano; **en** su puesto anterior
REHACERSE
de un malestar
REHOGAR
a fuego lento; **con** manteca; **en** aceite
REINAR
en España; **sobre** mucha gente
REINCIDIR
en el crimen
REINCORPORAR
al país/territorio
REINCOPORARSE
al trabajo
REINTEGRAR(SE)
a / **en** su trabajo
REÍRSE
con Pepe; **de** Pepe; **por** las bromas; **sin** parar
RELACIONARSE
con gente rica; **entre** la gente
RELAJAR(SE)
con la meditación; **de** sus deberes; **en** un viaje
RELAMERSE
en la desgracia ajena; **con** el chocolate; **de** satisfacción
RELEGAR
al segundo plano
RELEVAR
de una obligación
RELLENAR
con / **de** crema
REMATAR
con una copla/una puntada; **en** US$5000; **por** mucho dinero
REMITIRSE
al diccionario
REMONTARSE
a / **hasta** el siglo pasado; **en alas de** la fantasía; **sobre** todos
REMOVER
con alcohol; **de** su cargo
RENACER
a la vida; **en** Jesús
RENDIRSE
a la razón; **con** el esfuerzo; **de** fatiga
RENEGAR
de sus orígenes
RENUNCIAR
a un proyecto **en favor de** alguien
REÑIR
a los chicos; **por** su mal comportamiento
REPARAR
con gentilezas; **en** algo o **en** alguien
REPARTIR
algo **a** / **entre** alguien; **en** partes iguales
REPASAR
la plancha **por** una arruga
REPERCUTIR
en la reputación
REPONERSE
de un susto
REPOSAR
de la caminata
REPRENDER
de forma grosera
REPRESENTAR
a una persona/un país; **con** elegancia **en** / **para** un evento
REPUTAR
de / **por** honrado;
(bien o mal) **en** esas actitudes
REQUERIR
ante el ministerio público; **de** amores
RESALTAR
(un color) **de** / **sobre** otro
RESARCIRSE
de una pérdida
RESBALAR
con / **en** / **sobre** el piso mojado
RESBALARSE
de / **de entre** / **entre** las manos
RESCATAR
a los rehenes; **de** la prisión; **por** el mar
RESENTIRSE
con / **contra** alguien; **de** / **por** algo
RESERVAR
algo **a** / **para** alguien
RESERVARSE
para algo; **en** los comentarios
RESGUARDARSE
de los ataques
RESIDIR
en la ciudad; **entre** gente extraña
RESIGNARSE
a / **con** / **en** su condición de vida
RESISTIR(SE)
a las ganas de comer
RESOLVERSE
a trabajar; **por** algo o alguien
RESONAR
con los cánticos; **en** todo el salón
RESPALDARSE
con documentos fieles; **contra** la pared; **en** la silla
RESPLANDECER
a / **con** / **por** la luz; **de** sabiduría; **en** bondad

RESPONDER
a una pregunta; **ante** el tribunal; **con** seguridad; **de** sus actos; **por** otra persona
RESPONSABILIZARSE
de algo o **de** alguien
RESTABLECERSE
de una cirugía
RESTAR
(algo) **a** / **de** algo
RESTITUIR
a los herederos
RESTREGAR
algo **con** / **contra** algo
RESTRINGIRSE
a sus funciones
RESUCITAR
de entre los muertos
RESUMIR(SE)
en breves palabras
RESURGIR
de la nada
RETAR
a la muerte; **con** insolencia; **de** traidor
RETENER
en el recuerdo; **para** sí; **por** el brazo
RETIRARSE
a las oraciones; **de** la vida artística
RETORCERSE
de / **por** un dolor
RETORNAR
a / **de** un sitio; **en** un determinado período de tiempo
RETRACTARSE
de lo dicho
RETRAERSE
a sus pensamientos; **de** los comentarios
RETRASAR
en la entrega
RETRATAR
al lápiz; **de** perfil; **en** foto
RETRIBUIR
con cariño; **en** dinero
RETROCEDER
a / **hacia** el inicio; **ante** los obstáculos; **en** el camino
REUNIR
a los amigos; **en** grupos
REUNIRSE
con la familia
REVENTAR
de risa; **por** tanta comida
REVERTIR
al ayuntamiento; **en** beneficios
REVESTIR(SE)
con / **de** algo
REVOLCARSE
en / **por** / **sobre** la tierra
REVOLVER
en / **entre** los documentos; **con** prisas
REVOLVERSE
contra / **sobre** el enemigo
REZAR
a los dioses; **en** la iglesia; **por** sus parientes
RIMAR
(una palabra) **con** otra
RIVALIZAR
con los compañeros; **en** / **por** la posesión de las tierras
ROBUSTECERSE
con / **por** la actividad física
RODAR
al suelo; **de** lo alto; **por** el mundo
RODEARSE
de buenos amigos
ROER
con los dientes
ROGAR
a Dios; **por** los pecadores
ROMPER
a llorar; **con** un amigo; **en** llanto; **por** medio
ROTAR
a la izquierda; **hacia** una dirección; **sobre** su eje
ROZARSE
(una cosa) **con** / **contra** otra; **en** las palabras

S

SABER
a chocolate; **de** secretos; **por** cierto
SABOREAR
con placer
SACAR
a la lotería; **de** la cama; **en** limpio; **por** indicios
SACIAR(SE)
con poco; **de** comida
SACRIFICARSE
a vivir simplemente; **para** comprar su casa; **por** algo/alguien
SACUDIR(SE)
de polvo
SALIR
al encuentro; **con** un objetivo; **de** / **por** fiador; **en** la prensa; **para** diputado/Portugal
SALIRSE
con la suya; **de** la regla
SALPICAR
con / **de** vinagre
SALTAR
al vacío; **con** elegancia; **de** rama **en** rama; **de** la cama; **en** tierra; **por** el muro; **sobre** el ladrón
SALVAR
a alguien **de**l peligro; **de** la ruina
SANAR
a los enfermos; **con** hierbas; como **por** ensalmo
SANGRAR
de las narices; **por** la herida

SATISFACER
a los electores; **con** los regalos
SATURARSE
de comer
SECAR(SE)
al aire; **bajo** el sol; **con** una toalla; **en** el patio; **sobre** la hierba
SECUNDAR
en la lucha **contra** la miseria
SEDUCIR
con palabras
SEGAR
a mano; **con** tractor
SEGREGAR
(algo o alguien) **de** algo
SEGUIR
bajo custodia; **con** los negocios; **de** cerca; **en** un trabajo; **por** un camino
SEGUIRSE
(una cosa) **a** otra; **de** lo firmado
SEMBRAR
con / **de** flores; **en** la tierra; **entre** piedras; **por** el campo
SENTARSE
a la mesa; **bajo** un árbol; **entre** los niños; **junto** al presidente; **sobre** la hierba; **tras** la columna
SENTENCIAR
a la silla eléctrica; **en** juicio público; **por** homicidio; **según** la ley
SENTIR
con sinceridad; **en** el alma; algo **por** alguien
SENTIRSE
con / **sin** fuerzas; **de** buen humor
SEÑALAR
con el dedo/un cartel
SEÑALARSE
en su trayectoria profesional; **por** la discreción
SEPARAR(SE)
de su marido
SEPULTAR
bajo un árbol; **en** el corazón
SER
a gusto de alguien; **de** buena familia; **para** uno; **por** el bien
SERVIR
a la comunidad; **con** buena voluntad; **de** alivio; **para** la ocasión
SERVIRSE
de sus conocimientos
SIGNIFICAR
algo **a** / **para** alguien
SIGNIFICARSE
por su lealtad
SIMPATIZAR
con una idea política; **con** alguien
SINCERARSE
ante / **con** los amigos; **sobre** los hechos
SINCRONIZARSE
con las ideas de la compañía
SINGULARIZARSE
con / **en** / **por** su actitud; **entre** los suyos; **por** su forma de actuar
SITIAR
por todos los lados
SITUARSE
en algún lugar; **entre** dos ciudades
SOBREPASAR
a la autoridad; **en** inteligencia
SOBREPONERSE
a la pérdida
SOBRESALIR
en matemáticas; **por** su elegancia
SOBRESALTARSE
con / **por** las noticias
SOBREVIVIR
al hambre
SOCORRER
a alguien **con** ayuda; **en** un accidente
SOLAZARSE
con una película; **en** fiestas; **entre** amigos
SOLICITAR
algo **a** / **de** alguien; **para** / **por** alguien
SOLTAR(SE)
a correr; **de** la mano
SOMETERSE
a alguien; **bajo** presión
SONAR
a trampa; **en** toda la casa
SOÑAR
con el padre; **en** voz alta
SORPRENDER
a alguien; **con** algo
SOSPECHAR
de las buenas intenciones
SOSTENER
a alguien; **con** argumentos; **en** las manos
SUBDIVIDIR
en pequeñas partes
SUBIR
al avión; **en** el árbol; **por** las escaleras; **sobre** la mesa
SUBORDINAR
algo **a** alguien/algo
SUBROGAR
algo **con** / **por** algo
SUBSCRIBIRSE
a un periódico
SUBSISTIR
con poco; **de** la limosna ajena; **por** sí
SUBVENIR
a las necesidades

SUBYUGAR
con / **por** la fuerza
SUCEDER
(algo) **a** alguien
SUCUMBIR
al cansancio; **ante** la tentación; **bajo** el peso
SUFRIR
de jaqueca; **por** los hijos
SUJETAR(SE)
a las reglas; **con** una cinta; **por** la cintura
SUMARSE
a los descontentos
SUMERGIR(SE)
bajo / **en** el agua
SUMIRSE
en la tristeza
SUPERPONER(SE)
a la injusticia
SUPLICAR
(algo) **a** alguien; **por** alguien
SUPLIR
(alguien) **a** alguien; **con** alimentos; **en** un cargo
SUPRIMIR
de la lista; **por** economía
SURGIR
en la ventana; **entre** las personas
SURTIR
de víveres
SUSPENDER
en el aire; **en** una asignatura; **por** notas bajas
SUSPIRAR
de amor; **por** un muchacho
SUSTENTARSE
con poco; **de** verduras y legumbres
SUSTITUIR
a alguien; **en** un cargo
SUSTRAERSE
a / **de** los comentarios

T

TACHAR
(**a** alguien) **de** inmoral; (algo) **en** un escrito; **por** irresponsable
TACHONAR
con / **de** flores o adornos
TALLAR
a mano; **en** madera
TAÑER
con la mano
TAPAR
con una cortina
TARDAR
en contestar
TEJER
con lana
TELEVISAR
en directo
TEMBLAR
con el ruido; **de** frío; **por** la emoción
TEMER
a alguien; **de** alguien; **por** la vida
TENDER
a una filosofía; **sobre** la mesa
TENDERSE
en la cama; **por** el piso; **sobre** la hierba
TENER
a mano; **ante** sí; **bajo** custodia; **de** / **por** enemigo; **entre** las manos; **para** sí; **sobre** sí
TENERSE
de / **en** pie; **en** mucho/poco; **por** sabio
TENTAR
a Dios; **con** una propuesta
TEÑIR
con / **de** / **en** azul
TERCIAR
con su oponente; **en** la contienda; **entre** dos partes enemigas

TERMINAR
de bañarse; **en** punta; **por** convencerlo
TESTIMONIAR
con su palabra; **en** juicio; **por** escrito; **sobre** un hecho
TIRAR
a su padre; **con** delicadeza; **de** la rienda; **para** profesor; **a** matar; **contra** la pared
TIRARSE
a la piscina; **en** el mar; **por** el suelo; **entre** la hierba
TIRITAR
de frío
TITUBEAR
ante el tribunal; **en** la llegada
TOCAR
(algo) **a** alguien; **a** fuego; **con** los dedos; **de** oído; **en** alguna parte del cuerpo
TOMAR
a pecho; **bajo** su protección; **con** / **de** / **en** / **entre** las manos; **en** cuenta; **para** sí; **por** tonto; **sobre** sí
TOPAR
con / **contra** el muro
TORCER
a / **hacia** la izquierda
TOSTARSE
al / **bajo** el sol; **con** un bronceador
TRABAJAR
a destajo; **de** cocinero; **en** una oficina; **para** mantenerse; **por** una causa
TRABARSE
al hablar; **con** los prejuicios
TRADUCIR
al / **de**l / **en** un idioma
TRAER
a casa; **ante** el tribunal; **consigo**; **de** otro país; **en** / **entre** manos; **para** alguien; **sobre** sí

TRAFICAR
con armas; **en** drogas
TRANSFERIR
(algo) **a** alguien; **de** una cuenta **a** otra
TRANSFIGURARSE
con / **por** lo ocurrido; **en** otra persona
TRANSFORMAR(SE)
en otra cosa/persona
TRANSITAR
por los corredores
TRANSMUTAR
(una cosa) **en** otra
TRANSPIRAR
con día caluroso; **por** todo el cuerpo
TRANSPORTAR
a lomo/hombros; **de** un lado **a** otro; **en** barco; **sobre** una estera
TRASEGAR
el vino **de** un tonel **a** otro
TRASLADAR
a alguien; **de** un sitio **a** otro
TRASPASAR
(algo) **a** alguien
TRASPLANTAR
de un lugar **a** otro
TRATAR
a los chicos; **acerca de** / **sobre** un tema; **con** alguien
TREPAR
al muro; **por** una cuerda
TRIUNFAR
en el campeonato; **sobre** los enemigos
TROCAR
(algo) **en** / **por** otra cosa; **con** alguien
TROPEZAR
con / **contra** / **en** un obstáculo
TUMBAR
al suelo
TURBARSE
por la emoción

U

UFANARSE
con / **de** / **por** la conquista
ULTRAJAR
con ofensas; **de** palabra; **en** la honra
UNCIR
al carro; un animal **con** otro
UNGIR(SE)
con aceite; **por** todo el cuerpo
UNIFORMAR
a los chicos; **de** un determinado color
UNIR
(una cosa) **a** / **con** otra; unidos **por** la amistad
UNIRSE
a los demás; **con** los hermanos; **en** un mismo deseo; **entre** los socios
UNTAR
con / **de** aceite
USAR
de artificios
UTILIZAR
de herramienta; **en** las clases

V

VACIAR
en una fuente
VACIARSE
de algo; **por** la boca
VACILAR
en la elección; **entre** la esperanza y la duda
VAGABUNDEAR
de un lado **a** / **para** otro
VAGAR
por las calles
VALER
para nada; **por** muchos
VALERSE
de alguien; **de** alguna situación
VANAGLORIARSE
de / **por** sus habilidades
VARAR
en la arena
VARIAR
de opinión
VELAR
a los muertos; **en defensa de** alguien/algo; **por** la salud
VENCER
a los enemigos; **a** / **con** / **por** traición; **en** la guerra; **por** poca diferencia
VENDER
a / **en** / **por** buen precio; **al** / **por** mayor/menor; **con** lucro; **de** contrabando
VENDERSE
a alguien; **por** poco; **por** amigo
VENGARSE
con satisfacción; **de** / **por** un crimen
VENIR(SE)
a casa; **con** las suyas; **en** auto; **de** / **desde** otro sitio; **hacia** / **hasta** el centro; **para** las vacaciones; **por** su cuenta; **tras** alguna cosa
VER
con buenos ojos; **por** el agujero
VERANEAR
en la playa/el campo
VERSE
con alguien; **en** el espejo; **en** un apuro; **entre** los suyos; **sin** dinero
VERTER
al / **en** el suelo; **de** un jarro; **en** un molde; **por** / **sobre** el piso

VESTIR
a la moda
VESTIRSE
de novia
VIAJAR
a caballo; **de** una ciudad **a** otra; **de** día; **en** avión; **hacia** el Norte; **hasta** la playa; **por** barco
VICIARSE
con / **de** / **por** la cocaína
VIGILAR
a los niños; **en** defensa **de** los pobres; **por** los monumentos públicos
VINCULAR
una cosa **a** / **con** otra
VIOLENTARSE
al ceder **en** sus opiniones; **en** obedecer
VIRAR
a / **hacia** la derecha; **de** costado; **en** redondo
VIVIR
a gusto; **con** poco; **de**l sueldo; **en** paz; **hasta** los cien años; **para** ver; **por** milagro; **sin** aspiración
VOLAR
al cielo; **con** sus propias alas; **de** rama **en** rama; **en** nave espacial; **hacia** el Norte; **hasta** el nido; **por** los aires; **sobre** el bosque
VOLVER
a / **hacia** / **para** algún lugar; **de** día; **en** / **sobre** sí; **por** otro camino
VOLVERSE
contra su padre
VOTAR
a los candidatos; **con** la mayoría; **en** el pleito; **para** presidente; **por** su partido

Y

YACER
a la entrada de la casa; **bajo** una losa; **con** su amante; **en** la tumba; **sin** vida; **sobre** la hierba

Z

ZAFARSE
de alguien/algo
ZAHERIR
con malas palabras
ZAMBULLIR(SE)
en / **bajo** el agua
ZARPAR
del puerto; **hacia** Europa
ZOZOBRAR
con / **contra** / **en** / **por** la incertidumbre; **en** la tormenta
ZURCIR
con hilo

BIBLIOGRAFIA CONSULTADA

MILANI, Esther Maria. *Gramática de espanhol para brasileiros*. 4. ed. São Paulo: Saraiva, 2011.

MOLINER, María. *Diccionario de uso del español*. [DVD] Versión 3.0. Madrid: Gredos, 2007.

REAL ACADEMIA ESPAÑOLA y ASOCIACIÓN DE ACADEMIAS DE LA LENGUA ESPAÑOLA. *Nueva gramática de la lengua española*. Madrid: Espasa Libros, 2009.

REAL ACADEMIA ESPAÑOLA y ASOCIACIÓN DE ACADEMIAS DE LA LENGUA ESPAÑOLA. *Diccionario panhispánico de dudas*. Madrid: Santillana Ediciones Generales, 2005.

SLAGER, Emile. *Diccionario de uso de las preposiciones españolas*. Madrid: Espasa Calpe, 2007.

DICCIONARIO DE LA LENGUA ESPAÑOLA. 22. ed. Disponível em: <http://www.rae.es.> Acesso em: 19 set. 2012.

Este livro foi composto nas fontes Caecilia LT Std e Helvetica Neue
e impresso em outubro de 2012 pela Prol Editora Gráfica Ltda.,
sobre papel offset 90g/m².